마을의 귀환

마을의 귀환

— 오마이뉴스 특별취재팀

대안적 삶을 꿈꾸는 도시공동체 현장에 가다

오마이북

:: 프롤로그

다른 삶을
갈망하는 씨앗들의
이야기

    2012년 여름, 마을공동체 기획을 시작할 때 가장 많이 들었던 말은 "마을, 그거 시골에 있지 않아?"였다. 취재팀도 처음에는 그 말에 어느 정도 공감했다. '콘크리트 숲' 서울에서 '마을'이라니……어쩐지 어울리지 않게 느껴졌다. 마을의 뜻을 사전에서 검색해보면 두 가지 뜻이 나온다. 첫 번째 뜻은 '주로 시골에서, 여러 집이 모여 사는 곳'이다. 이 뜻을 놓고 보면 도시와 마을은 영 맞지 않는 듯하다. 하지만 두 번째 뜻이 있다. '이웃에 놀러 다니는 일'. 이 뜻을 떠올린다면 도시에서도 마을은 가능해 보인다. 아니 오히려 더 필요할지도 모른다는 생각이 들었다.
    한국에서 마을만들기가 본격적으로 시작된 때는 1990년대 중반이다. 이즈음 성수대교가 무너졌고 삼풍백화점이 붕괴됐다. 그리고 1997년 IMF 외환위기가 찾아왔다. '성장지상주의'의 어두운 단면이 모습을 드러낸 것이다. 국가는 믿을 수 없고 직장은 흔들리며 사회적 관계망은 무너졌다. 무한경쟁 속에서 오로지 앞만 보고 달리던 사람들은 조금씩 '다른 삶'을 꿈꾸기 시작했다. 혼자가 아닌 타인과 더불어 사는 삶 말이다.

전국 최초로 마을만들기 지원조례가 제정된 곳은 광주였다. 이어 부산, 대구, 수원, 성남, 안산, 진안 등에서 마을만들기가 활발하게 진행됐다. 뉴타운으로 상징되는 대표적인 '토건도시'였던 서울시에서도 2012년 박원순 시장 취임 이후 마을공동체 만들기가 본격적으로 시작됐다. 이전에도 서울에서 마을만들기 흐름이 있었지만, 천만 시민이 사는 대도시에서 주민들이 직접 주도하는 마을만들기 사업은 주목할 만했다.

서울에 사는 대부분의 사람들은 윗집, 아랫집 사람이 누구인지도 모르고 살아간다. 먹고살기 바쁘다는 이유로 '집'은 '잠자는 곳'과 동의어, '이웃'은 의미 없는 2음절의 단어가 되었다. 이런 곳에서 과연 마을공동체 만들기가 가능할까?

21세기 마을의 개념은 근대화 이전의 개념과 다르다. 물리적으로 가까운 곳에 모여 살면서 이웃집 숟가락 개수까지 훤히 알 정도로 '밀착된 공동체'가 아닌, 사생활을 존중하면서 서로의 관심사와 필요한 것들을 나누는 '느슨한 공동체'다.

　마을공동체의 종류도 다양하다. 아이를 함께 키우는 돌봄 공동체로 시작해서 대안학교를 만들고 아이와 어른이 함께할 수 있는 다양한 커뮤니티 활동을 하는 생애주기형 공동체, '원전 하나 줄이기'를 목표로 절전운동, 에너지 축제 등을 벌이는 에너지 자립 공동체, 밀고 다시 짓는 재개발이 아니라 오래된 주거 지역을 고치고 단장해서 다시 쓰는 대안개발 공동체, '콘크리트 숲' 아파트에서 함께 텃밭을 가꾸고 먹을거리를 나누는 아파트 공동체, 지역 주민과의 관계망 형성을 통해 전통시장에 활기를 불어넣는 시장 공동체, 마을공동체를 기반으로 먹고사는 방법을 고민하는 마을기업 등이 대표적이다.

　그렇지만 마을공동체가 하나의 형태로만 국한되지는 않는다. 1000개의 마을이 있다면 각기 다른 1000개의 모양, 1000개의 이야기가 있다. 이 책의 1부에는 다양한 모습으로 자라고 있는 서울의 마을공동체 17개의 생생한 이야기를 담았다.

　서울 여러 지역의 마을공동체를 취재하면서 가장 주목한 점은 마을의 지속가능성이다. '이웃에 놀러 다니며' 관계를 맺어가는 일만큼이나 중요하게 다가왔다. 이를 위해서는 정부나 지방자치단체의 지원에만 기대지 말고, 마을의 재정적 자립을 확보하는 일이 필수적으로 보였다. 마을의 '먹을거리 사업'을 고민해야 하는 이유다.

취재팀은 마을과 사회적 경제가 성공적으로 결합한 영국에 주목했다. 2013년 2월, '사회 혁신의 나라' 영국을 찾았고 이곳에서 마을공동체의 지속가능성에 대한 힌트를 얻었다. 영국의 주민 중심 마을공동체 조직 가운데는 정부·지자체 혹은 민간이 소유하고 있는 토지나 건물을 싼 값에 사거나 임대해서 비즈니스 모델을 만들고 수익을 창출하는 사례들이 있다. 이 수익을 지역 주민의 공공이익을 위해 사용하는 '애셋 매니지먼트(Asset Management, 자산 관리)' 사례를 통해 마을공동체의 재정적 자립 가능성을 엿볼 수 있다.

이와 함께 지방정부와 지역 주민이 수평적 관계 속에서 낙후된 지역을 활성화하는 거버넌스(민관협력)형 마을만들기, 버려진 물건을 재활용해서 오염된 지구에 생명의 기운을 불어넣거나 도심 속 공원을 생태학습장으로 활용하는 트랜지션 타운(Transition Town), 각기 다른 주택에 살면서도 공동공간인 코먼하우스(Common House)를 통해 공동체 활동을 하는 코하우징(Co-housing) 등 이 책의 2부에는 런던, 브리스톨, 스트라우드, 헐 지역 등에서 보고 듣고 느낀 영국의 마을공동체 9개의 이야기를 실었다.

취재할 마을을 정할 때 가장 중점을 둔 것은 두 가지였다. '보통 사람들도 따라 할 수 있는가', '생생한 현장을 보여줄 수 있는가'. 뜬구름 잡는 '판타지'가 아니라, 두 발을 땅에 딛고 서서 조금은 다른 삶을 꿈꾸는 이들의 분투기를 독자들에게 들려주고 싶었다. 또한 이를 꾸미거나 포장하지 않고 있는 그대로 독자들에게 보여주고 싶었다.

한국과 영국의 마을공동체를 취재하면서 든 가장 원초적인 감정은 부러움이었다. 함께 밥을 먹고, 아이를 키우고, 텃밭을 가꾸고, 밴드를 만들고, 도서관을 짓고, 일자리까지 만들고······. 가족이나 친구라는 좁은 관계에서 벗어나 이웃과 함께 살기 좋은 마을공동체를 만들기 위해 노력하는 사람들. 마을 취재는 늘 신선한 충격이었다.

2012년 한 해 동안 부모커뮤니티, 마을미디어, 마을북카페, 마을예술창작소 등 서울시 마을공동체 지원 사업 대상으로 선정된 마을공동체가 400개를 넘는다. 중복 지원을 감안하더라도 뜨거운 참여 열기를 느낄 수 있다. 참고로 2012년 8월 당시 취재팀이 집계한 주민중심·민관협력 마을공동체는 92개였다. 지금 이 순간에도 마을공동체의 '씨앗'은 곳곳에서 자라고 있다.

이 책은 2012년 8월부터 2013년 4월까지 오마이뉴스에 연재한 특별기획 '마을의 귀환'을 재구성하고 수정·보완한 결과물이다. 폭염으로 취재조차 어려웠던 여름부터, 강추위로 꽁꽁 언 땅을 한 걸음 한 걸음 조심스레 내딛어야 했던 이듬해 겨울까지 취재팀은 마을공동체의 희로애락을 충실히 기록하려고 노력했다. 새로운 마을공동체가 빠르게 생겨나고, 기존의 마을공동체는 계속 진화하고 있는 상황에서 다소 시간이 지난 이야기를 책으로 펴내는 작업이 부담으로 느껴지기도 했다. 그렇기 때문에 취재했던 마을공동체에 변화가 없는지 살펴보고 낡은 이야기가 되지 않도록 원고를 최대한 다듬었다. 이웃에 누가 사는지조차 모르고 살아가는 이들에게, '마을공동체, 나도 해볼까?'라고 한 번쯤 솔깃해본 이들에게, 지속 가능한 마을공동체를 고민하는 이들에게 이 책이 조금이라도 도움이 됐으면 한다.

초 단위로 마감을 한다고 해서 '초간지'라 일컬어지는 인터넷 매체의 특성상 8개월이 넘는 장기 기획을 진행하는 일이 결코 쉽지 않았다. 취재팀을 믿고 지원해준 오마이뉴스 식구들, 취재에 도움을 준 서울시 마을공동체담당관·마을공동체 종합지원센터 관계자들, 조언을 아끼지 않은 정석 교수, 영국 취재 섭외와 통역을 도와준 임소정 씨, 방대한 양의 기사를 책으로 만드느라 고생한 편집자 차경희 씨와 오마이북에 감사드린다.

끝으로, 바쁜 일상 속에서도 기꺼이 취재에 응해준 마을공동체 구성원들에게 진심으로 감사의 마음을 전한다.

2013년 8월
오마이뉴스 특별취재팀

●●● 차례

프롤로그   다른 삶을 갈망하는 씨앗들의 이야기   004

1부   마을, 콘크리트 도시에서 숨을 쉬다
      - 서울에서 자라난 도시공동체

마을 속에서 온전해지는 삶 – 주거 중심 종합 공동체   017

⋯ 종합 공동체 **강북구 삼각산재미난마을**
    세상을 바꿀 씨앗이 자라는 풍경   019

⋯ 종합 공동체 **마포구 성미산마을**
    현실에서 이루어진 상상의 공동체   031

⋯ 에너지 공동체 **동작구 성대골마을**
    에너지 자립 마을로 가는 아름다운 실천   039

⋯ 대안개발 공동체 **은평구 산새마을**
    뉴타운의 상처를 치유하는 이웃의 힘   059

⋯ 대안개발 공동체 **성북구 장수마을**
    웃음이 모락모락 피어나는 동네 골목길   070

⋯ 아파트 공동체 **노원구 청구3차아파트**
    콘크리트 숲의 초록 변신   079

⋯ 아파트 공동체 **관악구 임대아파트 공동체**
　　　절망의 벽을 허무는 나눔의 순환　　091

인터뷰　결국, 마을이 복지다　101
　　　　　김낙준 서울시 마을공동체담당관

스스로 일어서는 마을로 가는 길 – 상업·협동조합 공동체　109

⋯ 시장 공동체 **금천구 남문시장**
　　　문화와 예술로 활력을 되찾은 전통시장　　111

⋯ 시장 공동체 **강북구 수유마을시장**
　　　작은 도서관에서 정을 나누는 시장 사람들　　121

⋯ 마을기업 공동체 **용산구 용산생활협동조합**
　　　좋은 먹거리로 이어가는 건강한 인생　　132

⋯ 마을기업 공동체 **도봉구 목화송이와 서대문구 A카페**
　　　착한 소비를 위한 마을기업의 도전　　141

⋯ 마을기업 공동체 **서초구 우리마을카페오공**
　　　가치 있는 미래를 꿈꾸는 청년들의 징검다리　　152

기고　관이 아닌 주민을 위한 마을만들기　163
　　　　유창복 서울시 마을공동체 종합지원센터장

마을살이도 예술처럼 – 문화·예술 공동체　173

⋯ 젊은 공동체 **송파구 함께 웃는 마을공동체 즐거운가**
　　　외로운 모래알에서 즐거운 시민으로　　175

... 젊은 공동체 **구로구 구로는예술대학**
   경계 없는 마을에서 살아가는 청년 유목민들   189

... 미디어 공동체 **도봉구 마을신문 〈도봉N〉**
   경쟁의 바람에 꺾이지 않는 풀뿌리들   199

... 예술 공동체 **성북구 정릉생명평화마을**
   달동네로 떠난 청년예술가들   208

인터뷰 연애하듯, 마을을 만나세요   217
   박원순 서울시장

2부   지속가능한 공동체를 찾아서
      - 영국 잉글랜드의 혁신적 공동체

느리지만 신중하게, 가치를 담아서 – 지역 맞춤 공동체   229

... 주거 공동체 **스트라우드의 스프링힐 코하우징**
   세대를 넘나드는 공유의 즐거움   231

... 대안개발 공동체 **브릭스턴의 램버스 구청과 브릭스턴 그린**
   차별과 격차를 극복하는 대안개발   244

... 시장 공동체 **런던 남부의 브릭스턴 시장**
   불안한 삶의 울타리가 된 시장 상인회   256

... 에너지 공동체 **브릭스턴의 리메이커리와 런던 북부의 트랜지션 핀스베리 파크**
   지구를 살리는 거대한 순환   264

... 다문화 공동체 **브리스톨의 바턴 힐 세틀먼트**
   소통과 참여로 뛰어넘은 오해와 갈등   275

미래의 동력이 될 마을 자원 – 자산 소유 공동체 287

⋯▸ 애셋 매니지먼트 **웸블리의 민와일 스페이스**
　　집단지성이 만들어낸 새로운 사회의 가능성   289

⋯▸ 애셋 매니지먼트 **헐의 굿윈 개발신탁**
　　버려진 공간에서 시작된 빈곤의 극복   299

⋯▸ 애셋 매니지먼트 **달스턴의 해크니 협동조합 개발회사**
　　전쟁의 폐해를 이겨낸 연대의 문화   313

⋯▸ 마을만들기 사업체 연합 **로컬리티 워크숍**
　　개인의 관심이 사회적 욕구가 되기까지   323

인터뷰 사람이 가장 큰 자원이다   333
　　　로컬리티의 스티브 클레어

에필로그 마을은 이미 우리 곁에 있다   340

1부

마을,
콘크리트 도시에서
숨을 쉬다
− 서울에서 자라난 도시공동체

마을 속에서
온전해지는 삶

- 주거 중심 종합 공동체

••• 서울

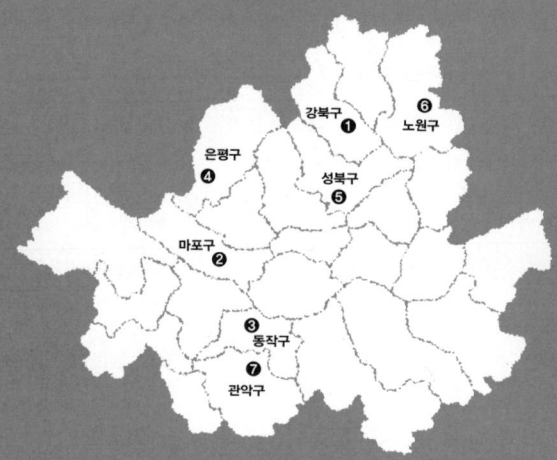

❶ 삼각산재미난마을
❷ 성미산마을
❸ 성대골마을
❹ 산새마을
❺ 장수마을
❻ 청구3차아파트
❼ 임대아파트 공동체

... 종합 공동체
강북구 삼각산재미난마을

세상을 바꿀 씨앗이
자라는 풍경

■ "연주가 완벽하면 허전해요. 뭔가 빈틈이 있어야죠. '너 박자 틀렸어, 다시~' 하고 고쳐가면서 하는 거예요. 빨리 가는 사람도 있지만 늦게 가는 사람도 있으니 기다려주면 좋잖아요. 맞춰가면서 배우는 즐거움이 있죠."

서울시 강북구 인수동의 한 주택가. 한여름의 뜨거운 열기가 식지 않은 늦은 밤에 40, 50대 5명이 동굴 같은 지하 연습실에 모였다. 이들은 마을밴드 '재미난 밴드'의 멤버들이다. 연두, 여우, 화성인, 옥수수, 훈남은 모두 띠동갑으로, 훈남은 58년 개띠, 나머진 70년 개띠다.

노조활동가, 지하철 기관사, 학원 원장, 자영업자, 청소년 복지 활동가 등 천차만별인 다섯 사람의 직업만큼이나 밴드는 5인 5색으로 굴러간다. 연주 내내 박자도 틀리고 음정도 못 맞추고 곡 하나 고르면서도 티격태격하지만, 서로의 의견에 귀를 기울이며 하나씩 문제를 해결해나간다.

'재미난 밴드'는 2011년 11월 보증금 500만 원에 월세 35만 원을 조건으로 이곳 지하실에 둥지를 텄다. 방음시설을 갖추는 데 들어간 1000만 원의 비용은 모두 나누어 냈다. 이들은 전문 음악인은 아니지만 노래를 좋아하고 악기를 연주하고 싶어서 밴드를 시작했다. 연두는 밴드 활동을 통해 더 많은 사람들과 즐거움을 나누고 싶다고 말했다.

> "음악은 즐기는 사람의 몫이죠. 내가 좋아서 하는 일이니까 이 늦은 밤에도 나올 수 있다고 생각해요. 어렸을 때 피아노나 기타도 못 배웠고, 커서는 시간이 없어서 주저하는 사람들에게 우리처럼 할 수 있다는 걸 보여주고 싶어요. 저희의 즐거움이 많은 사람들에게 전염되면 좋겠어요."

본격적인 연습을 시작하기 전에 그들은 야식을 주문했다. 철가방을 들고 온 중국집 사장은 몇 번 배달을 왔다가 '재미난 밴드'의 팬이 됐다. "가게에 손님이 없을 땐 지하에 내려와 밴드 공연을 엿

보기도 한다"는 그는 이날 군만두와 고량주까지 서비스하는 '팬심' 을 보여줬다. 옥수수는 "언론이나 서울시의 관심보다 중국집 사장님, 미용실 아줌마의 관심이 더 고맙다. 우리의 모습이 그분들에게 좋은 자극이 되면 좋겠다"고 말했다.

간단하게 야식을 먹은 후 다섯 사람이 악기 앞에 나섰다. 여우가 마이크를 잡았고, 훈남이 드럼 앞에 섰고, 옥수수가 베이스를 집어 들었다. 연두와 화성인은 기타를 맸다. 기타 줄을 튕기고 마이크를 잡는 일이 아직은 어색하지만 눈빛만은 프로 가수 못지않게 진지했다. 다섯 사람은 이날 YB(윤도현 밴드)의 〈나는 나비〉를 연주했다.

■ "날개를 활짝 펴고 세상을 자유롭게 날 거야. 노래하며 춤추는 나는 아름다운 나비~"

이들을 밴드로 이어준 것은 이 지역 초등 대안 학교인 '삼각산재미난학교(재미난학교)'다. 훈남을 제외한 나머지 네 멤버의 아이들은 '재미난학교' 출신인데, 멤버들은 '재미난학교' 학부모 모임에서 몇 년간 교류하다 음악이라는 공통의 관심사를 발견했다.

'재미난학교'의 역사는 1998년에 형성된 돌봄 공동체 '꿈꾸는어린이집'으로 거슬러 올라간다. 어린이집에서 함께 지내던 아이들이 자라서 초등학교에 갈 때가 되자, 학부모들이 모여 대안 초등 교육기관을 세웠다. '아이들은 재밌게 놀아야 한다'는 뜻에서 이름을 '재미난학교'라고 지었다. 이렇게 시작된 학교는 2011년 5월 사단법인 '재미난마을' 설립으로 이어졌다.

'재미난마을' 사람들은 본명 대신 연두, 여우, 화성인, 옥수수, 훈남 같은 별명을 쓰고 형, 언니, 누나 등의 호칭은 물론 존댓말도 쓰지 않는다. 이들은 왜 이런 별명을 쓰게 됐을까?

별명 사용은 '꿈꾸는 어린이집'에서 시작됐다. 아이들이 어린이집에서 보육교사를 부를 때 '선생님'이라는 존칭을 쓰면 아무래도 하고 싶은 말을 쉽게 꺼내지 못한다. 그래서 교사에게 나비, 호랑이 같은 친근한 별명을 붙여서 "○○, 나 지금 화장실 가고 싶어"라는 표현이 자연스럽게 나오도록 유도한 것이다. 부모들도 교사와 대화를 나눌 때 '선생님', '어머님' 등의 존칭을 쓰면 아이들이 거부감을 느낄 것 같아서 자신들에게도 별명을 붙였다. '재미난마을'에서 만난 호랑이는 별명의 효과를 관계 형성의 유연함으로 설명했다.

■ "사회에서는 장난치거나 편하게 말 붙이기 힘든 관계도 마을에서는 별명 덕분에 쉽게 다가갈 수 있어요. 나이 많은 분들도 불편해하지 않아요. 아이들이 친근하게 느끼는 꽃이나 동물 이름이 별명으로 많이 쓰이죠. 임신한 엄마한테 아이들이 '수박'이라고 이름 붙여준 적도 있어요.(웃음)"

'재미난마을'은 4·19 국립묘지를 중심으로 반경 남북 3.5킬로

화성인, 여우, 연두, 훈남, 옥수수.
'재미난 밴드'는 멤버들의 다양한 직업만큼이나
5인 5색으로 굴러가는 마을밴드다.
서툰 실력으로 노래하고 연주하지만 많은 사람들에게
즐거움을 전염시키기를 희망한다.

미터, 동서 2킬로미터 안에 자리 잡고 있다. 행정구역상으로는 강북구 우이동, 인수동, 수유동을 아우른다. 그렇다고 지역 내 주민들이 모두 이 마을 소속은 아니다. '재미난마을' 법인 회원은 150여 명인데 이들은 총 13개의 마을공동체를 중심으로 네트워크를 형성한다. '재미난 밴드'를 비롯해서 10대부터 40대까지 참여하는 '백세밴드', 마을카페 '재미난카페', '마을목수공작단' 등이 그 예다.

  이 마을에는 '재미난학교'의 소문을 듣고 찾아온 주민들이 많다. 입시 경쟁이 아니라 협동과 놀이를 통한 대안 교육을 지향하는 학부모들이 많은데, 주로 연극과 독립영화 등 문화·예술 관련 종사자, 시민단체 활동가들이 많다. 마을 사랑방 역할을 하고 있는 '재미난카페'에서 만난 은팬더네 가족도 4년 전 아이 교육을 이유로 마을에 들어왔다. 큰아들 규태는 '재미난학교', 작은아들 태균이는 '꿈꾸는 어린이집'에 다닌다. 아빠 은팬더는 어린이집의 부모 대표를 맡고 있고, 엄마 금토끼는 마을 엄마들의 동화창작동아리 '요술항아리'를 이끌고 있다.

■ "노원구 중계동에서 살다가 이곳으로 이사 왔어요. 중계동은 교육열이 굉장히 높아서 아무래도 아이들에게 강요 아닌 강요를 하게 되더라고요. 제가 그러면 아이 인생이 힘들어질 것 같았어요. 그래서 대안을 찾아보니 여기가 괜찮더라고요. 이 마을에 들어오고 나서 그동안 알게 모르게 경쟁 대상으로만 보이던

다른 집 아이들이 눈에 들어오기 시작했어요. 요즘은 그 아이들에게 문제가 생기면 '내가 뭘 해줄 수 있을까'를 고민하게 되네요."

아이들을 입시 경쟁에 내몰았다면 자신도 아이 교육에만 매몰됐을 게 분명하다는 금토끼는 마을이 삶 자체를 바꿔놓았다고 덧붙였다.

■ "이 마을에서 살지 않았다면 아이들한테 '올인'하는 삶을 살았을 거예요. 공부만 하라고 다그치고…… 아마 제 삶은 없었겠죠. 지금처럼 남편과 함께 인생이나 사회를 논할 수 있었을까요? 그저 아이 공부시키고 학원 보내는 일만 얘기했겠죠."

두 아이의 아빠인 은팬더는 건강이 나빠져 퇴직한 뒤 2011년부터 마을살이에 전념했다. 이전에는 출장과 야근이 잦아 아이들 얼굴 보기도 어려웠기 때문에 동네 사람들을 만나는 호사를 부린다는 것은 꿈같은 이야기였다.

물론 마을살이가 처음부터 쉽지는 않았다. 기존의 생활 방식이 익숙한 그에게 베풀고 나누는 삶의 태도는 어색했다. 직장 생활 10년 동안 몸에 밴 조직 활동, 규정에 따르는 일상은 어디로 튈지 모르는 마을살이와는 정반대였다. 자기 의견을 내는 일조차 소극적이었던 그가 지금은 어린이집 부모 대표를 맡고 청소년 마을장터

'탈탈탈'의 일꾼으로도 활동하니 놀라운 변화다.

■ "회의를 시작하면 밤새는 경우가 많아요. 다들 말이 많거든요.(웃음) 대안적인 교육을 지향하는 사람들이라 가치관이 견고하죠. 그래도 의사결정 단계가 민주적으로 이뤄져서 단단한 공동체를 만들고 있다고 생각해요. 당장 세상을 못 바꾼다고 해도 우리가 아이들을 제대로 키우면 앞으로 세상을 바꾸는 씨앗이 될 거예요."

'재미난마을'을 찾은 이날, 은팬더가 '재미난카페'의 자원활동 당번이었다. 카페 매니저가 퇴근하는 오후 8시부터 10시까지 마을 사람들이 돌아가면서 카페의 하루를 정리한다. '재미난마을'에서는 이렇게 시간 여유가 있는 사람들이 자원활동으로, 재능이 있는 사람들이 강의로 나눔을 실천한다. 마을카페 '재미난카페'와 마을 도서관 '작은 도서관' 등 공동체 공간 곳곳에서는 동아리 모임 혹은 강의들이 수시로 이어진다. 요즘은 타로, 목공, 사진 수업이 진행되고 있다.

오후 3시, 작은 도서관 '함께 놀자'에서는 마을 사진 수업이 열렸다. 매주 월요일과 화요일에 열리는 이 수업은 5명이 수강하는데, 이날은 동일이만 참석하고 나머지는 폭염 때문에 나오지 않았다. 대신 사진 수업 성인반을 듣는 루시아가 함께 했다. 동일이는 자신이 만든 지하철 모형을 모델로 삼아 열심히 셔터를 눌렀고 사진 강사 고니는 사진의 빗나간 초점을 보며 디지털 카메라 조작을 도왔다. 프리랜서 사진작가로 활동하는 고니는 2011년 '재미난마을'로 왔다. 고니는 사진 강의의 목적을 수업이 아닌 놀이에 맞춘다.

- "사진은 아이들과 재미있게 어울릴 수 있도록 해주는 매개체예요. 아이들과 사진을 찍으면서 서로 대화를 많이 해요. 강남에 살 때는 한 달에 500, 600만 원을 써도 부족했는데 이 마을에 들어오니 수입은 적지만 쓰는 데 부족하지 않아요. 사는 데 큰돈이 필요하지 않다는 걸 알게 됐죠."

생활비가 덜 든다는 고니의 말은 '재미난마을'의 재능 나눔과 연결된다. 수입은 줄었지만 재능과 자원을 서로 나누면서 돈 씀씀이가 줄어든 것이다. 4년 전 대안 교육을 위해 마을로 들어온 파인애플도 동영상 편집 능력을 살려 재능을 나눈다. 마을 행사나 워크숍에서 영상을 찍으면 파인애플의 손길이 꼭 필요하다.

- "옆집 엄마가 뭘 잘하는지, 아이들이 어떤 재능을 갖고 있는지 속속들이 잘 알아요. 이런 공간에서 재능을 나누다 보면, 주어지는 대로 사는 게 아니어서 생동감이 있다고 해야 할까요?(웃음)"

■
'아이들은 재밌게 놀아야 한다'는 뜻에서 '재미난학교'가 탄생했다.
이곳에서는 아이, 교사, 학부모들 사이에 존칭, 존댓말을 쓰지 않는다.
마을학교를 통해 유연하고 평등한 관계를 맺은 사람들은
'재미난마을'을 만들었고, 150여 명의 사람들이
13개의 마을공동체를 중심으로 네트워크를 형성하고 있다.

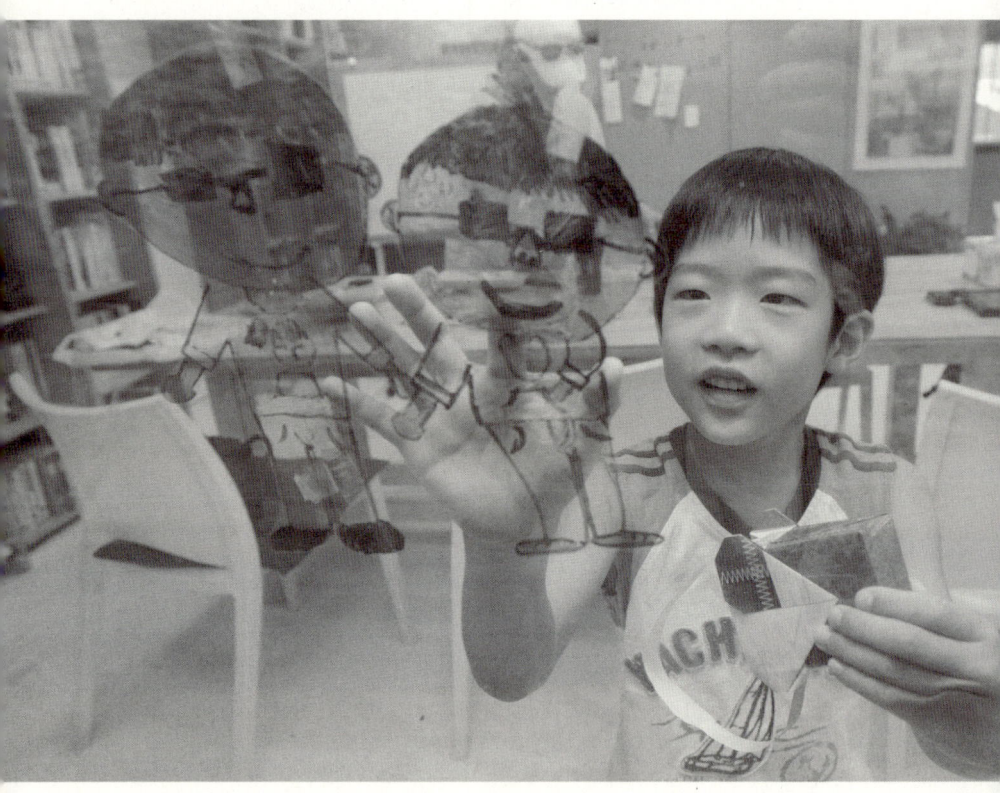

나눔의 순환은 '재미난마을'을 지속가능하게 하는 핵심 요소다. '재미난마을'의 사무국장인 산나물은 일회적인 소비에서 벗어나는 나눔의 순환이 중요하다고 말한다.

- "자본주의는 집단을 싫어하죠. 소비자들이 연대하지 못하게 하고 개별적으로 움직이게 만들어요. 반대로 마을은 뭉쳐야 살 수 있죠. 예전에는 재능이 있어도 일터에서 돈 받고 팔았지, 마을에서 이웃과 나누진 못했어요. 하지만 마을에서 사진·풍물·목공 기술을 나누기 시작하니까 '나도 이런 일 할 줄 아는데……' 하면서 다양한 인적 자원이 나오게 된 기죠. 원래 다 갖고 있던 거예요. '있다'의 받침 쌍시옷 중 '사람(人)'이 나와서 '잇다'로 관계를 만든 것뿐이에요. 우리 주위에 있는 것들을 사람이 이어서 지금의 마을을 만든 거죠."

10년 넘게 노동 운동을 하면서 '세상을 바꿔야 한다'는 다소 추상적인 이상을 꿈꿔왔다면, 마을살이를 하면서부터는 보다 실천적인 삶을 살게 된 것이다. 그가 '마을목수공작단'을 운영하는 것도 바로 이런 이유에서다.

- "같이 뚝딱뚝딱 망치 두드리고, 다른 부모와 아이들과 이야기 나누면서 공감대를 만들어가고 있어요. 내가 하고 싶은 게

뭔지, 마을에서 어떤 삶을 살고 싶은지 고민하면서 말이죠."

'재미난마을'은 돌봄에서 시작해 교육, 생활, 문화 공동체로 발걸음을 옮기고 있다. 자녀 교육을 위해 시작된 공동체가 자신의 삶을 바꾸는 실험으로 이어진 셈이다. 그렇다면 '재미난마을 2.0'은 어떤 모습일까? 산나물은 "사람에게 달려 있다"고 말한다.

- "마을의 지속가능성은 사람에게 달려 있어요. 사람들을 조직하는 것도 결국 사람이니까요. 중요한 건 특정한 사람만이 아니라 보통의 청소년, 아줌마, 아이들이 보다 많은 경험을 쌓을 수 있도록 만드는 일입니다."

사람을 이어서 만든 '재미난마을'의 업그레이드. 다시 사람에서 시작된다.

- 삼각산재미난마을

···· 종합 공동체
마포구 성미산마을

현실에서 이루어진
상상의 공동체

■   "뚝, 수염은 왜 깎았어?"
"새로 공연하는데 수염을 붙여야 해서……. 내가 다 낯설다니까. 근데 수염 깎으니까 사람들이 못 알아봐서 좋아."

장난기 가득한 얼굴의 뚝이 으하하 웃었다. 밖에서는 영화 〈의형제〉, 〈바람과 함께 사라지다〉 등의 흥행 성공에 이어 예능 프로그램에도 진출한 '영화배우 고창석'으로 불리지만, 서울시 마포구 성미산 자락에 자리 잡은 공동주택에서는 '2층집 뚝'이다. 그는 아내와 딸과 함께 2009년부터 '성미산마을' 공동주택에서 살고 있다. 40, 50대 또래들인 호호와 맥가이버, 신데렐라와 토끼, 공주와 왕자네는 뚝과 다람쥐의 이웃이며 가족이다.

계기는 단순했다. '얼굴 보러 오가는 게 귀찮을 정도'로 네 가족은 자주 모였다. 이들은 8년 전쯤 '성미산마을' 공동육아 시설에서 처음 만났을 때부터 유독 마음이 잘 맞았다. 함께 모여 밥을 먹고 술잔을 기울이며 가슴속 이야기를 털어놓는 게 일상이었다. 자연스레 함께 집을 짓고 살자는 이야기가 나왔다.

하지만 현실은 복잡했다. 198제곱미터(약 60평)의 대지에 83제곱미터(25평) 크기의 집을 지으려 했지만 적당한 가격대의 땅이 없었다. 포기할까 고민하던 찰나, 산자락 바로 밑에 저렴한 땅이 나왔다는 소식이 들렸고 2008년 2월, 서둘러 계약을 했다. 그러다 보니 집도 땅도 애초 계획보다 넓어졌다.

게다가 큰 산 하나를 넘은 줄 알았는데 끝이 아니었다. 막상 땅을 파보니 거대한 돌덩이가 버티고 있었다. 돌을 치우는 데만 수백만 원이 들어갔다. 때마침 글로벌 금융위기까지 겹쳐 자잿값이 하루가 다르게 뛰어올랐다. 신데렐라는 "세 번 정도 포기할 뻔했다"며 그때를 회상했다.

거대한 돌덩이가 있던 자리에는 지금 네 가족이 함께 쓰는 공용 공간이 생겼다. 아이들은 이곳에서 탁구를 치거나 책을 읽으며 함께 어울린다. 독립영화 〈경계도시〉를 만들고, 남편 맥가이버의 감독 데뷔작 〈춤추는 숲〉을 제작한 호호가 쓰는 작업실도 있다. 연극배우 다람쥐는 그 옆방을 연습실로 사용한다.

■ 성미산마을

추석 연휴를 하루 앞둔 2012년 9월 29일 늦은 오후, 공동주택 지하 1층 공용공간에서 파티가 열렸다. 잘 익은 삼겹살과 조개구이, '집 나간 며느리도 돌아오게 한다'는 가을 전어로 풍성한 식탁이 차려졌다. 며칠 전 생일이었던 호호네 아들과 두어 달 만에 집에 돌아온 신데렐라네 아들을 축하하는 자리였다. '성미산학교' 7학년인 신데렐라네 아이는 2012년 봄부터 1년 동안 강원도 평창군의 한 농장에서 지내며 가축을 기르고 농사를 짓는 체험학습을 하고 있다. 공동주택에 사는 나머지 네 아이도 '성미산학교' 학생이다.

'성미산마을'은 1994년 2개의 공동육아협동조합에서 출발했다. 이후 마포두레생활협동조합과 공동육아 어린이집이 들어섰다. 아이들이 어린이집을 나와 학교에 진학할 시기에 이르자 부모들은 '내 아이도 입시경쟁에 내몰려야 할까'라는 고민을 시작했다. 공동육아와 생협은 '조금 다른 삶'이란 꿈을 현실로 만들어가는 과정이었다. 그 꿈을 지키기 위해 부모들이 힘을 모아 12년제 대안 학교인 '성미산학교'를 세웠다.

■   "한번은 애들이 집에서 밖을 내다보다가 3층 아저씨가 보이니까 '토끼이~!' 하고 소리쳤나 봐요. 그런데 자긴 줄 몰라서 한참 있다가 두리번거렸대요."
"나도 길 가다가 우연히 남편을 봤는데 이렇게 저렇게 불러도 뒤를 안 돌아봐서 나중에는 '맥가이버!'라고 불렀어요."

다람쥐와 호호가 깔깔거리며 얘기한다. 어린이집에서도 학교에서도 '성미산마을' 아이들은 아저씨, 아줌마, 선생님 같은 호칭 대신 별명을 부른다. 존댓말도 쓰지 않는다. 아이와 교사의 평등한 관계를 위해 시작한 일이다. 처음에 별명을 짓는 일조차 어색해하던 어른들도 이제는 "익숙해지니까 정말 좋다"고 입을 모은다. 별명은 부모와 아이뿐 아니라 마을 주민끼리도 스스럼없이 친구가 되는 마법을 부렸다.

나이와 직업에 거리까지 사라진 공동주택 사람들의 관계는 한층 더 깊다. 아이들은 심심하면 속옷 바람으로 이 집 저 집 기웃거린다. 아침밥이 급할 때면 다른 집에 후다닥 달려가 밥을 얻어 오는 일도 흔하다. 이웃 이상으로 가까운 모습이다. 뚝은 "동료 배우들도 공동주택 생활을 부러워한다"고 말했다. 신데렐라도 공동주택에 사는 만족감을 표했다.

■   "다른 집 아저씨가 술에 취해 밤늦게 들어올 때 현관 번호 키를 잘못 눌러 삐삐 소리가 날 때가 있어요. 처음엔 놀랐는데 이젠 익숙해져서 '아, 힘든 일 있었구나' 하고 넘기고, 다음 날 만나면 '멀쩡해?' 하고 물어봐요. 가족이 되어가는 느낌이랄까요?"

공동주택 밖에서 만나는 마을 사람들도 소중한 이웃이다. '성미산마을'은 '번개'(갑작스러운 만남)가 잦다. 밴드, 드럼, 요가 등 주

힘을 모아 집을 짓고 함께 사는 꿈을 현실로 만든 네 가족.
이들은 값나가는 집보다는 사람을 더 필요로 했고,
마을 안에서 '관계'를 만들고 이어가는 일을 가치 있게 생각한다.

민들이 자발적으로 취미 활동 모임을 많이 꾸리기 때문이다. 마을 사람들은 해마다 한 번씩 열리는 마을 축제와 '성미산학교' 운동회도 직접 운영한다. 이렇게 그물망처럼 얽힌 다양한 마을 내 모임은 사람과 사람, 가족과 가족을 연결해준다.

2003년과 2010년 겪은 두 번의 큰일 역시 마을 사람들을 하나로 묶는 역할을 했다. 2003년 1월 서울시는 성미산에 배수지를 짓겠다며 기습적으로 벌목을 강행했다. 성미산 정상은 붉은 살을 드러냈고, 시에서 동원한 용역업체 사람들과 포클레인에 맨몸으로 맞선 주민들이 여럿 다쳤다. 하지만 어렵게 지켜낸 성미산은 2010년 학교법인 홍익학원이 남사면 숲을 밀어내고 홍익대학교 사범대학 부속 초·중·고등학교를 세우겠다고 발표하면서 또다시 위기에 처했다. 주민들은 천막농성과 법적 대응을 시작했고, 마을합창단은 비틀즈의 노래 〈렛 잇 비(Let it be)〉를 개사한 〈냅둬유〉를 부르며 '성미산마을'을 지키기 위한 두 번째 싸움을 이어갔다. 그러나 2011년 7월, 법원은 주민들이 '홍익학원의 학교 이전 사업 승인을 취소해달라'며 서울시교육감을 상대로 낸 행정소송에서 원고 패소 판결을 내렸다. 결국 그해 가을 성미산 한쪽에는 학교가 들어섰다. 마을 사람들은 비록 성미산을 온전히 지켜내지 못했지만 남은 지역을 생태공원으로 만들기 위해 노력하고 있다.

제각각 떠다니는 섬 같던 사람들은 마을에서 하나로 모여 편안함을 느낀다. 신데렐라는 "사회생활 하며 스트레스 받을 때면 '이

따 마을 가서 풀어야지'라는 생각이 든다. 마을에 돌아와서 동네 아줌마랑 수다 떨고, 밴드나 연극 등 여러 활동을 같이 하다 보면 마음이 편해진다"고 말했다. 맥가이버는 얼마 전 한 출판기념회에 갔다가 "혹시 성미산마을 주민 아니냐"는 질문을 받기도 했다. 그가 이유를 되묻자 그 사람은 "당신 표정에서 보였다. '성미산마을' 사람들은 기본적으로 얼굴이 편안하다"라고 말했다.

'성미산학교'를 '귀족학교'라고 부르는 사람들도 있다. 비인가 학교로 정부 지원을 받지 않는 이곳은 매달 부모들이 일정 금액씩 운영 비용을 부담한다. 5학년 자녀를 둔 호호는 월 48만 원 정도를 내는데 "다른 가정이 사교육에 쓰는 비용과 비교하면 큰 차이가 없다"고 말한다. 실제로 서울시가 발표한 2012년 서울시 초·중·고 학생들의 한 달 평균 사교육비는 42만 5000원이다. 호호는 "'성미산마을'이 중산층을 대변한다는 말은 절반만 옳다. 집마다 여건이 다르다"며 설명을 계속했다. 그는 "우리 공동주택에서도 4층 부부만 유일하게 둘 다 정규직이다. 우리는 비록 은행 빚내서 집을 지었지만, 살면서 무엇을 누릴 것인지를 중요하게 여겼다"고 말했다. 공동주택 사람들 모두 집보다는 사람과 가족이 필요했고, 마을 안에서 살아가기 위해서는 '관계'를 만들고 이어가는 일이 중요하다고 여겼다.

하지만 마을이 점점 넓어지고, 그 속에서 살아가는 사람들이 다양해지면서 새로운 고민거리도 등장했다. 육아공동체로 시작한 곳이다 보니 지금껏 가족 단위 중심으로 마을 활동이 이뤄져왔는데, 결혼을 안 했거나 혼자 사는 사람들, 자녀가 없는 사람들의 마을 활동이 상대적으로 제약받는다는 지적이 나오기도 한다. 이런 문제에 대해 호호가 답을 했다.

■ "그래도 혼자 살거나 자녀가 없는 사람들과 어떻게 함께 할지 논의하고 해결책을 찾으려는 노력이 우리 마을이 지닌 또 하나의 가능성 아닐까요?"

한 아이를 키우기 위해 마을을 만들고, 또 다른 가족이 필요해 공동주택까지 지은 '성미산마을' 사람들의 힘은 어디에 있는 걸까. 다람쥐는 "이 동네 사람들은 얼토당토않은 꿈을 많이 꾼다"고 말했다. 모두 함박웃음을 터뜨리며 고개를 끄덕였다. 함께 꾸는 꿈은 현실이 된다. '성미산마을'은 오늘도 꿈을 꾼다.

⋯▶ 에너지 공동체
동작구 성대골마을

에너지 자립 마을로 가는
아름다운 실천

■   "비켜!"
"기술이야! 기술!"

8살 서준이가 9살 원명이의 하나 남은 나무 블록을 향해 '알까기' 공격에 들어간다. 원명이는 마치 골키퍼라도 된 것처럼 몸을 탁자에 밀착시키고 두 손으로 방패를 만든다. 블록이 떨어지지 않게 막기 위해서다. 서준이가 비키라고 하자, "블록이 여기 손에 닿으면 지는 걸로 할게"라며 씩 웃는다. 하지만 이미 다른 누나들을 상대로 2승을 거두고 온 서준이. 하나 남은 알을 원명이의 수비망을 피해 저 멀리 날려버린다. "이겼다, 이겼어!" 서준이는 자리에서 벌떡 일어나 양팔을 높이 들고 함박웃음을 짓는다. 오빠 옆에 찰싹 달라붙어 있던 6살 서영이도 덩달아 신 났다. 원명이는 탁상 위에 엎드린 채 얼굴을 두 팔에 파묻는다. 2 대 1. 형으로서 체면이 안 선다.

폭염이 한풀 꺾인 2012년 8월의 오후, 서울시 동작구 상도동 주택가 2층에 자리한 '성대골 마을학교' 는 시끌시끌했다. 6살부터 초등학교 4학년인 11살까지 10여 명의 동네 아이들이 옹기종기 모여 '알까기' 를 하는가 하면, 바닥에 커다란 흰 종이를 깔아놓고 '땅따먹기' 를 했다. 승패가 갈릴 때면 잠시 환호와 탄식이 교차했지만, 아이들은 언제 그랬냐는 듯 밝은 얼굴로 또 다른 놀이를 이어갔다. 공기놀이, 할리갈리, 사방치기…… 놀이는 무궁무진하다.

'성대골 마을학교' 가 문을 연 것은 2012년 4월. 창고로 쓰던 40평 남짓한 공간이 방과 후 학교로 변신했다. 학생은 모두 30명. 그리고 15명의 엄마들이 4개조로 나뉘어 한 달에 다섯 번씩 '쌤' 으로 나선다. 이날은 강수연, 김애숙, 최경희 씨가 당번이었는데, 아이들과 놀아주고 어지른 것 치워주고 먹거리까지 챙겨주느라 분주했다.

엄마들 15명은 마을학교 1분 거리에 있는 '성대골 어린이 도서관' 을 통해서 모였다. 2010년 10월 문을 연 '성대골 어린이 도서관' 은 상도 3, 4동을 비롯해 인근 주민 250여 명이 월 5000원에서 2만 원을 내는 회원으로 등록되어 있다.

어린이 도서관에 들어서자 책이 빽빽하게 꽂힌 서가가 눈에 들어왔다. 25평 규모의 도서관에는 5800여 권의 책이 소장되어 있다. 도서관 한쪽에서는 초등학생 혜연이와 지우가 막대사탕을 입에 물고 책을 읽고 있었다. 아이들은 집에서 가깝고 책도 많아서 일주일에 두세 번씩은 도서관을 찾는다. 학교 도서관은 딱딱한 분위기인데, 어린이 도서관에서는 친구들과 놀 수도 있어서 아이들이 더 좋아한다.

'성대골 어린이 도서관'이 생기기 전에는 주민센터 마을문고 이외에는 책을 빌려볼 곳이 근처에 없었다. 그래서 마을문고를 자주 찾던 주민 4명이 책 읽는 모임을 만들었는데, 이 모임이 어린이 도서관 설립의 발단이 됐다.

- "처음에는 그냥 책 읽고 토론하자고 모였어요. 그런데 음식물 쓰레기를 줄이면 좋겠다 싶어서 지렁이 분양하고, 골목길 버려진 화단에 국화 심고. 그러다가 '작은 도서관을 만들어보자'는 이야기가 나왔죠. 이 동네에서 제일 가까운 도서관에 가려면 마을버스를 두 번 타고 나가야 하거든요. 주민센터에 있는 마을문고는 너무 협소하고요."

2010년 7월, 시민사회단체인 희망나눔동작네트워크를 중심으로 마을도서관 만들기 추진위원회가 만들어졌다. 가장 필요한 것은

■
'성대골 어린이 도서관'은 모금부터 운영까지 모두
주민들의 자발적 참여로 이루어진다.
이 도서관에서 만난 엄마들은 아이들의 행복한 미래를 함께 고민하며
마을학교를 만들고, 여러 사람의 재능 기부로 다양한 문화 수업을 진행한다.

역시 돈. 평범한 '동네아줌마'였던 김소영 관장은 도서관 건립 비용 모금을 위해 두 달간 동네 구석구석을 돌아다녔다.

■ "현황 조사부터 했어요. 이 동네 교회가 몇 개인지, 어린이집이 몇 개인지, 상가 주인이 누구인지 파악했죠. 하루는 어느 태권도 관장님이 오라고 해서 갔더니 차 한잔 주면서 '왜 그러고 다니냐. 쓸데없이 욕먹지 말고 접어라'라고 설득하더라고요. 어떤 사람들은 '그럴 에너지 있으면 다른 걸 하라'고 충고도 하고. 그러다가 어느 날 전화가 왔어요. 어느 마트 점장님 전화였는데, 그곳 사장님이 제가 놓고 간 리플릿을 보고 10만 원을 카운터에 맡겼으니 받아 가래요. 그게 첫 모금이었어요.

그 뒤에는 어떤 할머니가 전화를 주시더니 몇 시까지 3동 주민센터로 나오래요. 만나러 갔더니 근처에 있는 은행에서 현금 100만 원을 찾아서 주시더라고요. 칠순잔치 때 한복 지어 입으라고 아들이 준 돈인데 동네 아이들 책 사라고 선뜻 내주신 거죠. 그리고 하루는 제가 약을 사러 갔는데 약사가 손님들한테 5000원, 만 원씩 모은 돈을 주시더라구요.

제가 상도동에서 11년을 살았어요. 그동안 밤에 잠만 자던 동네였는데, 두 달간 마을을 쭉 돌면서 '이 사람들은 내가 한 말에서 무엇을 느끼고 무슨 희망을 걸었기에 지갑을 열었을까' 생각하게 됐어요. 그러면서 이 일을 반드시 할 수밖에 없다는 사명감과

책임감이 생겼어요."

 각종 모금과 일일호프, 단체 지원 등을 통해 도서관 건립 자금 2000만 원을 모았다. 적게는 10만 원에서 많게는 100만 원까지 기금을 낸 발기인 50여 명은 모두 주민들이었다. 책은 출판사와 작가들에게 일일이 전화를 걸어 기증받았다.
 도서관 운영에도 주민들이 직접 나섰다. 2011년 1월부터 자원활동가 8명이 돌아가면서 '도서관 지킴이'로 활동하고 있다. 도서관 운영도 주민들로 구성된 운영위원 10명이 회의를 통해 결정한다.
 현재 마을학교 교사로 활동하는 15명의 엄마들은 대부분 '성대골 어린이 도서관'에서 운영위원이나 자원활동을 했던 이들이다. 마을학교는 매일 다른 프로그램을 운영하는데, 모두 재능 기부로 이루어진다. 월요일에는 마을학교 근처에 살고 있는 극단 연출가가 뮤지컬 교실을 열고, 화요일에는 사회적 기업인 '결혼이주여성 평등찾기'와 연계해 이주여성들로부터 그 나라의 역사와 문화를 배우고 음식도 만들어 먹는다. 수요일에는 마을 뒤편에 있는 국사봉 숲에 올라가 숲 체험을 한다. 동작구청에서 운영하는 '동작 숲 아카데미'의 숲 해설가 대표가 이곳 상도3동 주민자치위원이라 도움을 받고 있다. 목요일에는 독일식 대안 교육 중 하나인 발도로프 미술을 배운 엄마가 수업을 하고, 금요일에는 국악 수업이 열린다. 마을학교 수업이 없는 오전이나 주말에는 마을의 다른 공동체 모임에서 학교 공간을 활용한다. 김소영 관장은 마을학교 열쇠 100개를 만들 만큼 다양한 모임이 활성화되길 바라고 있다.

- "마을학교로 사용하는 이 공간은 원래 보증금 2000만 원에 월세 10만 원이었어요. 엄마들 한 사람당 300만 원 정도 출자를 해야 하는 상황이었는데, 첫 출자가 부담스러우면 지속적인 활동이 어려울 것 같아서 주인과 협상을 했어요. 결국 보증금 100만 원, 월세 30만 원까지 낮췄죠. 처음에는 도서관에 대해 마을에서 이러쿵저러쿵 했어요. 뒤에 조직이 있니 뭐니……. 하지만 마을 엄마 몇 명이 죽기 살기로 노력해서 도서관을 끌어가니까 그 성과를 주민들이 인정하게 됐죠."

엄마들이 마을학교를 만든 이유는 무엇일까? 고등학교 1학년, 초등학교 1학년 두 딸을 둔 최경희 씨는 기존 교육 시스템 속에서 힘들어하는 첫째 딸을 보면서 어떻게 하면 아이를 행복하게 키울 수 있을지 고민이 컸다. 마을학교에서 또래 친구들과 즐겁게 웃고 떠드는 딸을 보면서 그가 말했다.

- "아이들뿐만 아니라 엄마들이 모여서 이야기할 수 있는 공간도 없었어요. 학교 가면 엄마들 반모임이 있는데 다들 어느 학원이 좋은지, 선생님이 뭘 좋아하는지, 어떻게 하면 내 아이

교육 잘 시킬 수 있을지, 이런 이야기밖에 안 해요. 그런데 마을학교는 시나 구에서 만든 게 아니니까 주민들이 학교 운영에 대해 의견을 낼 수 있고, '어떻게 하면 성적을 올릴까'가 아니라 '어떻게 아이를 잘 키울까'를 함께 고민할 수 있어서 좋아요. 엄마들이 학교에서도 직접 아이들을 돌볼 수 있고요."

물론 전문교사가 아닌 전업주부들이다 보니 아이들을 가르치면서 버거운 점도 많다. 아이들끼리의 싸움이 엄마들 사이의 감정싸움으로 번지기도 한다. 문제가 생길수록 엄마들은 대화를 많이 하는데, 런던올림픽 한일 축구경기가 열리던 날에도 단체 관람을 핑계로 어린이 도서관에 모여 밤새 토론을 벌이기도 했다. 매주 월요일 오후 5시 30분에는 정기적으로 회의가 열린다.

성대골 엄마들은 마을도서관, 마을학교에 이어 '에너지 자립 마을'로 나아가기 위한 발걸음을 내딛고 있다. 2011년 후쿠시마 원전사태를 보고 충격을 받은 엄마들은 환경단체에 의뢰해 원전 관련 특강을 듣는가 하면, 여성민우회 프로젝트의 일환으로 아이들과 함께 에너지 관련 특강, 워크숍, 견학을 진행했다.

배움은 실천으로 이어졌다. '성대골 절전소'가 대표적인 예다. 마을도서관 한쪽 벽면에는 50여 가구의 월별 전기 사용량이 그래프로 붙어 있는데 빨간색은 지난해, 초록색은 올해 사용량을 표시한 것이다. 그래프만 봐도 절전 결과를 한눈에 알 수 있다. 또한 절전 운동에 참여하는 가구에는 전원 차단 버튼이 달린 멀티탭을 나눠준다. 대기전력을 차단하기 위해서다. 김소영 관장은 한 가족의 그래프를 가리키며 "1월부터 5월까지 다섯 달 동안 전기 사용량이 250킬로와트시(kwh) 정도 줄었다. 4인 가족이 이 정도로 전기를 아꼈다는 것은 각오를 단단히 했다는 뜻이다"라고 설명했다. 마을에 있는 음식점, 커피숍, 약국 등도 '착한 가게'로 등록하고 절전 운동에 동참하도록 설득하고 있다.

서울시는 2012년 5월 '성대골 어린이 도서관'을 '서울 환경상 대상'에 선정했다. '원전 하나 줄이기' 에너지 절약 캠페인을 추진하고 있는 박원순 서울시장은 틈날 때마다 '성대골마을' 칭찬을 아끼지 않는다. 김소영 관장은 '성대골마을'의 에너지 절약을 자랑하며 너스레를 떨었다.

■ "동작구 '원전 하나 줄이기' 캠페인도 우리가 먼저 시작했고, 서울시에서 공모 중인 돌봄 공동체도 '성대골 마을학교'에서 이루어지고 있어요. 박원순 시장이 우리 도서관에 도청장치를 놓고 간 게 아닌지 모르겠어요.(웃음)"

성대골의 실험은 여기에서 멈추지 않는다. 성대골 엄마들은 '적정기술'로 마을학교의 겨울을 나보기로 했다. 적정기술이란 저개발국이나 농촌 등 현지의 지역적 조건에 맞춰 지속적인 생산과 소비를 가능하게 하는 기술인데, 태양열 온수기·온풍기, 빗물 탱크 등이 그 예다.

- "조만간 경남 산청에 있는 적정기술 전문가들이 서울에 와서 워크숍을 해요. 엄마들도 기술을 배워서 활용할 생각이에요. 우리가 적정기술로 어떻게 겨울을 나는지 SNS(소셜 네트워크 서비스)로 공유하려고요."

"한 명의 아이를 온전히 키우기 위해서는 온 마을이 필요하다." '성대골 어린이 도서관' 발기인과 회원을 모집할 때 김소영 관장이 돌렸던 리플릿에 적힌 외국 속담이다. 성대골 엄마들은 '모두의 아이가 우리의 아이' 라는 생각으로 도서관을 만들고 마을학교를 만들고 이제는 국내 최초의 도시형 에너지 자립 마을을 꿈꾸고 있다. 그리고 모든 과정에 아이들이 함께한다.

'성대골마을' 의 에너지 자립 마을 실천은 제1회 성대골 에너지 축제로 이어졌다. 2012년 8월 24일 동작구 상도4동 도화공원에서 열린 이 축제의 슬로건은 '불을 끄고 대신 별을 보자' 였다.

이 축제에서 '성대골 어린이 도서관' 의 운영위원들은 장터를 꾸렸다. 두 달에 한 번 열던 마을 장터를 이번에는 '에너지 축제' 라는 테마로 각색해서 단순히 물건을 사고파는 것을 넘어 '성대골마을' 의 에너지 절전 운동을 알리기로 했다. 이날 장터에는 페달을 밟으면 전기를 생산하는 이색 자전거가 설치되기도 했다. 축제에 참여한 아이들은 자전거 발전기로 믹서를 돌리고 선풍기도 움직였다. 믹서를 돌리려면 250킬로와트의 전력이 필요한데, 아이들은 믹서를 멈추지 않게 하려고 열심히 페달을 돌렸다. 자신이 밟은 자전거로 선풍기 바람을 맞은 10살 희진이는 "전기 만드는 게 이렇게 힘든지 몰랐어요. 운동하고 전기도 만들고 일석이조네요"라며 웃었다. 아이들은 네모난 상자에 은색 포일을 두른 태양열 조리기로 달걀을 삶으려 했지만 흐린 날씨 탓에 삶은 달걀은 구경할 수 없었다.

'성대골마을'은 2012년 8월, 서울시의 에너지 자립 시범 마을로 선정됐다. 마을도서관, 마을학교에 기반을 둔 절전 운동과 함께 단열 개선 작업이 진행될 예정이다. 가구당 20퍼센트 전기 절약을 목표로 마을의 모든 가족이 에너지 지킴이 역할에 동참한다. 멀티탭을 이용해 대기전력을 차단하고 에어컨 대신 선풍기를 쓰는 등 '성대골 절전소' 프로젝트를 이끌고 있는 김소영 관장은 각오가 대단하다.

■ "가정에서 매달 10~12퍼센트의 에너지를 아끼면 원전 하나를 줄일 수 있어요. 마을 사람 100명이 100개의 절전소가 되어 에너지 절약을 실천하는 거죠. 이번 겨울은 난방을 줄이고 벽난로나 태양열 온풍기로 버틸 거예요. 안 되면 실내에서라도

내복에 파카 입죠 뭐.(웃음)"

이날 장터에 나온 물건 중 콘센트 4구짜리 멀티탭이 눈길을 끌었다. 각 콘센트마다 온오프 버튼이 달려 있는데, 멀티탭을 파는 노성숙 씨 가족은 '성대골마을'의 '절전왕'이다. 지난해와 올해의 같은 달을 비교해서 전기요금을 가장 절약한 가구가 '절전왕관 스티커'를 받는데, '성대골 어린이 도서관' 벽면에 있는 에너지 절약 실천 상황판에서 그의 가족은 50여 가구 중 1등을 달리고 있다. 절전왕인 그는 멀티탭 홍보에 적극적이었다. 멀티탭을 쓰면 벽에 꽂혀 있는 콘센트보다 코드를 뽑기도 쉽고, 전원 버튼만 끄면 대기전력을 차단할 수 있다.

- "9살인 아들 유찬이가 상황판을 매달 체크하면서 집에 켜져 있는 불을 끄기 시작했어요. 그러다 보니 한여름에도 한 달 전기료가 1만 6000원밖에 안 나왔어요."

축제에서는 '성대골 어린이 도서관' 운영위원들을 중심으로 재능 기부 행사도 열렸다. 천연 재료로 입술을 보호하는 립밤과 모기 퇴치제를 만들고, 얇은 판자에 그림을 그린 나무 액자도 만들어 팔았다. 전을 부치고 미숫가루를 파는 일도 모두 마을 사람들이 맡았다.

- 성대골마을

'성대골마을'은 에너지 자립 마을을 꿈꾼다.
성대골 절전소 프로젝트, '원전 하나 줄이기' 캠페인을 벌이며
친환경적 삶을 실천하고 있다.

마을 장터에 처음 발걸음을 했다는 최성희 씨는 "소문난 잔치에 먹을 게 없다고 했는데 이 정도로 풍성한 행사인지 몰랐다. 아이들을 성대골 도서관에 보내고 싶은 생각도 있었지만 여유가 없어서 그렇게 못했는데, 다시 생각해보게 된다"고 소감을 말했다. 일흔이 넘은 고희연 씨도 "상도동에 이렇게 큰 잔치가 얼마 만인지 모르겠다. 시골 동네에서 잔치를 여는 것 같고…… 서울살이 40년 만에 처음 보는 마을 잔치, 마을 축제라 좋다"고 감격스러워했다.

축제는 영화 상영으로 마무리됐다. 환경재단의 환경영상자료원인 '그린 아카이브'에서 추천받은 단편 여섯 편과 장편 한 편을 상영했다. 물론 영화 관람에도 절전 운동이 빠지지 않았다. 자전거 발전기를 돌려 스피커 전력으로 쓴 것이다. 아이들이 돌아가면서 발전기를 돌렸는데 250킬로와트의 전력을 유지하지 못해 상영 내내 소리가 뚝뚝 끊겼지만 주민들은 그저 즐거운 표정이었다.

영화 상영 도중에는 공원의 가로등이 모두 꺼졌다. '불을 끄고 대신 별을 보자'는 에너지 축제의 마지막 행동이었다. 흐린 날씨라 하늘의 별은 보이지 않았지만 사람들의 웃음과 함께 성대골의 여름밤은 깊어갔다.

여름 축제 후 5개월이 지난 2013년 1월, '성대골마을'의 친환경 겨울살이 풍경이 보고 싶어 마을을 다시 찾았다. 40년 만에 찾아온 지독한 한파가 한풀 꺾인 이날, 유치원생부터 초등학교 6학년까지의 아이들 12명이 나무를 하기 위해 길을 나섰다. 마을학교의 일일

교사인 조혜주 씨와 이미숙 씨도 장갑과 포대가 든 가방을 들고 함께 산을 올랐다.

■ "찬익아, 어디로 가야 돼? 용마산이 낫지 않아?"
"국사봉이 좋아요. 딴딴한 나무가 많거든요."

11살 찬익이가 길잡이로 나섰다. 이번 겨울, 용마산과 국사봉을 한 번씩 다녀온 찬익이는 거리가 멀고 험한 용마산보다 잘 타는 나무가 많은 국사봉이 낫다고 판단했다. 마을학교 교사이자 서현이 엄마인 조혜주 씨도 길잡이 찬익이를 따라나선다. 마을학교에서 15분 거리의 국사봉 사자암까지 깔깔깔, 까르륵거리는 아이들 웃음소리로 떠들썩했다.

도시 마을 아이들이 나무를 하러 가는 이유가 뭘까? 답은 마을학교의 화목난로에 있다. 마을학교는 화석연료와 전기에너지의 도움 없이 겨울나기에 도전하고 있다. 화목난로는 2012년 12월 22일에 처음 가동됐다. 난로는 나무가 타면서 낸 열을 축적한 뒤 내장된 팬을 통해 열기를 밖으로 내뿜는다. 아이들과 학교 일일교사들은 30평 규모의 마을학교 난방을 위해 직접 나무를 한다. 지난주에 나무를 하러 갈 예정이었지만 폭설 때문에 취소됐는데 이날 오전까지도 비가 내려 걱정이었다. '땔감'이 부족해서다. 다행히 오후가 되자 비는 그쳤다.

목적지에 도착한 아이들은 나무하기를 시작했다. 톱과 같은 연장은 쓰지 않고 떨어져 있는 나뭇가지들을 줍기만 해도 충분했다. 아이들은 겨울잠에 든 뱀이라도 건드릴까 봐 조심조심하다가 개똥에 화들짝 놀라기도 하고, 손톱만 한 도토리들을 신기하게 쳐다보기도 했다. '성대골마을' 아이들은 산에 오르며 살아 있는 생태 현장을 배운다.

비가 온 뒤라 산에는 젖은 나뭇가지들이 많았다. 젖은 나무는 다시 말려야 하고 무겁기도 했다. 찬익이는 능숙한 솜씨로 마르고 단단한 나무를 골랐다. 긴 나뭇가지는 바위에 세워두고 힘껏 발로 밟아 둘로 쪼갰다. 나무속을 보고 썩은 나뭇가지는 내던졌다.

■ "어차피 잘 타지도 않는 나무는 가져가면 쓰레기예요. 짐만 될 뿐이죠."

아이들은 포대 네 자루를 30분 만에 다 채우고 마을학교로 돌아와 간식을 먹었다. 출발 전 화목난로 통에 넣어뒀던 고구마는 노랗게 익어 아이들의 간식이 됐다.

아이들을 인솔했던 조혜주 씨 가족은 2012년 11월 한 달 동안 149킬로와트시의 전력을 써서 1만 2300원의 전기료를 냈다. '성대골 절전소' 활동에 참여하는 55가구 중 가장 낮은 전기료다. 2011년 같은 달에 258킬로와트시를 써서 2만 7200원을 냈던 것에 비해

1만 4900원을 아꼈다.

■ "잘못된 생활 습관을 깨닫고 나니까 다시 돌아갈 수 없더라고요. 제 딸도 서당 개 3년이면 풍월을 읊듯이 부모들의 노력을 배우면서 조금씩 실천하게 되지 않을까요?"

'성대골 절전소' 운동을 시작한 이후 처음 맞는 이번 겨울은 유난히 춥다. 2012년 12월의 전국 평균 기온은 영하 1.7도로 기상자료 수집이 시작된 1973년 이후 두 번째로 낮았다.

마을학교 오른쪽 벽에 자리 잡은 햇빛온풍기는 건물 외벽에 설치된 태양광 집열판을 통해 햇빛을 모은 후 내부에 연결된 온풍기로 실내를 데운다. 집열판을 늘리면 실내 온도를 더 올릴 수 있지만 비용이 만만치 않다. 대신 화목난로와 함께 효율적으로 실내온도를 관리한다. 이날 학교 안의 온도계는 영상 11도를 가리키고 있었다. 실내 바닥은 얼음장처럼 차가워 방석을 깔지 않으면 오래 앉아 있기 힘들었다.

온풍기와 난로에만 의지해 혹한을 버틸 수는 없다. 그래서 직접적이고 효율성 높은 수단도 쓰고 있다. 바로 내복이다. 이날 마을학교의 교사와 아이들은 모두 내복을 입고 있었다. 보라색, 분홍색, 남색 등 아이들이 입은 내복은 각양각색. 불편하지 않냐는 물음에 원명이는 "피부같이 딱 달라붙어서 입고 있는지도 모르겠어요. 안

입으면 마을학교에 못 있어요"라며 웃어 보였다. 일시적인 캠페인이 아니라 습관이 몸에 배어 있는 듯했다.

'성대골마을'은 에너지 절약과 더불어 공부의 열기도 뜨겁다. 오후 7시, 마을학교에서는 '탈핵학교' 수업이 진행됐다. 2012년 여름부터 시작된 '탈핵학교'는 4기째 이어지고 있다. 원래 명동의 가톨릭 회관에서 진행했는데 마을 사람 7명이 단체로 신청하면서 이번 4기 수업만 특별히 '성대골마을'에서 진행됐다.

'탈핵학교'는 2011년 3월에 터진 후쿠시마 사고 이후, 핵의 위험성과 에너지 문제를 알리기 위한 강사 양성 과정으로 탄생했다. 에너지정의행동, 환경운동연합, 녹색연합 등 원전을 반대하는 시민단체들이 운영위원회를 꾸려 '탈핵운동'을 확산시킬 전문 인재를 양성하는 데 팔을 걷어붙였다. 수업은 핵물리학, 핵의학 등 전문적인 내용으로 진행된다.

이날은 반핵의사회 소속의 주영수 한림대학교 의대교수가 '방사능과 인체 영향'을 주제로 수업을 진행했다. 인근의 장승중학교 방과 후 수업에서 기후변화와 에너지 절약을 가르쳤던 최경희 씨도 이날 수업을 들었다. 그는 "스스로 지식이 부족하다고 느껴 '탈핵학교'에 참여하게 됐는데, 아이들에게 쉽고 재밌게 가르치는 것도 필요하지만 사실을 정확하게 알리는 일이 더 중요하다는 점을 깨달았다"고 말했다.

■ 성대골마을

- "핵에 불을 한 번 붙이면 영원히 끌 수 없다고 해요. 폐기물로 처리해도 영원히 사라지지 않죠. 이 얘기를 해줬더니 아이들이 눈을 똥그랗게 뜨고 관심을 보이더라고요."

이날 '성대골 절전소' 활동을 살펴보기 위해 마을을 찾은 녹색당 공동정책위원장 이유진 씨는 절전소 프로젝트 초기부터 마을을 도운 코디네이터다. 그는 마을 사람들의 실천력이 높아진 계기가 2011년 9월부터 시작된 워크숍이라고 했다. 원전이 왜 위험한지, 체르노빌 원전사고는 어떤 영향을 미쳤는지, 한국의 원전은 안전한지 등을 배우는 워크숍이었다. 단순히 '절약하자' 는 구호가 아니라 알고 싶은 것과 필요한 것들을 깨치고 배우면서 마을 사람들의 실천력이 높아졌다.

- "김소영 관장의 리더십도 뛰어나지만, 마을 주민들이 힘을 합쳐준 덕분에 지금까지 올 수 있었어요. 5년 전부터 절전소 운동을 하자고 말해왔지만 실제로 구현한 곳은 성대골이 처음이었어요. 그 힘이 대단하죠. 저도 이 마을에 올 때마다 배우고 갑니다."

취재를 마친 후 어느 날, 김소영 관장에게서 전화가 왔다. 에너지 자립 마을의 기원을 찾기 위해 2013년 가을쯤 독일로 떠난다고 했다. 그는 탈핵 운동과 에너지 자립 마을 운동이 연계적으로 이뤄지고 있는 독일의 경험을 배워서 새로운 모델을 만들어보고 싶다는 각오를 내비쳤다. 마을도서관, 마을학교, 절전소 운동에 이어 '성대골마을'이 계속해서 어떤 실험을 선보일지 기대하게 된다.

··▶ 대안개발 공동체
은평구 산새마을

뉴타운의 상처를
치유하는 이웃의 힘

'산새마을'을 취재하기 일주일 전, 서울 여의도 한복판에서 '묻지마 범죄'가 일어났다. 범인은 원한관계에 있던 전 직장동료와 길 가던 행인 2명에게 흉기를 휘둘렀다. 또 비슷한 시기 서울 주택가에서 대낮에 성폭행 사건이 벌어졌다. 경찰은 방범비상령을 선포하고 한 달간 모든 인력을 동원해 범죄 예방을 강화한다고 밝혔다.

그 어느 때보다 국민 안전에 관심이 쏠릴 때, 주민이 나서서 마을의 안전을 지키는 곳이 있어 새삼 주목을 받았다. 서울시 은평구 봉산 인근에 자리 잡은 '산새마을'이다. 한여름 밤 찾아간 '산새마을'에는 부엉이 울음소리가 들렸다. 산에 부엉이, 뻐꾸기, 딱따구리 등 산새가 많아 '산새마을'이라는 이름이 붙었다고 한다. 마을

버스도 들어오지 않는 경사 가파른 달동네다.

사람들이 하루를 마무리하고 편히 쉬고 있을 시간, '산새마을' 사람들이 길을 나섰다. 마을지킴이 박상열(78), 진정임(62), 안영숙(52), 최복순(47), 이정환(47) 씨가 야광조끼에 경광봉을 들고 골목을 돌아다녔다. '묻지마 범죄'는 아니더라도 혹시 모를 일에 대비해 1시간가량 순찰을 도는 것이다. 마실 가듯 가벼운 발걸음이지만 눈빛은 예사롭지 않다. 어두운 골목길에 누군가 쓰레기를 버리지 않는지, 인적이 드문 공터에서 무슨 일이 벌어지지 않는지 꼼꼼히 살핀다. 밤늦게 골목을 서성이는 아이들에게 "빨리 집에 안 들어가면 엄마한테 전화한다"며 겁을 주기도 하고 귀가하는 이웃들에게는 안부를 묻는다.

'산새마을' 주민들의 지킴이 활동은 2012년 5월에 시작됐다. 마을 주민 25명이 순번을 정해 하루에 5명씩 순찰을 돈다. 순찰 지역은 은평구 신사2동 237번지 5~9통 일대다. 9통 통장 최복순 씨의 남편 이정환 씨는 지킴이 활동을 하면서 마을에 대한 관심이 늘었다.

■   "골목길에 주차가 삐딱하게 돼 있으면 제가 바쁘더라도 차 주인에게 전화해서 다시 주차해달라고 요청해요. 주민들도 처음 순찰 돌 때는 밤에 이상한 짓 한다고 그랬는데, 한 달 정도 지나고 나니까 고마워하더라고요."

■ 산새마을

지킴이는 마을 주민에게 '안전 귀가'를 선물하고, 주민들은 지킴이 덕분에 마음이 든든하다. 지킴이의 순찰 이후 공터에서 가출 청소년들이 소란을 피우는 일도 없어졌다. 퇴근길에 지킴이를 만난 양희정 씨는 고마움을 표현했다.

- "지킴이가 없을 때는 동생한테 버스정류장까지 나오라고 할 정도로 밤길이 불안했어요. 그런데 지킴이 활동이 생기고 나니까 이제는 동생이 더 고마워해요. 잘 알지도 못하는 사이지만 한마을이라고 이렇게 신경을 써주니 그저 고마울 뿐이에요."

동생과 함께 엄마를 마중 나왔던 초등학생 강지희 양이 지킴이에게 인사하며 말했다.

- "처음에는 마을지킴이가 무서운 사람들인 줄 알고 피해 다녔어요. 지킴이가 나오는 시간에는 이렇게 밤에도 엄마를 마중 나갈 수 있어서 좋아요."

'산새마을'은 사회적 기업인 두꺼비하우징과 관계가 깊다. 2011년 6월 은평구청과 두꺼비하우징은 '산새마을'을 두꺼비하우징 사업 시범 구역으로 선정했다. 두꺼비하우징은 뉴타운 재개발과 같은 기존 도시개발과 다르다. 다 부수고 새로 짓는 뉴타운 개발 방식이 아니라 낡은 집을 수리·관리하면서 주민들의 정주권을 보장하고 낮은 이자의 두꺼비하우징 대출을 통해 수리 비용을 마련하도록 도우며 공사 원가도 투명하게 공개한다.

마을공동체 사업도 함께 이뤄지고 있다. 두꺼비하우징의 윤전우 마을만들기 팀장이 중심이 돼 사업을 벌이고 있는데, 물리적 재생과 함께 주민들 사이의 관계망도 회복시키는 작업이다. 몽골에서 4년 넘게 마을만들기 활동을 한 윤 팀장은 2012년 초부터 '산새마을'을 제집처럼 드나들었다. 20년 동안 반상회도 안 하던 사람들을 매주 마을회의에 참석하게 만들었고, 마을학교를 열어 주민 참여율을 높였다.

'산새마을' 공동체는 2012년 3월에 싹텄다. 봉산 등산로 입구에 방치된 쓰레기를 주민들이 함께 치우면서 활동이 시작됐다. 애초에 서울시는 이곳 공터 400평을 매입해 도시 텃밭으로 조성할 계획이었다. 하지만 주민들은 공무원들이 나서기만을 기다릴 수 없었다. 한여름이 되면 쓰레기 더미에서 악취가 나고, 모기의 서식처가 될 게 분명했다. 주민들은 함께 팔을 걷어붙였고 3주에 걸친 대공사로 텃밭을 완성했다. 텃밭은 '산새마을'의 상징이라고 할 만큼 마을 사람들이 아끼고 가꾼다. 깻잎, 고구마, 수박, 참외, 배추 등을 심는다.

텃밭 수확물은 인근 복지관에 무료로 보내 급식 재료로 쓴다. "몰래 따다 집에서 반찬으로 드시는 것 아니냐"는 장난스런 질문에 최복순 9통 통장은 손사래를 치며 "나 위해서 하는 일이면 힘이 들겠지만 다 같이 모여서 돕고 좋은 일로 이어지니까 신이 나서 열심히 한다"고 말했다. 복지관에 일손이 부족할 때는 손수 김치를 담가 보내기도 한다.

이날 낮에 텃밭 일을 함께 한 9통 주민들은 통장 집에서 점심을 같이 먹었다. 열무김치를 넣고 고추장으로 비빈 소박한 비빔밥이다. 주민들은 1년 전만 해도 인사만 겨우 했지만, 이제는 하루를 같이 보내며 '언니', '동생' 하는 사이가 됐다.

텃밭 입구에는 아담한 마을 공원도 만들었다. 주민들이 모여 시원한 바람을 맞을 수 있는 공원은 동아리 공간으로도 활용한다. 이날 마을 텃밭 옆 공원에서는 '시끌벅적 산새마을 민요수업'이 열렸고, 9통 주민 9명이 모였다.

- "마음 편하게 눈 감고 해보세요. 코로 숨이 들어갑니다. 목을 타고 가슴을 지나서 뱃속에 잠깐 저장했다가 '아' 하고 앞으로 쭉 소리를 던져주세요. 아~ 아~."

주민들은 쭈뼛쭈뼛 어색해하면서도 김경은 초빙 강사(도들빛 국악연구소)의 지도를 따랐다. 그리고 호흡을 가다듬으며 "아리랑 아리랑 아라리요"를 내뱉었다. 수강생 중 최고령인 83세 홍경순 할머니도 열심히 따라 했다.

■
'산새마을' 주민들은 마을지킴이 덕분에 밤길을 마음 놓고 다닌다.
마을 주민들은 쓰레기장처럼 방치된 마을 공터를 텃밭으로 가꾸고,
다양한 취미 활동을 함께하며 낡고 오래된 마을을 아름답게 가꾸고 있다.

- "민요 배운다고 하니까 다른 동네에서는 '산새마을 출세했다'고 그러데요. 나이가 들어 집중력이 떨어지지만 혼자 집에 있는 것보다 백배 낫죠.(웃음)"

국악 모임, 텃밭 가꾸기, 마을지킴이 등 다양한 활동을 하고 있지만 더 많은 주민들의 참여를 이끌어내는 일이 쉽지 않다. 마을 활동에는 대개 평균 10여 명의 주민이 참여한다. 신사2동 5~9통 주민들을 아우르려고 하는데도 현재는 8, 9통 주민들 중심으로 활동이 이뤄지고 있다. "노인들 많으니까 노인정 짓고, 아이들 위해서 놀이터 만들면 마을이 달라지지 않겠느냐"는 이야기도 나오지만, 주민들 사이의 관계맺기가 더 우선이라는 의견이 많다.

민요수업이 끝나고 열댓 명의 사람들이 팔각정에 모여 마을회의를 열었다. 사람들은 두꺼비하우징이 준비한 회의 자료를 유심히 살펴봤다. 이번 달 주요 활동이 무엇인지, 마을금고를 어떻게 썼는지 알기 쉽게 만든 자료였다. 윤전우 팀장이 현안을 보고한 후 인근의 상신초등학교 개방 시간 확대와 후문 설치, 마을버스 노선 조정, 마을주차장 조성 등을 논의했다. 또 앞으로 진행될 '우리집 명패 만들기', 영정 사진 촬영, 의료생협 왕진, 벽화 그리기 등 마을 프로그램 일정이 소개됐다. 이어서 안건 토의 시간으로 넘어가자 주민들이 일주일간 생각해온 일들을 쏟아냈다.

■   "제안 하나 할게요. 마을에 약수터를 만들면 좋겠어요. 낮지 않은 산이라 몇 미터만 파면 금방 물이 나올 것 같아요."
"그냥 파서는 안 돼. 관정(管井, 둥글게 판 우물)을 뚫어야지. 꽃에 바로 물을 줄 수 있으면 얼마나 좋아."
"근데 약수터 만들면 전기요금 누가 내나?"
"내가 낼게, 내가."

회의에서는 거수나 투표가 필요 없었다. 윤 팀장이 "이쪽부터 콜 하세요"라고 하면 사람들은 "콜!" "100퍼센트 콜! 물을 필요도 없다"고 답했다. 이번 회의의 가장 큰 수확은 주민 3명의 기부금 쾌척이다. 평소 마을 활동에 적극적으로 나서지 않았던 이들이 주머니에서 돈을 꺼냈다. 기부금을 내며 쑥스러워하던 한 주민은 "많지 않은 돈이지만 마을을 위해 써달라. 이제는 낸 돈만큼 마을 일에 참견하면서 잔소리할 작정이다"라며 웃었다. 사람들은 박수로 화답하며 회의를 마무리했다. 사회적 기업인 두꺼비하우징을 통해 마을공동체 활동을 시작한 '산새마을'은 이제 무엇보다 주민들의 자발성이 필요한 시점이다. 윤전우 팀장은 마을 사람들이 변하기 시작했다고 말했다.

■   "마을에 들어온 지 6개월째라 아직 가야 할 길이 멀다고 생각했어요. 그런데 오늘 주민들이 기부금을 꺼내는 순간 놀랐

어요. 눈물이 날 뻔했죠. 마을에 들어온 후 여기저기 들쑤시고 다니면서 사람들 관심 끌어내는 게 일이었는데 처음엔 반응이 싸늘했거든요. 하지만 시간이 지날수록 이렇게 신뢰가 쌓이고 자발적인 모습들이 나타나니 보람을 느낍니다."

'산새마을'을 취재한 지 2주가 지나고 다시 찾은 마을에서는 때 아닌 호객행위가 벌어지고 있었다.

- "와서 밥 드시고 가세요."

같은 동네에 살지만 인사만 하고 지내던 이웃에게 건네는 따스한 말 한마디가 들렸다. 마을 활동에 참여하지 않는 주민들을 끌어들이려는 전략이다. "무슨 일이에요?"라고 묻기만 하고 지나가는 주민도 있지만 "배고프네"라며 와서 밥 한 끼 먹는 주민이 더 많다. 그러면 '물건' 소개가 시작된다.

- "오늘 영화 보는 날이잖아. 집에서 TV만 보지 말고 나와서 영화 한 편 보고 가. 박해일 나오는 〈최종병기 활〉이야."

'산새마을'에서 두 번째로 '별이 빛나는 영화제'가 열리는 날이었다. 이날 영화제 홍보를 위한 호객 행위의 '미끼'로 산새비빔밥이 준비됐다. 콩나물, 오이, 무채, 당근, 달걀을 넣고 고추장과 참기름도 듬뿍 들어가는 비빔밥에 후식으로 잘 익은 수박도 준비했다. 8통, 9통 주민들이 50인분의 음식을 준비하느라 분주하게 움직였다.

이날 상영할 영화는 김한민 감독의 〈최종병기 활〉로 선정됐다. 지난 영화제에서는 중장년이 중심인 '산새마을'의 관객을 고려해 1968년 영화 〈미워도 다시 한번〉을 틀었다가 흥행에 실패했다. 대다수 사람들이 이미 본 영화였기 때문이다. 이번에는 마을회의를 통해 의견을 수렴했는데 놀랍게도 천만 관객을 돌파한 〈도둑들〉을 보자는 의견이 나왔다. 할머니, 할아버지들이 집에서 텔레비전을 즐겨 보는 터라 최신 영화를 꿰뚫고 있던 것이다. 하지만 배급이 문제였다. 개봉관에서 상영 중인 작품을 가져와 틀 수는 없었다. 대신 DVD로 나온 〈최종병기 활〉이 낙점됐다. 팔각정에 스크린이 설치됐고 정자 앞에 돗자리가 깔렸다. 스크린은 허술했지만 화면을 바라보는 주민들의 눈은 반짝거렸다. 마을 주민인 강성구(71) 씨는 웃으며 말했다.

■ "집에 혼자 있을 때가 많아요. 처음에는 자꾸 나오라고 해서 귀찮았는데 이제는 먼저 나와 있게 되네요. 다음에는 또 어떤 영화를 틀어줄지 기대돼요.(웃음)"

마을은 이제 느슨한 공동체를 넘어 협동조합을 꿈꾼다. 마을관리형 협동조합의 형태인데, 마을 사람을 마을 관리원으로 고용해서 아파트 경비원 같은 역할을 부여할 계획이다. 노인들에게 일자리를 제공해 마을의 안전과 청결을 꾀할 수 있다는 생각에서다. 또 산새가 많은 봉산에 과수원을 조성해 '산새마을'이 관리를 전담하는 방안도 고려하고 있다.

'산새마을'을 본보기로 삼아 마을 재생 사업을 추진하고 있는 곳들이 생겨나고 있다. 두꺼비하우징이 은평구 녹번동과 응암동 일대에서 '산골마을'이란 이름으로 마을만들기 사업을 진행하는데, 이곳들은 다세대 밀집 지역으로 서울시의 '주민참여형 재생 사업'에 선정되어 주민에 의한 마을 정비 사업을 추진하고 있다. '산새마을'처럼 마을지킴이 활동은 물론 텃밭을 가꾸고 마을회의가 열리는 풍경들이 많아지고 있는 지금, 무분별한 개발과 뉴타운 사업에 상처받은 서울 시민들의 마음을 마을공동체가 어떻게 치유해줄지 주목된다.

···▶ 대안개발 공동체
성북구 장수마을

웃음이 모락모락 피어나는
동네 골목길

　가난한 사람들에게는 골목이 있어야 했다. 모두가 배고팠던 시절, 따닥따닥 붙은 집과 그 사이로 난 좁은 골목에 사람들이 모였다. 골목은 서로에게 부족한 것을 채워주는 통로였다. 먹고살기 바쁜 생활 중에도 함께 밥을 나누거나 이웃에게 아이를 잠깐 맡길 수 있던 그곳. 하지만 서울의 골목은 대부분 사라졌고 사람 사이를 벽으로 가른 아파트가 차곡차곡 들어섰다.

　그런데 1960~70년대 그 시절 그 모습 그대로 보존된 골목이 있다. 바로 서울시 성북구 삼선동 '장수마을'이다. '장수마을'에는 막다른 골목도, 한 사람만 겨우 지날 수 있는 좁은 골목도 많다. 주민들은 이 골목에서 만나 안부를 나누고 소통한다. 골목의 누구네

집은 주민들의 뜨끈한 사랑방이 되기도 한다.

비 내리는 11월의 오후, '골목 통신원' 배정학 씨가 '장수마을'의 골목길을 나섰다. 그는 '장수마을'의 통신원 6명 중 한 사람이다. '장수마을'은 마을 주민들의 소통 창구로 여섯 골목마다 통신원을 두고 있는데, 그들은 골목회의를 위해 주민을 소집하고 마을 소식을 전하는 역할을 한다. 배 씨는 '할머니 쉼터' 골목의 열세 가구를 담당하며 통신원들의 대표 역할도 맡고 있다.

- "이번 주 금요일 회의에서 CCTV는 어디에 달지, 쓰레기통은 어디에 둘지 얘기할 거예요. 달고 나서 맘에 안 든다고 딴소리 하지 말고 회의에 와서 한마디씩 하세요."

배정학 씨는 매주 금요일 열리는 골목회의를 안내하기 위해 이옥순 씨 집을 방문했다. 마침 이옥순 씨와 같은 골목에 사는 문정자, 최금규 씨가 마실 나와 있었다. 모두 70, 80대의 할머니들인데, 이옥순 씨도 골목 통신원으로 활동하고 있다.

'장수마을'은 2012년 4월 서울시의 역사·문화 특화마을 시범 대상으로, 같은 해 5월에는 주민참여형 재생 사업 대상지로 선정됐다. 이 때문에 주민들의 회의가 부쩍 잦아졌다. 주민들이 무엇을 원하고 어떤 계획을 세우는지에 따라 마을이 새롭게 변하기 때문이다.

- "아들 같은 배정학 씨가 놀러 오면 밥이든 간식이든 주고 싶죠. 처음에는 배 씨가 너무 열심이어서 회의에 억지로 나갔는데, 이제는 내가 사람을 모으게 되네요."

배정학 씨는 2011년 11월 '장수마을'에 들어와 1년 남짓 사는 동안 자신이 맡은 골목 열세 가구의 숟가락이 몇 개인지도 알게 됐다. 이웃의 도시가스 설치 문제, 집수리 비용 상담은 물론 간단한 수리도 직접 하는 등 마을의 일꾼 역할을 든든히 하게 되면서 그에 대한 주민들의 신임이 두터워졌다. 또한 그는 '장수마을'의 마을기업인 '동네목수'의 총무도 맡고 있다. '동네목수'는 노후 주택 수리 전문기업으로 수리가 필요한 집을 마을 이웃이 직접 고쳐주겠다는 생각에서 만들어졌다. 집을 부수고 새로 짓는 대신 고장 난 곳을 고치고 도배하는 주택 개량 사업을 벌이고 있는데, 2011년 행정안전부(현 안전행정부) 마을기업 사업에 선정돼 5000만 원의 지원금을 받아 설립됐다.

'동네목수'는 현재 배정학 씨를 포함해 마을 주민 4명을 정규직으로 고용하고 있다. 이 4명은 일터와 삶터가 일치하는 마을살이를 하고 있는데, 직장과 거주지가 분리되는 도시에서는 찾아보기 힘든 고용 형태다. 이들은 마을 안에서 일과 의식주를 모두 해결하는 온전한 마을 사람들이다.

또한 '동네목수'는 벽돌 나르기 등 간단한 일은 마을 주민에게 일용직으로 맡긴다. 2012년 4월에는 주식회사로 전환해 주민들이 더 많이 참여하고 관심을 가질 수 있도록 유도하고 있다. "열흘 일했으면 하루 일당은 '동네목수'에 투자해"라고 권유하기도 하는 등 한 사람, 두 사람 참여를 늘리면서 다른 사람들의 관심도 불러일으키는 것이다.

'동네목수'의 시작은 2008년으로 거슬러 올라간다. 당시 부동산 시장이 과열되면서 서울 곳곳에 재개발 광풍이 불고 있었다. 돈 있는 사람들의 투기 열풍에 세입자들은 거리로 쫓겨나야 했고, 이 과정에서 주거권 문제가 불거지자 생태적인 대안개발을 꿈꾸던 이들이 나섰다. 녹색사회연구소, 성북주거복지센터, 주서권운동네트워크 등 시민단체들은 삼선동 1가 300번지 일대의 삼선4구역을 주목했다. 이들은 마을의 지형 조건과 주민들의 욕구, 주거형태 등을 조사하고 재개발 대신 대안개발 모델을 연구했다. 이후 대안개발연구모임을 꾸려 2009년부터 '장수마을 만들기' 프로젝트를 진행하고 있다. 애초 주거 재생을 목표로 '동네목수'를 설립했지만 사회·경제적인 재생도 중요하다고 판단해 마을만들기 사업을 벌이고 있는 것이다. 이 연구모임은 매월 한 차례씩 〈장수마을 이야기〉라는 소식지를 발간하고 골목 모임, 영화 상영회, 세입자 모임 등을 주도한다.

박학룡 '동네목수' 대표도 당시 연구모임을 주도하며 '장수마을'에 발을 들였다. 그는 4년에 걸친 마을 활동으로 마을의 분위기가 한결 달라졌지만 한계도 분명히 느낀다고 말했다.

- "재개발 때문에 쫓겨나지 않으려고 물리적 대안을 찾다 보니 사회·경제적 대안도 동시에 추진할 수밖에 없었어요. 저희는 마을 활동이 잘되고 있는 곳에 들어가지 않고, 대책 없이 방치되고 버려진 곳에서 마을을 만들려고 했어요. 그러다 보니 주민 중심의 마을 활동은 아직 더뎌요. 풀어야 할 숙제죠."

'장수마을'은 재개발 예정지로 분류됐지만 서울성곽(사적 제10호)과 삼군부총무당(서울 유형문화재 제37호)이 있고 북동향의 급경사 구릉지라는 여건 때문에 재개발 제약 요인이 많았다. 건설사는 문화재를 보존하고 고도제한을 감수하면서까지 개발을 추진할 이유를 찾지 못했다. 결국 재개발이 지연되면서 집주인과 투자자, 마을의 세입자들이 서로 다른 이해관계로 고통을 받았다. 게다가 마을 땅의 64퍼센트가 국공유지인데 대부분의 집들이 무허가 주택이다. 국공유지에 사는 사람들은 재개발로 보상을 받기는커녕 토지 사용료인 변상금을 내야 한다. 지금도 생활이 힘든 노인들에게 수백만 원에 이르는 변상금 독촉장이 날아오고, 이들은 국가에 내는 월세라고 생각하며 변상금을 감당하고 있다.

'장수마을'에는 200여 세대가 사는데, 자가 소유자보다 세입자들이 많다. 또 65세 이상의 노인이 전체 주민의 절반 이상이며 대부분의 주민들이 30~40년 이상 마을에서 살아왔다. '장수마을'은 이런 구성원의 특성과 이 지역에 있던 '장수길'이라는 명칭이 합쳐져 붙은 이름이다. 긴 세월 동안 피붙이보다 더 가까이 지냈기에 '장수마을' 주민들의 이웃 사랑은 남다르다.

주민들이 모이는 '사랑방' 중 하나인 박노순 씨 집에서 수제비 파티가 열린 날, 골목의 최고령인 86세 손귀례 할머니를 비롯해 이현구, 박정렬, 이순란, 김윤자, 정순자 씨가 한자리에 모였다. 평소에도 자주 모이는 이들은 식구들이 일하러 나간 뒤 종일 혼자 있는 대신 점심시간에 밥상을 함께할 때가 많다. 이날은 연구모임의 활동가들을 위해 할머니들이 수제비를 준비했다. 영화 상영회를 열고 마을 공방 교육을 하는 등 마을 활동에 관심을 가져준 데에 대한 고마움의 표시였다.

활동가들과 주민들이 담소를 나누는 사이 수제비가 끓기 시작했다. 7평의 방에 마을 주민과 연구모임 사람들 15명이 둘러앉아 갓 담근 배추김치와 총각김치를 곁들여 뜨끈한 수제비 한 그릇을 나눴다. 그런데 이 수제비는 누구의 주머니에서 나왔을까? 사다리 타서 '꽝' 걸린 사람이 부담했을까? 아니면 각자 얼마씩 돈을 걷었을까? 답은 '사랑방 돈주머니'다. 돈주머니에는 1000원과 5000원짜리 지폐가 가득했다. 이 돈은 어디서 생긴 것일까?

- "5점 났어? 그럼 100원 내야지."

■
'장수마을'은 주민참여형 재생 사업에 힘 쏟고 있다.
재개발 때문에 주민들이 마을에서 쫓겨나는 일이 없도록
마을의 경제적 자립을 위해 노력하고 있다.
ⓒ 조재현

"고스톱 치면 뭐해. 만날 개평 주고 남는 게 없어."

박노순 씨 집에서는 화투판이 자주 벌어진다. 재미삼아 벌인 화투판이 골목의 공동자금을 마련해주는데, 이긴 사람은 5점당 100원을 기부한다. 이날 돈주머니에는 만 원 가까운 돈이 모였다. 이 돈은 주로 사랑방 활동에 필요한 물건을 사는 데 쓴다.
'장수마을'은 사랑방을 거점으로 마을 활동이 이뤄진다. 다른 골목 사람을 일부러 불러 모으는 게 아니라 거점에 근거한 활동에 주력한다. 다만 '동네목수'와 연구모임은 골목 사랑방의 난방비를 부담하거나 도배를 해주는 등 제한적인 지원을 한다.

■ "노인이든 애들이든 어떻게든 어울려 있으면 서로 보살피고, 소외되는 사람이 줄어들겠죠. 끼리끼리 골목에서 모이고 자꾸 어울리면 서로 정이 생길 수밖에 없어요."

'장수마을'은 서울의 대표적인 마을공동체로 알려져 있다. 2012년 18대 대통령 선거 기간에는 문재인 후보가 마을을 찾아 주거복지정책을 발표하기도 했다. 박원순 서울시장도 청책(聽策) 워크숍(시민의 의견을 정책에 반영하겠다는 취지의 시민 간담회)을 '장수마을'에서 열었다.
하지만 박학룡 대표는 '장수마을'이 서울의 대표 마을공동체로 불리는 것을 부담스러워했다. '동네목수'의 주택 개량 사업이 외부에 소개되자 재개발을 노리고 투자했던 집주인들이 세입자에게 월세를 올려달라고 했기 때문이다. 이런 이유로 '장수마을'은 보여주기 식의 일시적인 활동보다 자연스러운 마을 활동을 지향한다.

- "서울에서는 한곳에 오래 살기가 어렵죠. 저렴한 주거지가 절박한 사람에게 '장수마을'은 기회예요. 물론 떠나고 싶다면 언제든지 나갈 수 있어야죠. 폐쇄적인 공동체보다 있는 그대로의 동네가 좋아요."

2013년 4월 17일, 서울시 도시계획위원회가 삼선4구역을 재개발 예정 정비구역에서 해제함에 따라 '장수마을'은 9년 만에 재개발 다툼에서 벗어나게 됐다. 마을 사람들은 이번 결정을 반겼다. 정비구역 해제로 2012년 5월부터 시작된 주민참여형 재생 사업이 본격화되어 마을에 도시가스가 들어오고 하수관도 정비된다. 주택 개량을 진행하면서도 세입자 주거안정 방안을 계속 마련해나갈 예정이다. 골목마다 정이 피어나는 "있는 그대로의" 마을 풍경이 언제까지나 지속되길 기대해본다.

- 장수마을

···▶ 아파트 공동체
노원구 청구3차아파트

콘크리트 숲의
초록 변신

　서울시 노원구 중계동의 한 아파트 관리사무소. 40~60대 아줌마 5명이 아파트 관리사무소 안에 둘러 앉아 노란색 액체가 들어 있는 투명용기에 스티커를 붙이고 있다. 스티커에는 액체 사용법이 적혀 있다.

1 부엌에서 발효액(50%) + 세제(50%) 사용

2 세탁기: 발효액 150~300cc 정도를 한두 시간에서 하룻밤 정도 담가놓은 후 세탁(세제 양의 반 정도 사용)

3 발효액 500배 희석하여 가정 정원에 물 주기

4 발효액 100배 희석하여 화장실 변기 청소

5 발효액 10~100배 희석하여 냉장고 청소, 세차, 유리 닦기에 사용

정체불명의 액체는 바로 EM 발효액. EM은 '유용한 미생물(Effective Micro-organisms)'이라는 뜻의 친환경 미생물이다. 놀라운 점은 이 EM 발효액을 관리사무소 지하 기관실에서 주민들이 직접 제조했다는 것이다. 2011년에는 노원구 중계동 청구3차아파트 입주자대표자회의와 부녀회가 주축이 되어 '청구이엠환경'이라는 마을기업도 만들었다. 주민들이 EM 발효액을 만들게 된 계기는 음식물 쓰레기였다.

- "각 집마다 바깥에 음식물 쓰레기통이 나와 있어서 냄새도 나고 보기에도 안 좋았어요. 부녀회 활동을 하게 되면서 무엇을 할까 고민하다가 음식물 쓰레기장을 설치하기로 했죠. 부녀회원 4명이 며칠을 돌아다니면서 다른 아파트는 어떤지 조사하고 사진을 찍었어요. 부천까지 갔다 왔다니까요."

음식물 쓰레기를 줄일 수 있는 방법이 없을까 고민하던 변영수 입주자 대표회장은 EM 발효액을 알게 됐다.

- "제주도에 EM 환경센터가 있더군요. 제주도를 왔다 갔다 하면서 EM을 어떻게 활용할지 배웠어요. 부녀회원들도 자비를

들여서 제주도에 다녀왔고요."

부녀회 부회장 심상숙 씨가 아파트 주차장에 있는 음식물 쓰레기장을 가리켰다. 지붕과 벽돌담으로 둘러진 쓰레기장에는 페달을 누르면 뚜껑이 열리는 커다란 음식물 쓰레기통이 여러 개 놓여 있었다. 그런데 9개 동, 780세대의 음식물 쓰레기가 모인 곳에 가까이 다가가도 냄새가 거의 나지 않았다. 악취 제거 효과가 있는 EM 발효액을 뿌렸기 때문이란다. 기관실에 있는 EM 발효액 제조기에 EM 원액, 물, 설탕, 쌀겨 등을 넣어 발효액을 만드는데, 이렇게 생산된 발효액은 매달 열리는 마을 장터에서 한 병당 1000원에 팔거나 노원구청에 납품한다. 구청에서는 인근에 있는 당현천에 발효액을 뿌려 하천을 정화한다. 장애인 자활단체와 연계해 발효액으로 세탁비누를 만들기도 한다.

또한 청구3차아파트에서는 아파트 한쪽에 시설을 따로 설치하고 음식물 쓰레기와 EM 발효액을 섞어 퇴비도 만들고 있다. 이 퇴비는 결연을 맺고 있는 농가에 보내진다. 아파트 단지 내에서 하루 동안 발생하는 음식물 쓰레기는 약 1톤인데, 음식물 쓰레기 '선순환 구조'가 마련되면서 월 117만 원이 들던 음식물 수거·처리 비용도 절감할 수 있게 됐다. 친환경적일 뿐만 아니라 경제적으로도 효과를 보고 있는 것이다.

〈2011 서울통계연보〉에 따르면 서울시 주택 유형 가운데 아파트

■

음식물 쓰레기를 어떻게 처리할지 고민하던 부녀회는 EM 발효액을 알게 됐다.
제주도의 환경센터를 방문해 활용법을 직접 배운 주민들은
발효액을 제조하고 유통하는 마을기업을 만들었다.

가 차지하는 비율은 58.5퍼센트다. 2010년 기준, 서울시의 아파트 거주 가구는 143만 9259가구로 전체 가구의 41.1퍼센트를 차지하고, 단독주택(37.2퍼센트), 연립·다세대 주택(16.6퍼센트)이 그 뒤를 잇는다. 서울시가 2012년 내놓은 '마을공동체 5개년 기본계획'에서 '아파트 공동체'가 강조된 것은 이 때문이다. 서울시는 오는 2017년까지 1080개의 아파트 공동체 활성화 사업을 추진할 계획이다.

청구3차아파트가 있는 중계동은 '강북의 대치동'이라고 불리는 곳이다. 명문이라고 불리는 학교와 학원이 밀집해 있어 '강북 8학군'이라는 별칭도 있다. 고등학교 3학년, 중학교 2학년, 초등학교 5학년 세 아이를 둔 심상숙 씨 역시 아이 학교 때문에 5년 전 이곳으로 이사 왔다. 청구3차아파트 주민의 75퍼센트가 심 씨처럼 초·중·고등학생 자녀를 둔 학부모이고, 자가 소유주 비율은 70퍼센트 이상으로 소득 수준이 높은 편이다. 그렇다면 별다른 아쉬움이 없을 것 같은 '콘크리트 숲' 아파트가 어떻게 '마을'이 될 수 있었을까?

수십 년을 월급쟁이로 살던 변영수 회장은 2008년 다니던 회사에 사표를 던지고 입주자대표회장을 맡았다. 아파트 공동체 실험의 시작이었다.

■ "2000년에 이곳으로 이사 와서 10년 넘게 살고 있어요.

그전에는 아파트에서 잠만 자고 출퇴근 했죠. 제가 일본의 맨션(호텔식 고급 아파트)을 한국에서 관리하는 회사에 다녔거든요. 아파트 관련 이론은 많이 알았는데 실제로 뭔가 해보고 싶다는 생각이 들었어요. 아내를 설득한 다음 통장에 있는 돈을 털어서 아파트공동체문화연구소를 차렸죠."

사표를 내고 4년이 지난 2012년, 변영수 회장은 '청구이엠환경' 대표이자 아파트 공동체 만들기 대표강사가 됐다. 변영수 회장 같은 몇몇 대표자들과 주민들의 참여에 힘입어 청구3차아파트는 아파트 공동체 성공 사례로 꼽히고 있다.

부녀회장 송영분 씨, 부회장 심상숙 씨, 총무 유미옥 씨 등이 EM발효액에 스티커를 붙이고 있는 동안, 관리사무소 2층 문화센터에서는 요리 수업이 한창이었다. 오전 10시부터 주민들이 하나둘 들어오더니 어느덧 30, 40대 주부들 10여 명이 모였다.

오늘의 요리는 초밥. 앞치마를 두르고 요리법이 적힌 종이를 받아든 주민들은 공부하듯 꼼꼼히 메모하며 수업을 듣는다. 강사는 외부에서 초빙했고 수강료는 한 달에 1만 원 정도이며 요리의 경우 별도의 재료비를 내야 한다. 초밥에 필요한 밥을 짓는 동안 주부들은 이야기꽃을 피웠다.

1995년 아파트가 준공되고 관리사무소 2층은 주로 관리사무실 용도로 활용했지만 2008년에 지금의 입주자대표회의와 부녀회가 들어서면서 주민들을 위한 공간으로 탈바꿈했다. 요리뿐만 아니라 요가, 바둑, 보드게임, 도자기 공예 등 다양한 공동체 활동이 이곳에서 이루어지고 있으며, 방 하나는 어린이 도서관으로 만들었다.

마을공동체 취재를 다녀보면, 주민들이 가장 필요로 하는 것이 바로 공간이었다. 언제든 편하게 수시로 모일 수 있는 사랑방 같은 곳이 절실했다. 청구아파트에서는 관리사무소가 그런 역할을 하고 있었다. 부녀회가 관리를 맡으니 관리비도 따로 안 든다. 부녀회 감사를 맡고 있는 박경실 씨는 "다른 아파트에서도 살아봤지만 이렇게 공동체 활동이 잘되는 아파트는 별로 없다"고 말했다. 활발한 공동체 활동은 입주자대표회의와 부녀회가 좋은 팀워크를 발휘했기 때문이다. 심상숙 씨가 서로 의기투합하게 된 계기를 설명했다.

■ "2008년 입주자대표회의와 부녀회가 둘 다 새롭게 취임해서 첫 상견례를 했어요. 그전까지만 해도 부녀회랑 입주자대표회의 사이가 안 좋아서 '작살을 내야겠다'고 생각하고 나갔는데, 입주자대표회장님이 '아파트에 가장 필요한 게 뭐냐'고 먼저 질문을 해주셨어요. 허심탄회하게 이야기하다 보니까 서로 적극적으로 협조하게 됐죠."

변영수 회장이 번뜩이는 아이디어를 내고 일단 '질러보는' 스타일이라면 부녀회는 때로는 협조자, 때로는 견제자로서 꼼꼼하게 일을 진행했다. 이날만 해도 변 회장이 "이번 겨울부터는 아빠와 아이가 함께 요리하는 프로그램을 진행하는 게 어떻겠냐"고 아이디어를 제시하자 심상숙 씨는 "하는 건 좋은데 관리사무소에 계속 연기가 나니까……"라며 실무적인 문제를 지적했다. 그러자 변 회장은 "환기시킬 수 있는 뭘 달면 되지"라며 대안을 내놓는다.

아파트 공동체 만들기에서 가장 중요한 것은 주민 의견 수렴이다. 변 회장은 "주민들이 원하는 것, 필요로 하는 것을 입주자대표회의, 부녀회, 관리사무소가 하나하나 바꿔나갔다"고 말했다.

■ "주민 한 분이 온 거예요. '여기에서 바둑 둘 수 없냐'고 하시길래 오시라고 했죠. 그렇게 바둑 교실을 만들었고, 보드게임은 방학 때만 할 줄 알았는데 반응이 좋아서 계속 하고 있어요. 요가 강사는 중계동 주민센터에서 수업하시는 분들을 저희가 모셔 왔어요. 엄마들 사이에서 소문난, 잘하는 선생님들이죠."

관리사무소 3층에 있는 '입주민 독서실'은 입주자대표회의와 부녀회의 대표적인 성과다. 주민 82퍼센트의 동의를 얻어 2009년 6월 문을 열었는데 50평 공간에 열람실 7개, 좌석 83개가 있다. 한 달 회비는 7만 원으로 사설 독서실에 비하면 저렴한 편이다. 심상숙 씨는 마을기업 일과 함께 독서실 관리 총괄도 맡고 있다.

■ 청구3차아파트

■ "독서실은 4년 전에 제가 처음 만들자고 제안했어요. 부녀회 부회장을 맡고 나서 뭘 할까 고민하다가 가장 시급한 문제부터 접근했죠. 그때 큰아이가 중학생이었는데 아파트 밖에 있는 사설 독서실에 보냈더니 밤길을 무서워하더라고요. 그래서 아파트 3층에 있는 입주자대표 회의실이랑 서당을 활용해서 독서실을 만들었어요. 주민들이 정말 좋아해요. 3년 동안 한 번도 자리가 빈 적이 없어요. 평균 대기자가 40~50명이에요."

변영수 입주자대표회장은 독서실이 처음 문을 열던 날을 떠올렸다.

■ "아침에 나왔는데 깜짝 놀랐어요. 사람들이 줄을 쫙 서 있는 거예요. 처음에 독서실 만든다고 했을 때 '왜 쓸데없는 돈을 쓰냐'고 욕도 많이 먹었는데……."

독서실 관리는 주민 5명이 돌아가면서 맡는다. 독서실 운영 시간은 오전 9시부터 새벽 2시까지이고, 교육열이 높은 탓에 추석과 설 각각 하루씩, 1년에 딱 이틀 쉰다.

아파트 곳곳에 꾸려진 마을 텃밭도 아파트의 자랑거리다. 송영분 부녀회장은 이날 집에서 가위를 챙겨 나왔다. 아파트 단지 화단에 심어놓은 가지를 따기 위해서다. 반질반질 윤이 나는 보라색 가

청구3차아파트는 도시공동체의 모범 사례다.
방황하는 청소년들이 드나들던 공터를 초록색 텃밭으로 바꾸고
관리사무소를 소통의 공간으로 활용한다.
입주자대표회의와 부녀회가 주민들의 의견을 귀담아 듣고
단단한 공동체를 이루어간다.

지, 그 옆 상자 텃밭에 심어진 초록 잎의 배추가 한눈에 봐도 실하다. 송 씨는 연신 싱글벙글이다.

- "이게 한약 먹은 배추예요. 한약 찌꺼기를 거름으로 줬거든요. 그래서 이렇게 잘 자란 거예요."

유미옥 씨는 아파트 난간에 고추 텃밭을 만들었다.

- "처음에는 고추가 안 열렸어요. 그런데 난간에 내놨더니 주렁주렁 열리지 뭐예요. 신기해 죽겠어요."

도라지, 고사리, 흑미, 깨, 고추, 고구마, 땅콩, 토마토…… 아파트 곳곳 유휴 공간에 심어진 작물들이다. EM 발효액을 섞어 만든 퇴비를 뿌리고, 빗물 탱크를 설치해 모아둔 물로 농사를 짓는다. 옥상에도 텃밭을 만들어서 그야말로 도시농업의 좋은 예를 보여주고 있다. 물론 시행착오도 있었다. 변영수 회장은 아파트 옥상으로 취재진을 이끌었다. 하얀 스티로폼 박스마다 작은 텃밭이 가꿔져 있었다.

- "원래는 더 멋있었어요. 굉장히 넓었고 작물도 많이 키웠는데 비 오니까 물이 넘쳐서 15층에 피해가 생겼죠. 그래서 화단이나 유휴 공간에 옮겨서 키우고 있어요."

옥상에서 내려온 변영수 회장은 아파트 생태 학습장으로 이동했다.

- ■ "여기가 우범지역이었어요. 애들이 밤에 와서 술 먹고 나쁜 짓 하고. 그래서 아파트에 사는 청소년 20여 명과 봉사단을 만들어서 꽃도 심고, 도라지, 고사리, 흑미도 심었어요. 그랬더니 벌도 날아오고 나비도 날아와요."

청구3차아파트는 아파트 협동조합으로의 전환을 준비하고 있다. 농가 생산자들과 자매결연을 해서 아파트에서 만든 EM으로 농작물을 생산하고, 이를 아파트 주민들이 구입하는 것이다. 농작물 가격은 생산자와 구매자가 함께 결정하고 계약 재배도 할 계획이다. 생산자들과 아파트 주민들이 조합원으로 참여하고 수익금의 일부는 아파트 전체를 위해 사용하기로 했다.

- ■ "우리 아파트 이야기를 하면 '너희가 특별한 것 아니냐'고 하는데 전혀 그렇지 않아요. 주민들의 역량을 키우고 의사를 민주적으로 모아내면 지속가능한 공동체를 만들 수 있어요."

... 아파트 공동체
관악구 임대아파트 공동체

절망의 벽을 허무는
나눔의 순환

요즘 세대에게는 상상하기 어려운 풍경이지만 서울은 한때 판자촌의 도시였다. 1960년대부터 전국의 사람들이 서울로 꾸역꾸역 밀려오면서 살 곳이 부족해졌고, 판잣집은 점점 불어나 산등성이까지 올라갔다. 서울이 '아파트 공화국'이 되기 전의 일이다. 그러나 빠른 도시개발이 진행되면서 판자촌은 사라지고 아파트가 하나둘 들어섰다. 정부는 판자촌에서 밀려난 사람들을 위해 보금자리를 마련했고 '임대아파트'라는 이름을 붙였다. 자격만 된다면 장기 임대 혹은 영구 임대로 싼값에 아파트에서 살 수 있었다. 가난한 사람들은 임대아파트 입주를 큰 축복이라고 여겼다.

그런데 한때는 축복이라고 생각했던 이들이 잇따라 목숨을 끊는 일이 발생했다. 서울 강북의 한 영구 임내아파트 단지에서 2012년 5월부터 100일 사이에 7명이 자살했다. 20대 남자부터 90대 할머니까지 남녀노소 구분이 없었다.

가난이 주된 이유였다. 기초생활수급자 4명에 장애인이 1명, 나머지 사람들도 빈곤층이었다. 이 중 6명은 자신 또는 세대주가 무직이었다. 집만 있고 먹고살 방도가 없어 벼랑 끝으로 내몰린 사람들. 이들은 재력, 건강, 소속이 없는 '3무 시민'으로 공공복지 체계의 사각지대에 놓여 있었다. 언론은 정부가 이들을 한곳에 몰아넣고 방치했다고 비판했다.

대표적인 판자촌이었던 봉천동, 신림동 일대에도 복지의 사각지대에 있는 사람들이 많다. 하지만 다행히도 이들을 위해 나선 주민들이 있다. 관악구 일대에서 활동하는 '관악주민연대'다. 봉천동, 신림동 일대 판자촌에서 서민들의 권리를 위해 활동하던 이들이 모여 1995년 '관악주민연대'를 설립했다. 이들은 어머니교실, 공부방, 놀이방, 쉼터를 운영했다.

그런데 2000년 전후로 관악산 일대에도 판자촌 대신 번듯한 아파트가 들어섰고 판자촌에 살던 세입자들은 임대아파트에 입주했다. 이 때문에 동네 분위기가 달라졌다. 아파트 벽이 사람들을 갈라놓으면서 공동체가 사라진 것이다.

'관악주민연대'는 사라져가는 공동체를 되살리는 데 앞장섰다. 임대아파트의 독거노인, 저소득 가정에 지원의 손길이 시급했다.

■ 임대아파트 공동체

우선은 '나눔푸드'라는 이름으로 지역의 식당이나 떡집으로부터 반찬거리와 음식을 받아 임대아파트 주민들에게 나눠주는 일에 주력하고 있다.

한가위를 앞둔 2012년 9월 25일, '관악주민연대'의 명물 '흰둥이'가 관악구 인헌시장과 현대시장 일대를 누볐다. '흰둥이'는 흰색 4인승 승용차의 애칭이다. 1997년에 태어나 16만 킬로미터를 달린 '흰둥이'는 군데군데 칠이 벗겨지고 찌그러져 볼품이 없다. 하지만 주민연대에게 없어서는 안 될 존재다. '흰둥이'는 시장의 떡집과 식당을 돌며 '나눔푸드'를 실어 나른다. 떡집에서는 팔고 남은 떡을 보관했다가 일주일에 한 번 '흰둥이'가 오면 전달한다. 이날도 떡집을 돌수록 트렁크가 가득 찼다. 정은진 주민연대 활동가와 여용옥 '라온제나'(주민연대 소속 여성모임으로 '즐거운 나'라는 뜻의 고유어) 회장이 나눔 활동에 함께했다. 그런데 트렁크가 가득 찰수록 두 사람의 마음은 복잡해진다.

■ "떡이 많으면 장사가 안된 것 같아 미안하지만 받는 사람들에게는 고마운 일이잖아요. 반대로 떡이 적으면 장사가 잘되는구나 싶어 안심이지만 사람들에게 돌아갈 양이 적어 아쉽죠."

주민연대는 발품을 팔아 '착한 상인'들을 발굴했다. 상인들은 어려운 이웃을 돕는다는 주민연대의 뜻을 흔쾌히 받아들여 6, 7년째

변함없이 나눔 활동에 동참하고 있다.

■   "제가 하는 일은 아무것도 아니에요. 주민연대 사람들이 애를 많이 써주니까 제가 더 고맙죠."(현대시장 '이조떡집' 조현옥 사장)
"한 달에 한 번인데 무슨 고생이겠어요. 일일이 찾아다니는 저 사람들이 더 고생이죠. 이런 기회를 만들어줘서 고마울 뿐이에요."(인헌시장 '우정식당' 김진 사장)

2005년 주민연대 안에 여성모임인 '라온제나'가 결성돼 주도하고 있는 나눔 활동은 2012년 8월, 서울시의 나눔이웃 사업에 선정되기도 했다. 이웃 형편을 잘 아는 주민들이 어려운 이웃을 찾아 복지 서비스 연결을 지원하는 공동체 활성화 사업이다. 나눔이웃 사업의 하나인 '나눔푸드'는 직계 가족이 있지만 연락이 끊겨 기초수급대상자로 선정되지 못한 노인들, 거동이 불편한 장애인들에게 음식을 배달한다.

주민연대는 이밖에도 다양한 임대아파트 공동체 사업을 진행하고 있다. 아파트 안에 '방과 후 공부방' 네 곳을 만들었고 2007년에는 '꿈마을도서관'도 개관했다. 관악주거복지센터를 만들어서 집 문제로 고민하는 주민들을 상담해주고, 저렴한 비용으로 수리 서비스를 제공한다. 또 임대아파트의 임차인대표자회가 결성되도록 지원해서 세입자의 권리도 신장시켰다. 2012년 9월 기준, 250여 명의 회원이 주민연대 활동을 후원하고 있다.

　오전 동안 트렁크에 가득 실은 물건들은 오후에 본격적으로 배달된다. 관악구 일대의 두산·관악드림·벽산·우성 임대아파트 90세대에 돌아간다. 아파트는 가파른 언덕이나 산등성이에 위치해 있기 때문에 '흰둥이'는 무거워진 몸으로 가파른 길을 힘겹게 오르내렸다.

■ "1107호는 떡 싫어하던데……. 오늘은 드릴 게 떡밖에 없네."
"말랑말랑한 새 떡 드리면 좋아하지 않을까?"

　주민연대는 먼저 봉천동 관악드림 임대아파트를 찾았다. 이곳의 145동부터 149동까지 총 28세대에 음식을 배달하는데, 6년 넘게 나눔 활동을 해온 권영민 씨와 김경혜 씨는 몇 동 몇 호에 누가 사는지 훤히 알고 있다. 동과 호수를 적은 떡 봉지를 한 손에 대여섯 개씩 들고 엘리베이터에 오른 두 사람은 받는 사람이 어떻게 반응할지 예상했다. 떡을 싫어하는 집에는 빵을 주는데, 이날은 빵이 없어서 대신 새로 찐 송편을 담았다.

　배달은 단순히 음식을 나누는 일에 그치지 않는다. 서로 안부를 묻고 대화를 나누는 일도 배달 못지않게 중요하다. 그러나 방문한

■
힘겨운 경제 상황과 사회의 무관심으로 절망에 빠져 있는 임대아파트 사람들.
'관악주민연대'는 지역 상인들이 기부한 음식을 이웃에게 나눠주는
'나눔푸드' 활동을 통해 임대아파트 사람들에게 위로와 연대의 손길을 뻗고 있다.

집들 중 절반이 빈집이었다. 일터에 나갔는지 혹은 잠들었는지 인기척이 없었다. 봉지를 문고리에 걸어두고 나오는 두 사람의 눈에는 아쉬움이 어렸다.

다행히 벽산 임대아파트의 최평례 할머니는 사람들을 반갑게 맞아주셨다. 할머니는 고등학교 1학년 손자와 단둘이 산다. 이날 배달된 반찬 가방에는 한가위 선물도 들어 있었는데, 양말 네 켤레가 금색 포장지로 싸여 있었다. 할머니는 연신 고맙다는 말을 했다.

■ "음식을 기부해준 분들을 뵙지는 못했지만 항상 고맙게 생각해요. 매번 도와주는데 어떻게 표현해야 할지…… 그저 고맙죠."

할머니는 배달 온 권영민 씨를 가리키며 "발이 넓고 능력이 대단한 사람"이라며 엄지를 치켜들었다. 그러고는 선물 받은 양말 한 켤레를 권 씨에게 선물했다. 그는 고맙게 받았지만 이후에 같은 동에 사는 다른 할머니에게 다시 선물했다.

나눔 활동에는 초등학생들도 참가한다. 두산 임대아파트에서는 방과 후 교육시설인 '열린공부방' 아이들이 나눔 활동을 전담한다. 배달 경력이 4년인 아이가 있을 정도로 매주 화요일에 진행되는 배달은 공부방의 오래된 행사다. 공부방 교사 김민영 씨는 한가위를 앞두고 아이들에게 특별 임무를 추가했다.

- "초인종을 누르고 '푸드 배달 왔습니다'라고 말해요. 그리고 '추석 연휴 잘 보내세요'라고 꼭 인사하고 오세요. 그럼 다 같이 출발!"

301동부터 303동까지 총 15세대에 배달하는 임무가 주어진 아이들이 일사분란하게 움직였다. 302동 배달을 맡은 초등학생 황민서, 김유진, 김다희 양은 깔깔거리며 발걸음을 옮겼다. 지나가던 길에 아이들과 마주친 한 주민은 대견하다는 표정이었다.

- "아이들이 오는 화요일 오후가 되면 아파트가 소란스러워져요. 그래도 아이들이 대견해요. 더 많은 아이들이 배달하고 더 많은 분들이 받을 수 있으면 좋겠어요."

황민서 양은 권덕순 할머니 집 초인종을 눌러 특별 임무를 수행했다. 안부를 묻는 황민서 양의 머리를 할머니가 쓰다듬었다.

- "내 새끼는 아니지만 이렇게 와서 챙길 때마다 손자 같다는 생각이 들어요. 누가 주는지 모르는 떡이지만 항상 고맙게 생각해요. 고맙다고 꼭 전해주세요."

훈훈한 나눔 활동은 하루 네 곳의 임대아파트, 90세대에서 이뤄

- 임대아파트 공동체

지는데, 전체 3500여 세대에 비해 턱없이 부족한 숫자다. 배달에 나설 자원활동가, 음식을 나눠줄 상인을 찾는 일손이 부족하다. 임대아파트 주민들도 나눔 활동에 나서지만 전반적인 참여는 저조한 편이다.

가장 큰 장벽은 가난이다. 먹고살기 바쁜 임대아파트 주민들은 공동체 활동을 할 시간도 돈도 부족하다. 외부인인 주민연대가 나서서 주민들을 설득하고 참여를 이끌어냈지만 주민들의 자발성은 아직 부족하다. 곽충근 사무국장이 주민연대 활동의 한계를 지적했다.

- "임대아파트 주민들은 그들 스스로 내놓을 수 있는 자원이 별로 없어요. 시간도 돈도 부족하죠. 그 얼마 안 되는 자원을 나누면서 살아야 하는데…… 외부에서 도움을 받다가 끊기면 다시 뿔뿔이 흩어지는 경향이 있어요. 이걸 '가난의 문화'라고 하는데, 부인할 수 없는 현실이에요.

생존의 문제에 직면한 사람들은 뭔가를 하고 있어도 이 욕구가 내 것인지 모르는 경우가 있어요. 그 욕구를 지각하도록 돕는 게 우리의 역할이죠. 미꾸라지처럼 흔들어주는 거예요. 하지만 아무리 필요하고 절실하다고 해도 남이 심어주는 것에는 한계가 있어요. 지속가능한 활동이 되려면 본인의 필요와 자발성이 더 중요합니다."

'관악주민연대'는 새로운 시도를 준비하고 있다. 임대아파트뿐만 아니라 일반 주거지역, 인근 시장까지 마을을 넓히는 것이다. 이 과정에서 문화가 중심이 되는 활동을 계획하고 있다. 마을극장을 짓고 문화 동아리를 모으고 강좌를 열어 임대아파트 마을공동체 회복을 시도하려고 한다. 물론 '나눔푸드'와 같은 기존 활동도 계속된다.

따뜻한 나눔의 손길로 차가운 콘크리트 벽을 넘고 있는 사람들. 임대아파트 주민들이 좁은 방을 벗어나 다른 주민들과 관계를 맺고 연대할 때 그들 사이의 차가운 벽이 사라질 수 있지 않을까. 그리고 그 차가운 벽이 사라질 때, 보이지 않는 가난의 벽도 주민들의 연대로 무너질 것이라고 믿는다.

[인터뷰] 김낙준 서울시 마을공동체담당관

결국,
마을이 복지다

"무리하지 마라. 끌고 나가거나 주도하려고 하지 마라."

마을공동체 사업을 시작할 때 박원순 서울시장이 김낙준 서울시 마을공동체담당관에게 내린 특명이다. 도봉구에서 10여 년간 마을살이를 해온 마을 전문가인 그가 혹시나 마을공동체 만들기 사업을 서울시 주도로 끌고 가지 않을까 하는 우려 때문이었다.

서울시 공무원을 거쳐 도봉구의원, 도봉구 시민사회단체 네트워크인 '도봉사람들' 대표 등을 지낸 김낙준 과장은 지역사회에서 잔뼈가 굵다. 자신이 살고 있는 지역에서 진행되는 공동체 활동을 소개할 때면 그의 목소리에 애정이 묻어났다. 김낙준 과장은 2012년 5월 개방직 공무원으로 서울시에 들어왔다.

"도봉구가 고향이죠. 어렸을 때부터 살았어요. 지역 네트워킹을 통해 지역복지 체계를 만들고자 했던 '도시넷' 사업을 총괄했고, 이 사업의 지속가능성을 위해 '도봉사람들'이라는 단체를 만들었어요. 그러면서 커뮤니티가 하나둘 생겼죠. 마을합창단도 있고, 한 달에 한 번씩 마을을 걷는 행사도 있고, 기타 동아리도 있고, '그리고 만들고 놀자'라는 뜻의 '그만놀자' 활동도 있고요. 공동체 텃밭을 같이 가꾸고, 수확할 때는 음악회도 열어요. 마을카페도 있고, 마을 디자인 기업도 있고, 〈도봉N〉이라는 마을신문도 있어요. 지금은 주민들이 돈을 모아서 '숲속생태놀이터 숲속애(愛)'를 만들고 있어요."

서울시 마을공동체 종합지원센터 개소식과 '마을공동체 5개년 기본계획' 발표 기자설명회가 열린 2012년 9월 11일 오후, 서울시청 신청사에서 김낙준 과장을 만났다. 이날 서울시는 2017년까지 5년간 975개의 마을계획 수립을 돕고, 마을활동가 3180명을 양성하겠다는 계획을 밝혔다. 서울시는 돌봄 공동체 70곳에 56억 원을 지원하고, 1080개의 아파트 공동체 활성화 사업을 추진한다. 그리고 718개 공공시설 유휴 공간을 개방해 '10분 거리 커뮤니티 공간'을 조성할 계획이다. 김낙준 과장은 인터뷰 내내 마을공동체 사업의 성공요건으로 '민(民) 주도'와 '지속가능성'을 거듭 강조했다. 서울시는 중간 지원체인 마을공동체 종합지원센터와 협업해서 주민들의 자치역량을 키우는 등 '지원'만 한다는 것이 그의 설명이

■ 인터뷰: 김낙준 서울시 마을공동체담당관

다. 지속가능한 마을공동체를 위한 관의 역할에 대해 이야기를 나눴다.

:: 예정보다 기본계획 수립이 늦어졌습니다. 이유가 무엇인가요?

이 사업이 성공하려면 '민 주도'라는 부분이 굉장히 중요해요. 서울시의 목표점이 지나치게 높아도 문제일 수 있고, 지원 금액 등 숫자에 대한 조정이 필요했어요. 기자설명회에서도 그런 표현을 했는데 2017년까지 '1000개의 마을을 만들겠다'는 게 아니고, '1000개의 마을 계획, 의제 수립을 지원하겠다'는 뜻이에요. 그중에서 실제로 몇 개의 마을이 만들어질지는 모르죠.

:: 처음 박원순 서울시장이 '마을공동체 만들기'를 한다고 했을 때, 주민이 주도해야 할 마을만들기를 '관'이 해서는 안 된다는 비판이 많았습니다. 서울시의회 시정 질문에서도 비슷한 지적이 나왔고요.

가령 시에서 유휴 공간을 마련하고, 그 공간에서 무언가 해볼 사람을 찾는다면 관 주도일까요, 민 주도일까요? 민관이 같이 하는 거예요. 인프라는 민관이 함께 구축할 수 있어요. 중요한 것은 운영 방식입니다. 시에서 예산을 지원하고, 예산이 끊기면 마을공동체가 없어지는 방식은 관 주도예요. 민의 욕구에서 출발해서 민의 노력과 땀이 녹아 있을 때 민의 주도가 되는 거죠. 이 사업은 관이 나서면 실패합니다. '민이 나서야 성공한다'가 이 사업의 시작점이자 서울시가 항상 견지하는 자세입니다. 그리고 또 중요하게 생각한 부분이 '지속가능성'이었어요.

:: '사단법인 마을'에 서울시 마을공동체 종합지원센터 운영을 위탁했습니다. 이유가 있나요?

민이 관으로부터 위탁을 받아 운영하면 대부분 갑과 을의 관계가 형성됩니다. 그래서 마을공동체 종합지원센터는 자율성을 최대한 보장합니다. 센터장(유창복 사단법인 마을·성미산 마을극장 대표)과 5개의 실국, 총 26명으로 이루어졌어요. 센터 운영을 위탁받은 사단법인 마을은 마을활동가들이 모인 새로운 조직체예요. '성미산마을'을 비롯해 다양한 곳에서 활동을 했던 중견 활동가들이 결합했죠. 이들이 연구 활동도 하고, 중간 지원체로서 리더십을 발휘하는 역할도 하고, 가장 밑바닥에서 주민들을 도와주는 역할도 하게 됩니다. 다만 서울시에서 처음 하는 사업이기 때문에 방향성을 같이 고민하면서 기초를 다지는 작업들을 해야 해요. 이러한 과정을 겪으며 마을 사업은 변화하고 발전할 겁니다.

:: 2017년까지 5년간 마을활동가 3180명을 양성하고 975개의 마을계획을 수립하겠다고 밝혔습니다. 서울시 마을센터 26명, 서울시 마을공동체담당관 10여 명으로 가능한 일인가요?

센터 26명, 공동체 담당관 14명이 수많은 마을활동가들과 연결돼 있습니다. 서울 20개 지역에 마을네트워크가 형성돼 있고, 이분들이 마을 사업에 참여할 겁니다. 마을에서 축제를 기획하는 사람은 10여 명이지만, 실제

■ 인터뷰: 김낙준 서울시 마을공동체담당관

축제를 하는 과정에는 수백 명이 참여하는 것과 비슷하죠. 지난 몇 개월 동안 센터를 어떻게 여느냐, 기본계획을 어떻게 세우느냐도 중요했지만 밑바탕에서는 계속 네트워킹 작업을 하고 있었어요.

:: 기본계획을 발표하면서 서울시 85개 마을공동체 지도를 공개했습니다. 선정 기준이 무엇인가요?

'마을공동체'는 '마을'과 '공동체'를 합친 말이에요. '공동체'는 그 규모가 어느 정도인지는 중요하지 않아요. 지속가능하게 운영할 수 있는 규모면 됩니다. 이러한 공동체 씨앗들 여러 개가 엮이면서 서로 관심을 갖고 자원을 공유하고 문제를 함께 해결할 수 있는 관계로 성장한다면 그게 '마을'이 되는 거죠. '성미산마을'이나 '재미난마을' 안에 있는 수십 개의 커뮤니티를 떠올리면 쉽게 이해할 수 있어요.

아직 마을은 그렇게 많지 않아요. 85개 마을공동체 지도에는 앞으로 마을로 성장할 가능성이 있는 공동체를 추려서 표시했습니다. 서울시, 마을센터, 서울연구원 세 주체가 동의한 곳만 정리했어요. 이제 시작이기 때문에 2013년 연말쯤 되면 마을이 30개까지 늘어날 수도 있어요. 공동체는 수백여 개가 될 수도 있고요. 진화할 겁니다.

:: 기본계획을 보면, '부모커뮤니티 사업을 시작으로 단계별로 공동체 문화를 전파·확산시켜간다'고 되어 있습니다. 부모커뮤니티 조직이 가장 쉽기 때문인가요?

아무래도 욕구가 가장 크죠. 아이들을 키우는 과정, 아이들이 성장하는 단계에서 부모들의 욕구가 변합니다. 아이들이 어릴 때는 돌봄 공동체에 맡기면 되지만, 초등학교에 보내고 나면 방과 후가 걱정이죠. 그래서 작은 단위의 부모커뮤니티를 토대로 마을을 형성해나갈 수 있습니다.

:: **주민이 마을 사업 제안서를 작성하면, 센터는 심사를 거쳐 1개 마을당 100만~600만 원을 지원해 계획 수립을 돕게 됩니다. 재정 지원뿐만 아니라 이 돈이 어떻게 사용되는지 관리·감독하는 것도 중요할 것 같습니다. 하지만 자칫 자율성을 침해할 수 있지 않을까요?**

주민들이 사업 제안서대로 예산을 잘 썼는지, 회계상 부정이 없었는지 감독하는 방식으로 지원이 이뤄졌습니다. 그런데 현재의 마을 사업은 마을센터, 마을활동가가 함께합니다. 제안서가 접수되면 마을활동가들이 직접 가서 조사도 하고 선정 뒤에는 마을센터가 마을활동가들과 함께 컨설팅을 해줘요. 이러한 관계를 바탕으로 예산을 지원하기 때문에 관리·감독의 역할보다는 현실적인 활동 지원에 무게를 두게 됩니다.

:: **마을살이를 하려면 시간적으로나 경제적으로 여유가 있어야 할 것 같은데요.**

사실 회사원들이 마을살이를 하기는 쉽지 않죠. 하지만 일주일에 한 번, 한 달에 한 번도 괜찮아요. 예를 들어 〈오마이뉴스〉 기자라면, 한 달에 한 번 동네에서 기자학교를 열 수 있죠. 아이들에게 기사 작성법을 가르쳐서

■ 인터뷰: 김낙준 서울시 마을공동체담당관

청소년 마을신문을 만들 수도 있고요. 그때부터 연결돼서 커뮤니티 활동이 견고해지면 나중에 아이를 낳았을 때 함께 키울 수도 있죠. 마을살이는 내가 시간을 내는 것, 재능을 나누는 것에서부터 시작됩니다.

결국 마을은 복지예요. 어떤 사람이 살다가 힘든 문제에 빠졌다면, 마을살이 하는 사람들은 마을 안에서 고민을 이야기하고 다양한 해결책을 찾게 됩니다. 지역복지의 모델이 마을이에요.

: : 마을만들기가 지속가능한 모델이 될 수 있을까요?

공동체 공간을 만들고 인프라를 구축하고 사람을 성장시켜서 지속가능한 사업이 될 수 있도록 노력해야죠. 국가에서 추진하는 모든 사업의 기본이 마을 지향의 행정 방식으로 진행되면 좋겠습니다. 자꾸 새로운 인프라를 만들면서 경상적 경비가 늘어나다 보니 예산이 부족해지죠. 가까이 살고 있는 사람들이 기존의 인프라를 자신의 공간으로 활용하고, 그 안에서 삶을 꾸려나가야 합니다.

부모커뮤니티만 해도 행복한 사례들이 나오고 있어요. 마을미디어도 마찬가지고요. 마을예술창작소도 재미난 활동을 할 것이고, 작은 도서관도 배움과 돌봄, 다양한 삶을 녹여낼 수 있는 공간으로 변할 것입니다. 이미 잘 활동하는 마을을 토대로 모델을 만들고 확산시키는 작업도 중요하고요. 원래 있던 것을 변화시키고, 이것을 잘 활용해서 새로운 것을 만들어가기. 마을공동체 사업이 보여주고 있는 '패러다임의 변화'라고 할 수 있습니다.

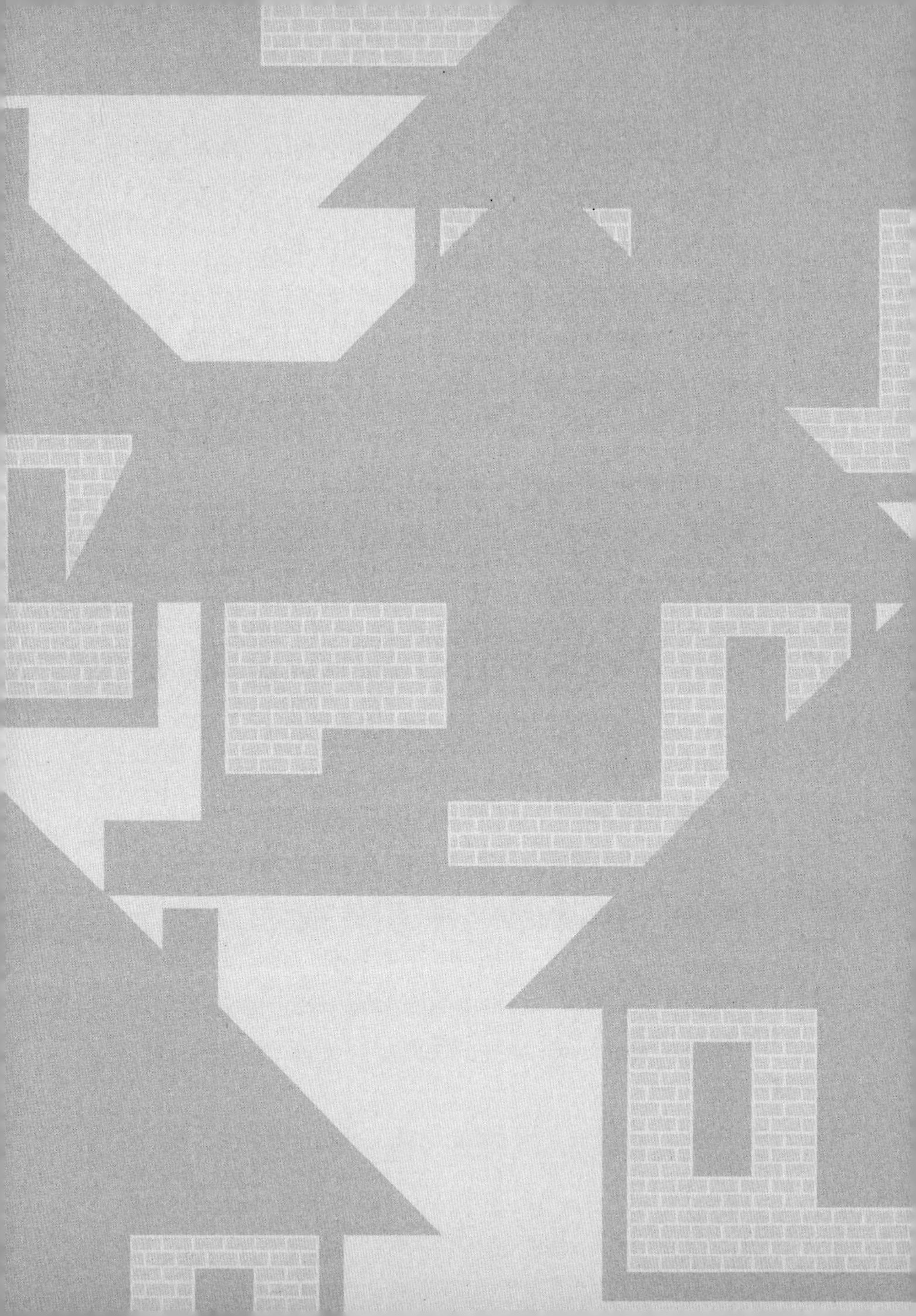

스스로 일어서는 마을로 가는 길

– 상업·협동조합 공동체

••• 서울

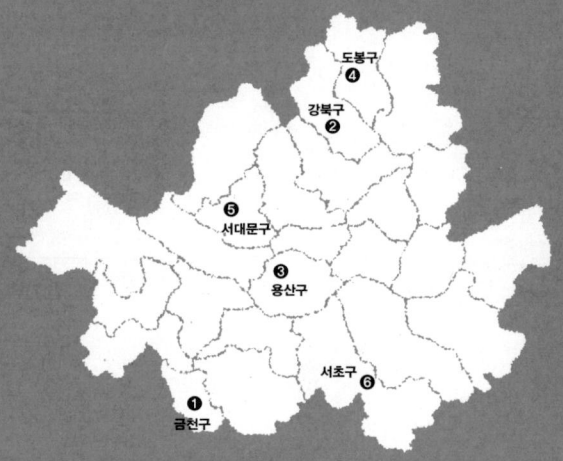

❶ 남문시장
❷ 수유마을시장
❸ 용산생활협동조합
❹ 목화송이
❺ A카페
❻ 우리마을카페오공

…› 시장 공동체
금천구 남문시장

문화와 예술로
활력을 되찾은 전통시장

1970~80년대 산업화의 메카였던 구로공단이 사라지고 주변에 대형마트가 들어서면서 침체기를 맞았던 서울시 금천구 남문시장. 120개의 점포가 양옆으로 쭉 늘어선 남문시장은 여느 시장과 다르지 않은 평범한 재래시장이었다. 대부분 20~30년간 시장을 지켜 온 상인들의 일상도 단조로웠다. 그랬던 시장이 조금 특별해진 것은 2011년 문화체육관광부 전통시장 활성화 사업인 '문전성시(門前成市) 프로젝트'가 시작되면서부터다.

태풍 덴빈이 서울에 억수 같은 비를 퍼붓던 2012년 8월, 남문시장의 '상미패션' 윤석남 씨가 옷더미 속에서 빨간색 바지를 꺼내 들었다. 밑단에 발뒤꿈치를 넣을 수 있도록 고리가 달려 있는 바지로, 예전에 그가 실제로 팔던 옷이다.

■   "80년대 초중반에 유행하던 고리바지예요. 그때는 잘 못 먹어서 그런지 날씬한 사람들이 많았던 것 같아요. 지금은 이 바지에 맞는 허리를 찾기가 어려워요. 이게 역사죠."

한눈에 보기에도 허리 부분이 잘록했다. 윤석남 씨는 '남문탐험대'가 올 때마다 아이들에게 이 바지를 보여준다. '남문탐험대'는 금천구 초등학생을 대상으로 하는 현장학습 프로그램이다. 시장 초입에 위치한 할인마트에서 출발한 남문탐험대는 상인들이 숨겨놓은 '보물'을 찾아 나선다. 방앗간을 운영하는 윤호원 씨의 보물은 맷돌, 과일과 김을 파는 정천석 씨의 보물은 김이다. 상인들은 아이들에게 자신의 보물과 관련해 이야기를 들려준다. 상인들이 선생님이 되는 것이다.

아이들은 상인들의 이야기를 듣고 시장을 돌며 경제를 배운다. 채소가게 앞에는 '감자의 여행일지', 면내의를 파는 가게 앞에는 '면내의의 여행일지'가 붙어 있는데, 만화와 사진을 통해 각 상품의 생산과 유통 과정을 알 수 있다. 미션을 수행하며 얻은 가상화폐로는 경매놀이도 해본다. 경매놀이가 진행되는 떡집에는 '수요', '공급', '위탁자', '응찰자' 등 경제 용어가 붙어 있다.

문화·예술 사회적 기업 '신나는 문화학교 자바르떼'는 2011년 남문시장 상인들과 함께 '문전성시 프로젝트'에 지원해 사업 대상으로 선정됐다. 이 프로젝트는 3년에 걸쳐서 진행되는데, 1년차에는 5억 원, 2년차에는 3억 원, 3년차에는 1억여 원을 문화체육관광부·서울시·금천구청으로부터 지원받는다. 프로젝트가 끝난 이후에도 상인들 스스로 자생적 모델을 만들 수 있도록 지원금이 점점 줄어드는 방식이다.

자바르떼 문화사업단 박근수 씨는 "프로젝트 초기에 상인들과 친해지는 과정을 거쳤다"고 말했다.

- "시장 외부 사람이 뭔가를 하자고 하면 처음에는 상인들이 거부감을 나타내요. 전단지라도 드리면서 이야기를 건네려고 하면 바로 '안 사요'라는 답이 돌아왔죠."

자바르떼는 남문시장에서 2011년 5월부터 '시장통 문화학교'라는 이름으로 동아리 활동을 추진하고 있다. 활동을 시작한 지 1년쯤 지나면서 매주 월요일에는 기타와 밴드, 화요일에는 합창, 수요일에는 중국어, 목요일에는 풍물과 스윙댄스 수업이 열리는 등 안정적으로 운영되고 있다. 수업마다 7~11명 정도가 참여하는데 시장 상인뿐만 아니라 인근 주민들도 함께한다. 2012년 7월에는 남문시장 동아리 발표회가 열리기도 했다.

남문시장을 찾은 날 오후, 금천구청 뒤편 금천아트캠프에서 풍물 수업이 열렸다. 비가 많이 와서 수업을 제대로 진행할 수 있을까 걱정했지만 기우였다. 10여 명의 학생들 가운데 7명이 폭우를 뚫고 출석한 것이다. 가방가게, 속옷가게, 생선가게, 과일가게, 방앗간 주인들이 학생으로 참석했는데, 대부분 50~60대. 풍물 수업의 선생님은 풍물패 터울림의 대표 김용범 씨다. 동아리 활동의 강사는 자바르떼가 섭외하고 비용은 프로젝트 예산으로 충당하는데, 처음에는 마땅한 공간이 없어서 대형 노래방을 수업 장소로 이용했다. 지금은 금천아트캠프를 비롯해 주민센터, 자바르떼 사무실 등에서 진행하고 있다.

태풍으로 전선이 타버려 불도 들어오지 않는 금천아트캠프의 캄캄한 교실에서 상인들은 꽹과리, 장구, 북을 집어 들고 둥글게 섰다. 김용범 대표가 원 가운데 자리한 뒤 북을 치며 장단을 가르쳤다. 그의 시범에 따라 학생들도 "둥둥" 북을 두드렸다. 이어 "덩더쿵덕쿵 덩더쿵덕쿵" 장구 소리도 들렸다. 꽹과리, 북, 장구 소리가 어우러지자 절로 어깨가 들썩이며 상인들의 얼굴에 미소가 피어났다.

'남문탐험대'가 전통시장을 알리기 위한 사업이라면, 동아리 활동은 상인들의 삶에 활기를 가져다주는 역할을 한다. 활동에 참여하는 상인들은 매주 월요일 오후 2시가 되면 가게를 남편이나 부인에게 맡기고 30분 거리에 있는 풍물 교실을 찾는다. 박근수 씨는 "동아리 활동을 하는 상인들은 표정부터가 다르다"고 말했다.

남문시장의 상인들은 악기 연주나 사물놀이를 함께 배워
공연을 하고 축제를 여는 등 문화·예술 활동을 통해
전통시장에 활력을 불어넣고 있다.

ⓒ 권우성

남문시장에서 할인마트를 운영하는 손덕용 씨는 매주 월요일 밴드 교실에 참여한다. 총각 때 기타를 배웠다는 그는 "해보면 멋있을 것 같아서" 드럼을 배우고 있다. 밴드는 드럼 2명, 건반 2명, 기타 2명, 젬베 1명, 노래 1명으로 구성되는데, 밴드에는 상인보다 주민이 더 많다.

매주 수요일 열리는 중국어 교실은 남문시장에서 일하는 중국인이 직접 선생님으로 나선다. 손덕용 씨가 운영하는 할인마트 직원인 송민 씨가 그 주인공. 박근수 씨는 시장 고객의 50퍼센트 정도가 중국인이라고 설명했다.

■ "중국 사람들은 한국 사람과 문화가 달라요. 속옷 골라주면 화내고, 생선 썰어주면 '왜 내 생선에 손대냐' 그러고. 그래서 상인들이 중국어와 중국 문화를 배우고 싶어 해요. 다행히 마트 사장님이 협조해주셔서 중국인 직원 분이 업무 시간 중에 한 시간씩 수업을 하고 있어요."

남문시장을 둘러보다 보면 'ㅅㅁㅅ+ㄹ'이라고 적힌 동그란 간판이 달려 있는 가게를 발견할 수 있다. '소량 맞춤 생산+예술'의 줄임말로 예술과 생활을 연결하는 '예생네트워크' 시범 가게다. 2011년 12월부터 5개월 동안 남문시장에서는 상인들과 예술가들의 만남이 이루어졌다. '벤엘김구이', '태초두부', '코끼리튀김', '한

가네낙원떡집', '이레수제어묵' 등 5개 점포에 각각 예술가 1명씩 파트너로 참여했다.

'벤엘김구이' 김병규 씨는 자신의 생각을 담은 김 포장지를 만들었다. 재래김을 매일 직접 굽고 조미한 후 자르고 포장 판매하는 그에게 김을 누지지 않게 포장하는 것은 중요한 문제였다. 그는 "누지지 않는 김과 함께 손님과 상인 사이에 소통을 가능하게 할 무언가를 포장에 같이 담고 싶었다"고 한다. '누지지 않는 즉석김 포장지'의 이름은 '자기주장'. 그가 운영하던 레스토랑의 이름을 따왔다. 바삭바삭한 즉석김 포장지마다 김병규 씨의 철학이 녹아 있다.

'태초두부'의 신형창 씨는 자신이 하고 싶은 이야기를 두부로 표현했다. '愛(애)', '八(팔)', '初(초)', '母(모)', '白(백)' 한자어 6개를 골라서 편백나무로 짠 열두 모짜리 두부판에 새겼다. '愛(애)'에는 '두부는 사랑을 다루듯이 대해야 해요. 함부로 다루면 부서져버려요'라는 뜻이, '母(모)'에는 '처음부터 끝까지 두부의 맛은 고향의 맛이에요. 어머니의 품, 손맛과 같은……'이라는 뜻이 담겨 있다. '이레수제어묵'의 김성은 씨는 '한근이', '알탱이', '남자의 힘', '울불이'라는 이름의 어묵을 만들었고, '한가네낙원떡집'의 한재희 씨는 계절별 떡과 앞치마를 제작했다. '코끼리튀김'의 윤양현 씨는 고객들에게 묻고 싶거나 듣고 싶은 내용을 엽서로 만들었다. 홍영선 자바르떼 문화사업단 기획팀장은 다섯 가게의 작업을 공동 브랜딩할 예정이라고 전하며 이를 일종의 커밍아웃이라고 표현했다.

- "고객들이 전통시장이 아니라 대형마트를 가는 이유는 대부분 가격 때문이에요. 그래서 우리만의 마케팅으로 무엇이 좋을까 고민했어요. 문화적 특성이 있는 상품을 내놓으면 사람들이 그걸 보고 남문시장을 찾을 거라고 생각했죠. 상인들이 자신을 드러내고 고객들에게 진실한 마음을 갖게 되면 단골을 늘리는 효과가 있지 않을까?"

상인들의 활동은 한 달에 한 번 〈남문시장신문〉으로도 제작된다. 자바르떼가 전체적인 총괄을 맡고 상인들이 기자로 참여한다. 대형마트와는 차별화된 모습을 보여주기 위해 남문시장 사람들은 끊임없이 새로운 활동을 펼쳐나간다.

2012년 10월의 가을, 남문시장을 다시 찾았을 때도 시장에서 좀처럼 보기 힘든 풍경이 벌어지고 있었다. 한창 손님맞이로 분주해야 할 오후 7시, 남문시장 상인들이 셔터를 내리고 어디론가 흩어졌다. 평소 오후 11시가 돼야 하루를 마감했던 상인들에게 무슨 일이 벌어진 것일까?

이날 남문시장에서는 지역 주민과 함께하는 야시장이 열렸다. 야시장의 테마는 'Back to the 8090'. 1980~90년대에 청춘을 보낸 40, 50대 상인과 주민 들이 추억을 되살릴 수 있도록 기획됐다.

- 남문시장

'추억의 DJ 박스'에서는 폭탄 가발을 쓴 DJ '미스터 백'이 사람들의 신청곡과 사연을 감미로운 목소리로 소개했다.

- "야시장을 찾아준 언니, 오빠 들께 감사드리면서 한 곡 올릴게요. 오늘은 왠지 이 노래가 듣고 싶네요. 나훈아의 〈청춘을 돌려다오〉, 부탁해요~."

시장 한가운데 차려진 무대에서는 '시장통 문화학교'의 공연이 이어졌다. 합창 동아리 '시장가인(市場歌人)'은 남문시장의 주제곡인 〈남문쏭〉과 설운도의 〈사랑의 트위스트〉, 심수봉의 〈백만송이 장미〉를 불렀고, 기타 동아리 '시장기인(市場其人)'은 이문세의 〈나는 행복한 사람〉, 서울트리오의 〈젊은 연인들〉을 연주했다. 발 디딜 틈 없이 들어찬 관객들은 이들의 공연에 뜨거운 박수를 보냈다. '시장가인'의 오태숙 씨는 "오늘은 내가 남문의 스타가 된 것 같은 기분"이라고 말했다.

김덕수 사물놀이패가 부럽지 않다는 풍물 동아리 '신바람'은 시장 곳곳을 돌며 야시장 개장을 축하하는 풍악을 울렸다. 밴드 동아리 '남문밴드'는 젬베, 키보드, 기타, 베이스, 드럼의 조화로 첫 공연을 훌륭하게 치렀다. 1980년대 유행했던 치마와 드레스를 입은 '남문 댄스'도 신 나는 춤으로 불타는 야시장에 흥을 더했다.

공연을 지켜본 주민 이석화 씨는 "단골로 가던 과일가게 사장이 많은 사람들 앞에서 노래하는 모습을 보니까 남문시장이 다르게 보였다. 일하면서 취미 생활하기 어려울 텐데 활기찬 상인들의 삶이 느껴진다"고 말했다. 유모차를 끌고 야시장 구경을 나온 박성은 씨는 "완전 불타는 금요일 밤, 불금불금!"이라고 환호하면서 "홍대 클럽데이도 아닌데 전통시장에 사람들이 새까맣게 모이니 신기하다"고 말했다.

각기 다른 점포를 가진, 각자가 사장인 상인들을 하나로 묶어내기란 결코 쉬운 일이 아니다. 하지만 '남문탐험대', '시장통 문화학교', '예생네트워크', '시장 축제' 등을 통해 상인들은 자신들도 모르는 사이에 '시장 공동체'를 만들어가고 있었다.

하지만 무엇보다 중요한 것은 상인들 스스로 시장을 살릴 수 있는 자생력이다. 이를 위해 상인들을 중심으로 문전성시 조직위원회를 꾸렸다. 홍영선 팀장은 상인들의 노력과 함께 정부 차원의 지원이 뒷받침되어야 한다고 강조했다.

- "2013년까시 '문전성시' 사업이 진행되는데 사업이 끝나더라도 상인들 스스로 활동을 이어나갈 수 있는 구조를 만들어야 합니다. 이를 위해 정부와 자치구의 적절한 지원이 꼭 필요해요."

⋯ 시장 공동체
강북구 수유마을시장

작은 도서관에서
정을 나누는 시장 사람들

집에서 도서관으로 가는 길에 조그만 재래시장이 있었다. 백수 시절, 도서관 찾는 일이 잦았던 터라 지나갈 때마다 시장의 표정을 살피는 게 일상이었다. 가판을 벌려놓은 할머니들끼리 걸쭉한 사투리로 웃음꽃 피우는 풍경이 정겹기도 하고, 칼바람 부는 겨울날 목도리 칭칭 감은 할머니가 대야에 갈치와 고등어를 쌓아놓고 손님을 기다릴 때는 그 모습이 안쓰럽기도 했다. 때로는 손님과 티격태격하면서 언성을 높이는 할머니들도 있었다.

어쩌다 그 할머니들이 보이지 않으면 마음이 불편했다. 가까운 거리에 있는 대형마트가 괜히 신경 쓰였다. 할머니들이 왜 보이지 않는지, 어디서 어떤 삶을 이어갈지 궁금했다. 시장은 지키고 간직

해야 할 오랜 추억 같은 존재로 느껴졌다. 깔끔하게 정돈된 마트보다 할머니들의 일상을 생생하게 볼 수 있는 시장은 보통 사람들의 가슴 한쪽을 애틋하게 만들었다.

그런데 이런 생각을 깨뜨린 시장이 있다. 더 이상 궁상맞은 시장의 모습이 아니라 현대식 아케이드 시설을 자랑했고 대형마트에 버금가는 가격 경쟁력과 서비스도 돋보였다. 게다가 상인들이 수준 높은 문화적 역량까지 갖추고 있었다. 가을을 재촉하는 비가 내리던 2012년 9월 서울시 강북구의 '수유마을시장'에서 전통시장의 새로운 가능성을 발견할 수 있었다.

지하철 4호선 미아역에서 내려 도봉로를 따라 걸어가다 보면 '수유재래시장'이라는 간판이 걸린 골목이 보인다. 입구에 들어서면 여느 시장처럼 환하게 켜진 불빛 사이로 이불, 옷, 신발, 생선, 채소, 만두, 호떡 등을 파는 가게들이 길 좌우로 다닥다닥 붙어 있다.

'수유마을시장'은 인근의 수유시장, 수유재래시장, 수유전통시장을 묶어 부르는 애칭이다. 세 시장마다 각기 다른 상인회가 있지만, 시장을 이용하는 시민들에게는 모두 '수유마을시장'으로 통한다. 세 곳을 합치면 점포가 500여 곳, 상인이 1000여 명이고 유동인구만 하루 1만 3000여 명에 이른다. 시장으로 형성된 마을인 셈이다.

이곳에는 1966년부터 장이 섰다. 당시는 서울 도심의 인구가 어느 정도 분산된 후라 강북에도 주택개발이 시작됐던 때다. 그때만 해도 북한산 아래에서 흘러내린 물길이 시장 바로 앞까지 흘러왔다. 지금은 복개되어 물길이 사라졌지만, 이곳을 '물이 넘친다'는 뜻으로 '무너미' 혹은 '무네미 마을'로 불렀다. 이를 한자로 옮긴 것이 '수유(水踰)'다. 그리고 물이 넘쳤던 이곳에 시장이 들어서면서 물건과 사람도 넘쳐나기 시작했다. 의정부에서도 손님들이 오갈 정도였으니 '강북 제일의 시장'이라는 자부심이 상인들에게 있었다.

그런데 지금의 '수유마을시장'에는 조금 특별한 것이 있다. 시장 길을 따라 걷다 보면 시장 한쪽에 있는 동그란 간판이 사람들의 눈길을 끈다. 간판에는 지붕이 책으로 된 네모난 집이 그려져 있고, 그 밑에 '수유마을 작은도서관'이라고 적혀 있다. 시끌벅적한 시장과 조용한 도서관. 왠지 서로 어울리지 않는 모습이다.

계단을 올라가 2층에 들어서니 책들이 빼빼이 꽂힌 서가가 눈에 들어왔다. 서가 앞으로는 족히 20명이 앉을 수 있는 테이블과 의자들이 자리 잡고 있고, 서가 옆에는 "마을과 시장을 책으로 잇다"라고 적힌 포스터가 붙어 있었다.

도서관 카운터에는 '강북수산' 사장인 이재권 씨가 앉아 있었다. 그는 전직 '수유재래시장' 상인회장으로, 이곳에서 20년 넘게 생선을 팔았다. 체구는 작지만 도서관의 역사를 설명하는 그의 말에서 강단과 추진력, 사람을 이끄는 리더십이 느껴졌다.

■
'수유마을 작은도서관'은 시장 사람들을 이어주는 만남의 장이다.
숨 가쁘게 일하는 가운데 도서관에 들러 여유를 되찾고
단골손님과 이야기를 나누며 정을 쌓는다.

■ "상인들은 장사하기 바쁘니까 서로 소통할 시간이 별로 없죠. 그래서 도서관이 상인과 주민에게 의미 있는 만남의 공간이 되길 바라는 마음으로 이 일을 시작했어요."

상인들끼리 책을 나눠 보던 모임이 도서관 설립의 씨앗이 됐다. 시장 곳곳을 돌면서 책을 대출해주는 '책수레'가 상인들의 마음을 얻고 있다는 점도 힌트가 됐다. '책수레'는 문화체육관광부의 전통시장 활성화 사업인 '문전성시 프로젝트'를 추진하던 '시장문화활력소'의 아이디어였다. '시장문화활력소'는 전통시장의 문화 콘텐츠를 발굴하고 기획하는 단체로 2009년 6월부터 2011년 말까지 '수유마을시장'에서 프로젝트를 담당했다.

도서관 설립을 위해 책모임 소속 상인 7명은 도서관 준비위원회를 꾸렸고, 매주 한 차례 모임을 열어 도서관의 역할과 방향을 고민했다. 상인 전용 도서관으로 할지, 아이들 책을 포함할지 등을 논의하고, 다른 지역의 도서관을 찾아 운영 노하우도 배웠다. 결국 주민과 상인, 어린이들이 모두 이용할 수 있는 '작은도서관'을 만들었고, 지금은 가입 회비와 십시일반 후원금으로 도서관 운영에 필요한 재원을 마련하고 있다. 작은도서관 진흥법에 따라 구청으로부터 1년에 200만 원가량의 도서 구입비도 지원받는다.

도서관 설립은 책과 시장에 대한 애정이 없으면 불가능한 일이었다. 이들은 구청에 달려가 책을 기부해달라고 설득했고, 시장을 돌며 상인들에게 책을 받았다. 도서관 설립에 힘쓰던 이재권 씨는 '도서관 관장'이라는 직함을 덤으로 얻었다.

개관한 지 2년이 넘은 도서관에는 하루 평균 20여 명의 상인과 주민들이 찾아온다. 상인들은 가게에서 쉽게 읽을 수 있는 소설과 에세이는 물론, 사업에 필요한 경제·경영 분야의 책들을 빌려 간다.

- "상인들이 돈만 알고 무식하다는 편견을 깨보고 싶었어요. 문화에 대한 감각이 있는 30, 40대 젊은 상인들에게 도서관은 꼭 필요한 장소예요."

이재권 관장과 이야기를 나누는 사이 정육점을 운영하는 손진미 씨가 도서관을 찾았다. 그가 '수유마을시장'에 정육점을 차린 지는 4년이 됐다. 하루 14시간을 시장에서 보내는 그에게 도서관은 휴식처가 된다.

- "시장은 북적북적한 데지만, 도서관은 언제든지 들를 수 있는 조용한 휴식처죠. 도서관이 들어선 후에 제 삶에도 변화가 생겼어요. 바쁘게 가게 일을 하지만 책을 읽으면서 여유도 찾게 됐고, 가게 손님하고 도서관에서 책 얘기도 하게 됐어요."

이불집을 운영하는 박진희 씨도 도서관에 잠깐 들렀다. 시장에 들어온 지 5개월밖에 안 된 새 식구인 그는 소설가 이외수의 책을 빌리기 위해 도서관을 즐겨 찾는다.

- "시장 도서관이라고 해서 주먹구구식이 아니에요. 바코드로 찍어서 반납, 대출되는 시스템이 갖춰져 있죠. 문화적 혜택을 받는 것 같아서 기분이 좋아요. 이제 전통시장은 옛날 모습에서 벗어나야 해요. 지저분하지 않고 친절하고 가격도 정확하게 해야 할 때죠. 재래시장에 대한 선입견을 없애고 싶어요."

도서관은 지역 주민에게도 개방된다. 회원 가입만 하면 누구나 책을 빌릴 수 있다. 임명희 씨는 도서관을 이용하면서부터 시장도 애용하게 됐다. 단골 가게의 주인과 도서관에서 마주치면 더욱 반갑다.

- "물건 살 때 상인들이 덤을 주는 것처럼 도서관에도 덤이 있어요. 책 반납이 늦어도 독촉하거나 벌금을 물리지 않아요. 인심 넉넉한 상인들처럼 도서관도 인심 넉넉해서 좋아요.(웃음)"

시장에는 상인과 주민을 위한 사랑방도 있다. '다락방'이라 불리는 이곳은 '시장문화활력소'가 만든 일종의 시장 카페인데 서예, 전통춤인 한춤, 글쓰기 모임이 꾸준히 이어지고 있다. 2011년 11월에는 기타, 한춤, 노래 등 공연 동아리로 이뤄진 '수유마을시장 문화예술단'이 시장에서 공연을 하기도 했고, 한때는 '다락방 영화제'가 열려 주민들과 상인들이 원하는 영화를 상영하기도 했다.

이날 '다락방'에서는 민요 〈태평가〉가 흘러나왔다. 한춤 동아리 '매화방'의 연습이 진행되고 있었기 때문이다. 분홍 치마를 입은 김금순, 문숙희, 현교분 씨가 국화가 그려진 부채를 든 채 사뿐사뿐 발걸음을 내디뎠다. 이들은 모두 60대 나이로, 김금순 씨는 지역 주민, 현교분 씨는 옷 수선 가게 상인, 문숙희 씨는 옷가게 상인이다. 이들은 서로 데면데면하던 상인과 주민 사이였지만 동아리를 통해 평생 함께하고 싶은 언니 동생 사이가 됐다. 문숙희 씨가 한춤의 효과를 자랑했다.

■ "원래 굉장한 몸치였는데 전통 장단을 맞추고 박자를 익혀가면서 리듬을 알게 됐어요. 저같이 뻣뻣한 사람도 배울 수 있어서 고맙죠.(웃음)"

문숙희 씨는 연습이 끝나자 곧장 일터로 달려갔다. 가게 문을 서둘러 열기 위해서다. 5평 남짓한 가게에는 중년 여성들의 옷이 빼곡하게 걸려 있다. 그는 한춤 연습이 있는 날이면 1시간 일찍 시장에 나온다. 부지런해야 취미 생활도 즐기고 장사도 잘할 수 있다고 믿기 때문이다.

- "전통시장 상인들은 한겨울에도 목도리 두르고 죽자 사자 장사만 하는 사람인 줄 알았죠? 그렇지 않다는 걸 보여주고 싶어요. 물론 옆집 가게, 대형마트와 경쟁하면서 느긋한 마음을 갖기는 어려워요. 그래도 동아리 활동을 하면서 나를 알아가는 시간을 가지니까 가게 일도 더 열심히 하게 되네요."

이날 오후 '다락방' 한쪽에서는 이재권 관장과 '시장문화활력소' 전민정 매니저가 간식으로 라면을 끓였다. 두 사람은 '문전성시 프로젝트'로 만났지만 이제는 친구라고 할 만큼 가깝다. 그들은 2년 넘게 진행된 '수유마을시장'의 실험을 두고 이야기를 나눴다.

- "상인들의 천성은 장사꾼이에요. 1인 사장이죠. 그래서 자존심과 자부심이 굉장히 강해요. 회사라면 조직이라는 이유로 일사분란하게 움직일 텐데, 상인들은 상인회에서 뭐 하자고 해도 쉽게 뭉치지 않아요. 다른 사람의 강요에 쉽게 움직이지 않죠."

전민정 매니저도 이재권 관장의 말에 동의했다. 전통시장 활성화를 위해 2년 반 동안 국비, 시비 등 10억 원에 가까운 돈이 들어갔고 그 결과 10퍼센트 넘게 시장 매출이 늘어나는 효과가 있었다고 자체적으로 평가하지만, 시장의 공동체적 요소는 아직 부족하다. 특히 상인 스스로 관계를 맺고 활동을 벌여가는 능력이 더 필요하다.

- "그동안 문화·예술 활동을 중심으로 프로그램을 짰는데, 장기적으로는 상인들이 관심을 가질 만한 유통·경제 분야에 사업을 집중해도 좋았겠다는 아쉬움이 들어요. 직업적 특성을 고려해 다가간다면 시장 공동체가 더 단단해질 수 있을 거예요."

전민정 매니저의 지적은 상인회를 통해 보완하고 있다. 상인회는 도서관 공간을 활용해서 시장 안 창업을 희망하는 이들에게 컨설팅을 지원한다. 수십 년 경력의 시장 상인들을 소개해주는 식으로 운영되는데, 도서관이 마을문고 역할과 함께 창업지원센터로도 기능하는 것이다.

문화를 즐기는 여유와 자부심으로 가득 찬 '수유마을시장'은 시장과 마을을 더 단단히 연결하기 위해 새로운 도전에 나섰다. 프로젝트의 성과와 한계를 바탕으로 서울시 마을공동체 사업에 지원하는 것이다. 지원 분야는 '마을예술창작소'. '마을예술창작소'는 전문 예술인이 아닌 생활형 문화를 지향하며, 주민들이 스스로 만들어가는 문화 창작 활동 공간을 뜻한다. 이 창작소를 통해 지역 주민들과 상인이 자신의 재능을 나누고 참여할 수 있는 기회를 만들어갈 예정이다.

- "상인들은 대부분 시장에서 큰돈 벌어서 다른 데 건물 하나 사고 월세 받으며 살고 싶어 해요. 그러면서도 20~30년 동안

아이들 키우며 살았던 곳이니까 번 돈의 일부분이나마 시장에 뿌리고 가야 한다고 생각해요. 상인들도 이제 그런 사명감을 가질 때가 됐죠."

늦은 저녁 시간, 어느새 불빛이 환해진 시장을 걸어 나오는데 이재권 관장의 한마디가 귓가에 계속 맴돌았다. '수유마을시장'이 상인과 지역 주민의 만남을 이어주는 교류의 장이 되기를 바라는 그의 마음이 느껴졌다. 상인들의 사명감이 모여 작은 도서관과 '다락방'이 만들어지고 지역사회가 하나의 공동체를 이루면서 시장의 풍경이 바뀌고 있다. 상인과 사람 사이에 오가는 것은 돈만이 아니었다.

…▸ 마을기업 공동체
용산구 용산생활협동조합

좋은 먹거리로 이어가는
건강한 인생

■   "이슬, 나 화장실 가고 싶어."
"좀만 기다려. 이제 가자"

혁빈이는 화장실 가는 일이 부끄럽지 않다. 교사에게 당당하게 도움을 청한다. 교사 이슬은 혁빈이를 데리고 화장실에 간 뒤, 혁빈이가 화장실에서 볼일을 마칠 때까지 기다린다. 그리고 혁빈이가 뒤처리를 잘하는지 확인한다.

이슬은 점심식사 후 아이들이 이를 닦는 모습도 지켜본다. 일단 아이들이 스스로 양치질을 하면 그다음에 이슬이 다시 칫솔을 들고 어금니 구석구석까지 칫솔질을 해준다. 20명이 넘는 아이들의 어금니를 한 명씩 닦아주는 데는 시간이 꽤 걸린다. 아이들 중에는 이슬의 아들인 5살 두성이도 있다. 이슬은 아들의 이를 닦아줄 때와 똑같은 마음으로 아이들을 보살핀다.

한겨울 바람이 매서운 2013년 1월의 아침, '동글동글 어린이집'을 찾았다. 서울시 용산구에 있는 이 어린이집은 64평 크기의 2층짜리 가정집을 개조해 만들었다. 2003년 네 가구의 보육 품앗이로 시작해 2006년 9월 부모협동조합 어린이집으로 인가받았다. 모든 학부모는 조합원이다.

'동글동글 어린이집'에서 교사와 아이의 관계는 수평적이다. 아이들은 교사의 별명을 부르고, '선생님'이나 '해주세요' 등의 존칭어도 쓰지 않는다. 6살 혁빈이가 어른인 이슬에게 스스럼없이 반말을 할 수 있는 이유다. 어린이집 교사 5명 중 4명은 이슬처럼 학부모인데, 학부모와 교사도 서로 별명을 부른다. 선생님, 형, 누나, 언니 등 사회에서 쓰는 존칭이 사라진 어린이집은 하나의 공동체가 됐다.

어린이집 공동체에 입학하려면 출자금 500만 원이 필요하다. 초등학교 입학을 위해 아이가 졸업하게 되면 출자금은 돌려받지만 대신 100만 원의 기부금을 내야 한다. 어린이집은 보증금 1억 원에 월세 250만 원을 낸다. 원래는 150만 원이었는데 인근에 아파트가 들어서면서 땅값이 올랐고 자연히 어린이집의 월세도 오르게 됐다.

어린이집을 찾은 날, 아이들 20명이 나들이에 나섰다. 한 달에 두 번씩 현장학습을 나가는데, 효창공원을 비롯해 난지천 공원, 광화문 광장, 서울 광장 등 아이들이 뛰어놀 수 있는 곳이면 어디든 간다. 이날은 서울시청에 있는 서울도서관으로 갔는데, 교사인 이슬과 해바라기 외에도 학부모들이 도우미로 동행했다. 신아, 진아의 아버지 호랑나비가 이날 도우미로 나섰는데, 민주노총(전국민주노동조합총연맹) 산별연맹 화학섬유노조의 홍보실장인 그는 10년 넘게 노동운동을 해왔다. 어린이집 초기, 대부분의 조합원은 시민단체에서 일하거나 노동운동가들이었다.

- "안심하고 애 키우려는 부모들이 머리를 맞대니까 안 되는 게 없더라고요. 애들 먹이는 것에서부터 보는 책, 갖고 노는 장난감까지 어린이집에 있는 것은 다 우리 손으로 만들고 결정했어요. 시간은 걸렸지만 여기까지 온 게 신기하죠."

지금까지 어린이집을 졸업한 아이들은 20여 명에 이른다.* '동

---

* '동글동글 어린이집'은 2013년 5월 23일 자금난을 이유로 폐원했다. 월세가 대폭 인상되면서 교사들 퇴직금, 운영비 등에서 적자가 발생한 것이다. 적자를 메우기 위해 보육료가 올랐는데, 이를 감당할 수 없는 일부 학부모들의 탈퇴가 발생했다. 조합원들이 대책 마련을 위해 논의를 했지만 적자를 메울 수 없었고 결국 해산 총회를 열어 폐원을 결정하게 됐다. 이후 같은 자리에 '칙칙폭폭 어린이집'이 새로 개원되어 부모협동조합 형태로 운영되고 있다.

- 용산생활협동조합

'글동글 어린이집'을 졸업한 아이의 부모들은 여기서 멈추지 않고 어린이들을 위한, 어린이들의 도서관인 '고래이야기'를 만들었다. 2011년 3월, 효창운동장 입구에 문을 연 '고래이야기'는 20평 남짓한 공간에 자리를 잡았다. 이곳에는 지역 시민들과 구청에서 받은 3000여 권의 책들이 빼곡하게 들어차 있다. '고래이야기'는 책을 매개로 같은 동네에 사는 부모들과 아이들의 소통공간이 됐다. 우쿨렐레, 기타, 여행 등의 동아리와 청소년을 위한 방학 프로그램도 진행하고 있다. '고래이야기' 회원 100여 명이 십시일반으로 운영을 후원하고, 20여 명의 자원활동가들이 활동 관리를 돕는다. 활동가들은 '고래이야기'에서 직접 수업을 하거나 도서관 관리에 참여한다.

아이를 잘 키우고 싶다는 마음은 부모들에게 여러 가지 도전을 감행하게 했다. 그중 빼놓을 수 없는 것이 먹거리다. 아이들의 먹거리에 관한 어린이집 부모들의 걱정과 관심은 친환경, 안심 먹거리를 직접 공급하자는 데까지 나아갔다. 부모들은 2011년 9월부터 생활협동조합을 준비하며 결속을 다진 후, 2012년 2월 350명의 조합원과 함께 용산생활협동조합을 창립했다. 전광철 용산생협 이사장이 생협 설립 이유를 말했다.

■ "딸 하나 키우는데, 도시에서는 외롭고 힘들 것 같았어요. 애가 부모하고만 살 수 없으니 '어떻게 하면 잘 키울 수 있을까'

고민했죠. '동글동글 어린이집'에 보내고 나서는 걱정이 사라졌어요. 또래를 사귀고 건강하고 밝게 자랄 수 있다는 게 가장 큰 혜택이었죠. 그 혜택을 건강하게 이어가고 싶었어요."

도서관 '고래이야기' 옆에 자리 잡은 생협의 구호는 '행복 중심 용산 생협'이다. 생협은 대형마트보다 상품이 조금 비싸더라도 친환경적인 '착한 소비'를 지향한다. 용산 생협의 농산물은 여성민우회 생협의 유통망을 통해 공급받고, 강원도 횡성군의 '언니네텃밭'과 직거래 계약을 맺어 꾸러미 사업도 진행하고 있다. 이를 통해 매주 또는 격주로 횡성의 신선한 먹거리가 담긴 꾸러미를 식탁까지 직접 배달받을 수 있다. 조합원들은 횡성의 농부들과 편지로 소통하면서 안심하고 먹거리를 구하는데, 산지와 직거래를 하기 때문에 시중 가격이 폭등해도 안정적인 공급이 가능하다.

생협은 시장경제와 다른 용어를 쓴다. 상품 대신 '생활재', 소비 대신 '이용'이라는 단어를 쓴다. 즉 생협은 조합원이 '생활에 필요한 물건'을 '이용'하기 위해 존재한다. 주요 생활재는 달걀, 우유, 두부 등 친환경 먹거리이고, 이용자 대다수가 아이를 키우는 30~40대 주부이며 먹거리에 신경 쓰는 '웰빙' 엄마들의 충성도가 높은 편이다. 매장에는 하루 평균 조합원 50~60명이 찾아온다.

이날 생협 매장에서 만난 박국자 씨는 전통과자 세 상자와 사탕을 '이용'했다. 직접 먹을 것도 아니고 손자에게 줄 주전부리도 아

용산생활협동조합은 협동조합형 어린이집에서 출발했다.
'어떻게 하면 아이를 잘 키울 수 있을까?'라는 고민은
'어떻게 하면 건강하고 행복한 삶을 이어갈 수 있을까?'라는 고민으로 이어졌다.
생협을 기반으로 하는 '착한 소비'는 그렇게 결실을 맺었다.

너었다. 자신이 사는 아파트 앞의 동네 아이들에게 나눠주기 위한 것이다. 그는 과자가 담긴 봉투를 들고 매장 활동가에게 "행복하게 사세요" 인사를 건넨 뒤 웃으며 매장을 나섰다.

2013년 4월 현재 생협에 가입한 조합원은 800여 명이다. '착한 소비'를 지향하는 용산구 전체와 공덕동 등 마포구 일부 지역의 시민에게 조합원 자격이 주어지는데, 출자금 2만 원, 가입비는 1만 원이다. 조합원이 800명을 넘지만 생협을 이용하는 열성 조합원은 200~300명 내외로, 매장의 활력을 위해서는 나머지 조합원들의 적극적인 이용이 절실한 상황이다. 20평 매장의 월세는 100만 원, 여기에 매장 활동가 네 사람의 인건비를 빼면 생협의 살림은 빠듯하다.

전광철 이사장은 1호 매장의 도전을 시작으로 조합원을 1500명까지 늘려 2, 3호 매장을 내려는 꿈을 갖고 있다. 그 마음을 담은 것일까. 용산 생협 1호 매장의 이름은 '물꼬'다. 1호 매장을 시작으로 생활협동조합, 마을공동체의 물꼬가 트길 바란다는 뜻에서 이름 지었다.

■ "논에 물이 넘어 들어오거나 나가게 하려고 만든 좁은 통로가 바로 물꼬예요. '물꼬를 튼다'고 하는데, 모든 일의 시작을 뜻하는 거죠. 생협 1호인 '물꼬'를 시작으로 마을공동체, 마을살이가 시작되길 바라는 마음이에요."

■ 용산생활협동조합

문제는 생협의 확장성이다. 현재 생협이 위치한 효창동 지역만으로는 조합원을 늘리는 데 역부족이다. 용산에는 주한미군사령부와 국립중앙박물관이 자리 잡고 있고, 경부선 철길이 용산을 관통하고 있어 구 안에서의 교류가 불편하다. 나머지 지역에서 효창동 생협 매장을 찾기가 어려운 실정이다.

그래서 생협은 다양한 마을공동체 활동을 통해 이를 돌파하고 있다. 여러 활동 가운데 하나로 '용산 도시농부학교'를 꾸려 한강에 있는 노들섬에 텃밭을 운영하고 있다. 주말 농장과 공동체 텃밭을 운영하는데, 농부학교인 만큼 도시텃밭의 이론을 가르치고 실습도 한다. 한편으로는 지역 주민들이 참여하는 녹색장터도 개최하는 등 마을공동체 형성에 주력하고 있다. 또 용산의 효창동, 청파동, 원효동, 용문동을 중심으로 마을위원회를 만들어 마을공동체 모임을 주도하고 있다.

이날 오후 7시, 생협과 10미터 떨어진 곳에 있는 한 카페에서 어린이집과 도서관, 생협에 이어 한 발짝 더 공동체를 확장하려는 시도가 시작됐다. 생협의 조합원들이 또 다른 협동조합인 커뮤니티 카페 '피어라풀꽃(피풀)'의 시작을 알리는 잔치를 연 것이다. 생협의 1차 목표가 생활재 공급이라면, '피풀'은 조합원들의 모임 공간을 마련해 조합원 사이, 마을 주민 사이의 관계망을 확대하는 데 중점을 둔다. 생협에서 사무국장을 지냈던 김경열 씨는 생협의 확대를 넘어 '마을 사랑방' 역할을 하겠다는 목표를 밝혔다.

이날 '피풀' 입구에는 배우고 싶은 것, 가르칠 수 있는 것 등 이곳을 무대로 함께하고 싶은 일을 적는 게시판이 마련됐다. 가르칠 수 있는 재능을 공유하고, 배우고 싶은 것들을 나누는 활동이 '피풀'에서 펼쳐질 계획이다.

어린이집에서 시작된 마을공동체의 씨앗은 '고래이야기'를 거쳐 용산 생협의 열매로 이어졌다. 이제 이 열매를 여물게 할 거름이 '피어라풀꽃'으로 이어지고 있다. 김경열 씨는 주민 사이의 관계를 거듭 강조했다.

■ "생협의 확장은 조합원들 사이의 관계가 깊어질 때 가능하다고 생각해요. 생협은 마을공동체를 샘솟게 하는 마중물 역할을 했죠. '피풀'은 주민들을 더 단단하게 결속시킬 겁니다."

■ 용산생활협동조합

···▸ 마을기업 공동체
도봉구 목화송이와 서대문구 A카페

착한 소비를 위한
마을기업의 도전

"드르륵, 드르르륵." 계단을 밟고 지하로 내려가자 재봉틀 소리가 들렸다. 10평 남짓한 공간에서 색색의 앞치마를 두른 40~50대 여성 5명이 분주하게 작업하는 모습이 보였다. 채옥림, 최영순, 안경숙 씨가 박음질을 하면 한경아, 황지연 씨가 다림질과 포장을 했다. 한경아 씨는 오전에 400장 주문이 갑자기 들어왔다면서 바쁘게 손을 움직였다.

작업장 한쪽 벽면에는 알록달록한 무늬의 면생리대가 전시되어 있었다. 장바구니와 면생리대는 이들의 주력 상품이고 앞치마, 면행주, 수젓집, 컵주머니, 에코백, 폐현수막을 재활용한 장바구니, 돗자리 등도 만든다. 이곳은 여성친화 마을기업 '목화송이'다.

겨울비가 내리던 2013년 1월, 서울시 도봉구 방학동에 위치한 '목화송이' 작업장을 찾았다. 같은 건물 1층에는 '아름다운가게', 2층에는 또 다른 도봉구 마을기업인 '세움카페'가 위치해 있다. '세움카페'에서는 지적장애인 청소년들이 바리스타가 되어 커피를 만드는데, '세움카페'와 '목화송이'는 2011년에 도봉구 마을기업 1호로 함께 선정되었다.

■ "조합원들끼리 면생리대를 써봤는데 너무 좋더라고요. 마침 그때 딸도 첫 생리를 시작했고요."

한경아 씨는 2005년 면생리대를 처음 접했던 때를 떠올렸다. 생활협동조합인 '한살림' 조합원이었던 그는 대안생리대 사용 캠페인을 벌이는 시민단체인 '피자매연대'에서 면생리대 만드는 법을 배웠다. 환경보호와 여성건강을 위해 일회용 생리대 대신 면생리대를 만들어 쓰자는 움직임이 나타나던 때였다. 한 씨는 처음에 쌍문 '한살림' 매장에 면생리대를 조금씩 진열해놓고 지역 주민들의 주문이 들어오면 만들어 팔았다.

이듬해 한경아 씨는 일반인들에게는 다소 생소한 이름의 '워커스 컬렉티브(Worker's collective)' 활동을 시작했다. 일본에서 시작된 '워커스 컬렉티브'는 공동투자, 공동경영, 공동책임을 기본으로 하고 수익 역시 똑같이 나누는 대안적 노동 방식을 뜻한다. '워커스 컬렉티브'에서는 모두가 대표이자 노동자다. 평범한 아줌마였던 그는 3명의 '한살림' 조합원과 함께 '목화송이'의 공동대표를 맡았다. 작업실은 강북구 미아동 주민센터 지하. 출자금은 1인당 10만 원이었다.

■ "한 달에 만 원씩 가져가면서 일했어요. 못 가져갈 때도 많았죠. 그래도 보급운동이라고 생각하면서 일했어요. 주말마다 벼룩시장 찾아가서 면생리대 만들기 교육도 하고요. 지하 작업실이라 환경은 열악하고, 수입은 없고, 워커들도 일하러 들어왔다가 그만두고, 들어왔다가 그만두고……. 힘들었죠."

그러다가 2009년에 사업 활로가 열렸다. '한살림'에 '목화송이'가 만든 장바구니가 판매 물품으로 등록되면서부터다. 워커 4명이 400만 원씩 출자해 강북구 삼양동 주택가에 14평 규모의 작업장을 얻었고 밤을 새서라도 납품일은 꼭 지켰다. 이렇게 쌓은 신뢰는 면생리대 물품화로 이어졌다. '한살림'의 전국 151개 매장(2012년 11월 현재)에 '목화송이' 면생리대를 판매할 수 있게 된 것이다.

하지만 제품 등록을 위해 필요한 식약청(현 식품의약품안전처) 허가를 위해서는 1000만 원 정도의 비용이 들었다. 이미 400만 원씩 출자한 상황에서 또 다시 추가 비용을 내기에는 부담이 컸다. 다행히 지식경제부(현 산업통상자원부) 공모사업인 커뮤니티 비즈니스 사업에 선정되어 지원금을 받았고, 식약청 허가도 얻었다.

'목화송이'는 한 달에 장바구니 1600개, 면생리대 800개를 '한살림'에 납품하고 있다. 어느 정도 안정적인 수익구조를 마련한 셈이다. 일감이 늘어나면서 '목화송이'는 지역 주민들을 직원으로 채용하여 장애인, 노인 등 지역 내 취약계층 주민들의 일자리를 창출했다. 도봉자활센터와 연계해서 정직원 2명을 채용했고, 2명은 인턴으로 일하고 있다. 재택근무, 아르바이트 형태로 근무하는 주민들도 있다.

황지연 공동대표는 "하루 7시간 주 5일 근무를 원칙으로 한다. 일이 험하지 않고 다 여성들이니까 자활센터에서 많이 소개시켜준다"고 말했다. '행복한 일자리, 함께 일하는 사람들'은 '목화송이'의 활동 구호다. 실밥 따기, 뒤집기 등 단순 작업은 지역 주민들에게 부업으로 맡기고 있다.

자활센터를 통해서 '목화송이'에 취직하게 된 최영순 씨는 이곳에서 일한 지 3년째다. 그는 "이전에 한복 만드는 일을 했는데, 뭔가 만드는 일을 좋아해서 시작하게 됐다. 일 빨리하라고 누가 재촉하지도 않고 꼼꼼하게만 하면 되니까 즐겁다"고 말했다. 안경숙 씨는 2012년 3월부터 '목화송이' 일꾼이 되었다.

■   "30년 동안 서점을 했는데 적자가 누적돼서 접었어요. 남편이 장애가 있어서 제가 돈을 벌어야 하는데 이 나이에 어디 받

아주는 데가 있나요. 고민하다가 이곳을 소개받았어요. 영리를 목적으로 했다면 물량을 많이 소화해야 하는 스트레스가 있었을 텐데 여기는 '사람이 편해야 한다'고 하니까 마음에 부담 없이 일하고 있어요."

2012년 1월 기준 '목화송이'의 월매출은 1200만 원. 순이익을 묻자 한경아 대표는 "거의 없다고 보면 된다"고 답했다. 대표 포함 직원 7명의 인건비와 재료비, 유지비 등을 빼면 남는 게 없다는 것이다. 한경아 대표는 "앞으로는 인터넷 판매 등 영업을 다각화할 것"이라고 포부를 밝혔다.

2013년 2월, '목화송이'는 지하 작업장을 떠나 지상 2층에 위치한 작업장으로 이전했다. 작업공간도 25평에서 50평으로 두 배 커졌다. 2012년 서울시 마을기업 공간지원금 공모사업 대상에 선정된 덕이다. 무이자, 5년 이내 상환 조건으로 임대보증금 1억 원을 지원받았다. 최영순 씨는 "지하에 있으면서 밖에 해가 떴는지 졌는지도 모르고 지냈는데 이제는 밝은 곳에서 일하게 되어 좋다"며 기뻐했다.

작업장 이전과 함께 '목화송이'는 새로운 도전을 시작했다. '워커스 컬렉티브' 형태가 아닌 협동조합형 마을기업으로 전환할 계획이다. 안경숙 씨를 비롯해 현재 '목화송이'에서 일하고 있는 직원들도 조합원으로 참여한다.

홍보컨설팅 업체에 몸담았던 황지연 씨가 공동대표로 '목화송이'에 합류했다. 한경아 대표를 대안학교 학부모 모임에서 만나게 됐다는 황지연 대표는 "이전부터 '목화송이'의 활동을 응원해왔고 컨설팅도 해줬는데, 나도 하고 싶은 일 하면서 즐겁게 살아보려고 '목화송이'에 들어오게 됐다"고 말했다. 한경아 대표는 "황 대표가 블로그도 만들어주고 홍보 쪽으로 큰 도움이 될 것 같다"고 반겼다. "'한살림'에만 납품하는 게 아니면 다른 제품들과도 경쟁해야 하는데 자신 있느냐"는 질문에 두 대표는 고개를 끄덕였다. 황지연 대표는 "'한살림' 조합원들이 7년을 써보고 검증받은 제품이다. 제대로 만들었고, 가격도 다른 제품에 비해 훨씬 저렴하다"라고 자신 있게 말했다.

수입은 공익을 위해서도 쓸 예정이다. '목화송이'는 라오스에 있는 여성들에게 면생리대를 보낸 적이 있는데, 한경아 대표는 북한과 아프리카 여성들에게도 지원하고 싶다는 바람을 밝히기도 했다. 신발 브랜드 '탐스(TOMS)'의 원 플러스 원(1+1) 기부처럼 소비자가 면생리대 하나를 사면, 하나는 '목화송이'에서 북한이나 아프리카에 보내면 어떻겠냐는 아이디어도 나왔다.

두 배로 넓어진 작업장 역시 지역 주민들을 위한 공간으로 활용할 예정이다. 황지연 대표는 "바느질 카페를 열어서 지역 주민들이 서로 정보도 공유하고 살아가는 이야기도 하면서 마을공동체 네트워크의 거점이 되면 좋을 것 같다"고 말했다.

■ 목화송이와 A카페

'목화송이'는 더 큰 꿈도 가지고 있다. 브라질, 아프리카 등에서 공정무역으로 목화를 들여와 면생리대를 만드는 것이다. '목화처럼 따뜻하게 모여서 재미있게 일하고 같이 살자.' '목화송이' 상호 뜻과 참 잘 어울리는 행보다.

- "설 연휴도 짧은데, 연휴 전날 근무하나요?"
"금요일부터 노는 걸로 해.(웃음)"

서울시 서대문구 홍제동에 자리 잡은 마을기업 'A카페'에서 웃음꽃이 피었다. 짧은 설 연휴지만 하루 앞당겨 쉴 수 있게 됐다는 소식에 직원들이 웃었다. 이날은 김혜미 대표를 비롯해 최수경, 소은영, 김혜영 씨가 모여 2월 근무 시간표를 짜는 날이었다. 오전 10시부터 오후 8시까지, 오전·오후 5시간으로 나눠 한 명씩 카페를 지킨다. 시간표는 짜지만 40대 가정주부인 그들이 약속된 일정을 지키기는 쉽지 않다. 그래서 갑작스럽게 집안일이 생기면 그들은 서로를 대신해준다. 융통성 있게 근무할 수 있다는 점에서 카페는 좋은 일자리다.

총무를 맡고 최수경 씨는 카페가 생활의 활력소다. 10년 넘게 집안일만 했던 그는 'A카페'에서 커피도 내리고 사회활동을 하면서 보람을 느낀다. 또 카페 근무로 받는 30만 원가량의 돈으로 아이에게 용돈도 줄 수 있어 기쁘다.

■
'A카페'는 사람과 사람이 만나는 마을 사랑방이 되기를 꿈꾼다.
지속가능한 공동체를 위해 지역경제에 도움 되는
마을기업이 많아지길 소망한다.

'A카페'는 2011년 11월 행정안전부(현 안전행정부)의 마을기업 공모에 선정되면서 문을 열었다. 'A카페'라는 이름은 서대문 일대에 A부터 Z까지 마을카페가 생기길 바라는 마음에서 지어졌다. 서대문구 일대에서 독거노인 반찬 나눔 등 자원활동을 벌이던 김혜미 사랑나눔봉사센터 대표가 주축이 됐고, 김혜미 대표와 함께 자원활동을 하던 지역의 주부들이 바리스타 교육 과정을 수료하면서 'A카페'의 일꾼이 됐다.

카페는 10평 규모에 15명이 앉을 수 있을 정도로 자그마하다. 아메리카노 커피가 2000원으로 프랜차이즈 카페보다 훨씬 저렴하다. 카페를 주료 이용하는 고객은 봉사센터를 비롯해 사랑나눔복지센터나 함께가는 장애인부모회 서대문지부 등 지역사회의 풀뿌리 단체 활동가들이다. 카페 수익금의 10퍼센트는 봉사센터에 기부된다.

'A카페' 직원 6명 중에는 자녀가 장애아인 사람이 3명이다. 이날 카페에서 만난 지경숙 함께가는 장애인부모회 서대문지부 회장은 폐현수막을 활용해서 직접 만든 헤어핀을 카페에서 판매하고 있었다. 카운터 왼쪽에 자리 잡은 진열대에는 다양한 디자인의 헤어핀이 장식돼 있다. 판매 수익금은 모두 장애인부모회에 기부된다.

■   "제 아이가 자폐아인데 카페에서 가까운 초등학교에 다녀요. 이 근처를 오가다 무슨 일이 생기면 'A카페'로 가라고 해요.

가까운 파출소보다 낫죠. 자폐아를 이해하는 분들이 계시니 안심이 돼요."

지경숙 회장은 다음 날 예정된 장애인 부모 모임을 위해 미리 쿠키를 주문했다. 커피만 파는 카페에서 어떻게 쿠키를 만들까? 궁금해하고 있는데 답은 곧바로 나왔다. 주문이 들어오자 최수경, 김혜영 씨는 'A카페'에서 100미터쯤 떨어져 있는 곳으로 이동했다. 이곳은 2012년 8월 문을 연 'B카페'인데 'A카페'의 자매 카페다. 대형 제빵 오븐기가 갖춰진 'B카페'에서 쿠키와 머핀 등의 빵을 구울 수 있다.

최수경 씨는 벽에 붙어 있는 조리법대로 쿠키를 만들었다. 버터 녹이랴 밀가루 휘저으랴 쉽지 않은 중노동이다. 원래는 제빵사가 2명 따로 있지만, 일거리가 적은 방학 기간에는 쉬고 있다.

'A카페', 'B카페'의 자생력은 아직 약하다. 서대문의 자원활동 단체, 풀뿌리 활동가들이 모임 장소로 활용하지만 인근 주민들의 이용은 적다. 회원제(연간 10만 원)를 도입해 커피값을 50퍼센트까지 할인해주는 등 회원 확대에 힘쓰고 있지만 녹록치 않은 상황이다. 적자를 보지 않으려면 두 카페 합쳐서 하루에 커피 100잔은 팔아야 하지만 쉽지 않다. 두 카페의 월세가 40만 원씩이고, 직원들 월급 주고 나면 마이너스다. 이날처럼 쿠키, 빵 등 단체 주문이 들어오는 날은 그나마 다행이다. 카페의 지속가능성을 위해 새로운 수익원을 만드는 것은 중요한 문제다. 김혜미 대표의 고민이 깊다.

■ 목화송이와 A카페

- "마을카페는 길거리의 고만고만한 카페하고는 달라야 해요. 차별되고 특성화된 아이디어를 만드는 일이 관건일 것 같아요."

이날 'A카페'에서 만난 김종남 서울시 마을기업 인큐베이터는 마을카페와 같은 공동체 경제의 핵심은 매출이 아니라고 강조했다. 마을카페를 통해 마을 사람들 사이의 관계망을 만들고, 마을 내에서 돈이 순환될 수 있다면 이는 돈으로 환산할 수 없는 무형의 자산이 된다는 것이다.

- "대형마트나 대기업 편의점처럼 지역에 빨대를 꽂고 돈을 뽑아가는 시스템은 점점 시민들의 저항에 부딪힐 겁니다. 대신 'A카페'처럼 지역경제에 도움이 되는 착한 소비를 할 수 있는 마을기업이 늘어날 거예요. 'A카페'는 커피를 파는 게 아니라 사람을 만나게 하는 것, 즉 마을 사랑방이 되는 게 목표잖아요."

마을기업도 기업이기에 지속가능성을 위한 수익원 확보는 필수다. 동시에 일반 기업과는 다른 마을기업으로서 지역공동체에서 갖는 역할과 의미를 지키는 것 역시 중요하다. '두 마리 토끼'를 잡기 위한 마을기업들의 도전은 계속되고 있다.

···▶ 마을기업 공동체
서초구 우리마을카페오공

가치 있는 미래를 꿈꾸는
청년들의 징검다리

    시작은 어색했다. 처음 보는 남녀 15명이 네모난 테이블을 가운데 두고 앉아 자신의 이름과 나이, 이 자리에 나온 이유를 소개했다. 직장 다니는 사람, 직장 그만둔 사람, 그리고 직장 그만둘까 말까 고민하는 사람이 모였다. 노소의 구분도 없었다. 2030세대가 대부분이었지만 머리 희끗한 5060세대도 있었다. 불타는 금요일의 열기로 거리가 뜨겁게 달구어졌던 2012년 1월의 밤, 서울시 서초구 서초동의 한 지하 카페에 모인 이들의 정체는 무엇일까?

   ■   "정토회에서 '100일 출가'를 체험하면서 느꼈어요. 농사를 지으며 육체노동을 하면 오히려 내 몸도 건강하게 만들고 수

행에 도움이 된다는 생각이 들었죠. 막연하지만 장기적으로 귀촌, 귀농을 생각하고 있어요."

경기도 성남에 사는 30대 청년 최준호 씨가 자기소개를 했다. 한 사람씩 소개가 진행되자 고개를 끄덕이는 사람, 추가로 질문을 던지는 사람이 나왔다. 왜 도시에서의 삶에서 벗어나려는지, 귀촌하면 뭘 먹고 살 것인지 등 질문과 답변이 오갔다. 그렇다. 이들이 모인 이유는 바로 귀촌, 귀농 그리고 협동조합에 대한 정보와 고민을 나누기 위해서다.

이들이 모인 곳은 2012년 4월 문을 연 협동조합형 커뮤니티 카페 '우리마을카페오공' 이다. '카페오공' 은 길거리에 즐비한 프랜차이즈 카페들과 분위기가 달랐다. 지하에 자리 잡은 이곳은 내부 곳곳에 구두, 독서대, 사과잼, 액세서리가 진열돼 있다. 가격표가 붙어 있는 것으로 봐서 손님을 기다리는 판매용이다. 가정집 거실에 어울릴 법한 소파도 놓여 있다. 음료 가격은 일반 카페보다 저렴한 2500~4000원대였다.

상부상조의 정신을 모토로 하는 '카페오공' 은 출자금의 액수와 상관없이 협동조합원 모두가 카페의 주인이다. 조정훈 씨는 법륜 스님이 이끄는 수행공동체인 정토회에서 만난 이들과 2009년부터 마을만들기 공부를 시작했다. 모임을 하다 서로가 잘할 수 있는 일들을 나눌 공간이 필요했다. 고민 끝에 함께 카페를 만들자는 제안이 나왔고 그 결과 지금의 '카페오공'이 탄생했다. '카페오공'이라는 이름은 50명의 출자자가 100만 원씩 5000만 원의 보증금을 모으자는 취지에서 나왔다. 하지만 50명을 채우기 전에 34명의 힘으로도 카페 문을 열 수 있었다.

카페 일을 전담하는 조정훈 매니저 외에 나머지 주인장들은 돌보미로 활동한다. 주 단위로 근무시간표를 작성해 직장인 주인장과 백수 주인장들이 돌아가면서 돌보미가 된다. 직장인 주인장에게는 대안화폐 '콩알'이, 백수인 주인장에게는 시간당 5000원의 현금이 주어진다. 조합원에게는 정기적으로 배당도 한다. 물론 현금 배당은 아니고 한 달에 한 번, 카페에서만 쓸 수 있는 1만 콩알을 받는다. 이 콩알로 카페의 음료를 이용하고 카페에서 열리는 모임에 참가할 수 있다.

'카페오공'은 단순히 음료만 사고파는 상업적 카페가 아니다. 다양한 모임들이 생겨났다 사라지는 공동체 공간이다. 2011년 4월부터 2012년 1월까지 횟수로 200회 넘게 1000여 명의 사람이 '카페오공'에서 모임을 가졌다.

돌아가며 요리를 하고 함께 나눠 먹으며 귀촌 고민을 나눈 모임의 공식 이름은 '심야식당'이다. 일본 만화 《심야식당》처럼 처음 본 사람과도 밥과 술을 나누며 거리낌 없이 대화를 나누자는 취지다. 이날의 셰프를 맡은 홍석찬 씨가 꼬막, 조개, 홍합을 넣은 조개찜에 화이트 와인을 곁들여 만찬을 준비했다. '심야식당' 외에도 재능나눔, 독서모임 등 여러 모임이 있으며, 주요 모임의 일정은 '카페오공'의 페이스북(www.facebook.com/cafeogong)을 통해 공지된다.

'심야식당'에 참가한 사람들은 공감대를 높이며 시간 가는 줄 모르고 대화를 이어갔다. 1월 중순, 제주의 월평마을에 가게 된 래(별명)는 귀촌에 관한 정보를 아낌없이 나눴다. 그는 제주도의 월평마을에서 협동조합을 결성해 게스트하우스, 로컬푸드 레스토랑 등에서 일할 예정이다. 그는 마을에 대한 기본적인 이해는 물론, 같이 살아가야 할 이들을 알아가기 위해 소통이 중요하다고 강조했다.

■ "귀촌 전 준비를 많이 했죠. 일주일 동안 3일 잤을까? 밤새도록 토론을 했어요. 갑갑하기도 했지만 생각이 비슷한 사람들이 뜻을 같이한다는 점에서 신 나는 일이었죠. 공동체 생활도 결혼과 같아요. 같이 살기 전에 서로의 생각을 맞춰가는 과정이 필요하죠. 이번 달에 제주도에 가게 되지만 이번 모임에서 만난 사람들을 또 언젠가 어디에선가 만날 것 같아요. 이번 모임이 씨앗이 돼 널리 확산되길 바라고 있어요."

'심야식당' 모임의 이날 대화 주제처럼 '카페오공'에는 마을공동체와 귀촌 등 대안적인 삶을 꿈꾸는 이들이 많다. 이름에 '우리마을'이 붙은 것도 공동체 정신을 지향한다는 뜻이다. 강남에 있지만 굳이 강남 지역에 얽매이지 않고 소통과 관계 맺기를 중요하게 여긴다.

- "공동체의 핵심은 소통에 따른 관계 맺기죠. 옆집에 무슨 일이 일어났는지 궁금해하는 관심과 돌봄이 마을을 이루는 토대가 되죠. 지역적으로 가까우면 교류하는 데 분명 좋은 장점이에요. 하지만 유목민의 특징을 가진 2030세대가 주축이 된다면 꼭 지역에 얽매일 필요는 없어요."

조정훈 매니저는 3년 전까지 중국과 한국을 오가는 부동산 투자 회사를 다녔다. 앞치마를 두르고 커피를 내리는 지금과는 전혀 어울리지 않는 일이었다. 평일 12시간 카페를 지키며 일하지만 그의 손에 쥐어지는 돈은 월 100만 원이다. 교통비와 통신비를 제하면 80만 원 남는다. 그 돈으로 적금도 들고 생활비까지 쓴다. 대부분의 시간을 카페에서 사람을 만나며 보내기 때문에 돈 쓸 시간이 없다.

- "주류에서 벗어난다는 불안감, 두려움이 없지는 않았죠. 돈 없이 생활이 가능할까 걱정도 많았어요. 정토회를 만나고 난 후 그동안 이성으로만 생각했던 것들을 감정으로 느꼈고, 결국 그것이 저를 움직이게 했어요. 2010년 초에 직장을 그만뒀죠."

- 우리마을카페오공

사람 냄새나는 공동체를 꿈꾸는 청년들이 모여
협동조합 카페 '카페오공'을 만들었다.
자신이 가진 재능을 잘 쓰는 일이 세상을 풍요롭게 한다고 믿는다.

조정훈 매니저는 인천 서구 검암동에서 또 다른 공동체를 일구고 있다. '우리동네사람들', 줄여서 '우동사'라고 부른다. '우동사'는 그가 정토회에서 알게 된 지인 6명과 함께 1억 원의 전세자금을 모아 빌린 집이다. 남자 넷, 여자 셋이 3개의 방에 함께 살고, 텃밭에서 배추, 상추 같은 채소류들을 함께 키운다. 7명에서 시작했지만 같은 고민을 하는 청년들이 모이는 공동체로 확장되길 꿈꾸고 있다.

그는 2014년 봄 인천 강화도로 귀촌할 예정이다. 그곳에서 구체적으로 어떤 활동을 할지는 아직 정하지 않았지만 할 수 있는 일이라면 무엇이든 하겠다는 각오다. 아르바이트로 농사일도 돕고, 학교에서 보조교사로 일하기도 하는 등 청년들이 할 수 있는 일거리를 찾을 생각이다. 그는 공동체의 삶, 청년이 자립할 수 있는 삶은 도시보다 농촌에서 가능하다는 믿음을 갖고 있다.

'카페오공'은 '우동사'와 귀촌의 징검다리 역할을 한다. 카페에 모인 이들이 귀촌에 합류하기도 하고, 귀촌 후 무엇을 할 것인지도 함께 논의하는 자리가 마련되곤 한다. 이런 모임이 자주 열리면서 자연스럽게 청년귀촌 활동가, 마을공동체 활동가의 인큐베이터로 자리매김하고 있다.

'카페오공'을 다시 찾았을 때, 벽면에 붙은 카페 소개 글이 눈에 띄었다.

■ "'카페오공'은 내가 가진 재능을 세상에 잘 쓰는 것이 세상을 풍요롭게 한다는 사실을 믿는 사람들이 모인 곳으로, 사람 맛이 나는 공동체 마을을 꿈꾸는 청년들이 모여 만든 협동조합 카페입니다."

이날 '카페오공'에서는 중국어 재능나눔 수업이 한창이었다. 대만인 강사 오완정 씨가 강의를 맡았는데, 강사료는 카페에서 제공하는 음료 한 잔 값이다. 애초 5명이 신청했지만 홍용호 씨와 김자현 씨 두 사람이 참가했다. 이들은 페이스북을 통해 재능 나눔 소식을 듣고 '카페오공'을 찾게 됐다. 집에서도 가깝고, 5000원의 음료 값으로 질 좋은 수업을 들을 수 있다는 장점에 끌렸다고 입을 모았다.

오완정 씨는 서툰 한국어로 1시간 반 동안 열강했다. 수강생들은 학원 강의보다 집중이 잘된다고 좋아했다. 하지만 이 수업은 2월 말까지 예정되어 있어 두 사람이 아쉬움을 나타냈다. 2월 말이 되면 오완정 씨의 워킹홀리데이 비자가 만료돼 한국을 떠나야 하기 때문이다. 재능을 나눠준 그는 "수업을 하면서 한국어도 연습하게 되고 한국인을 사귈 수 있어 좋았다"고 말하며 쑥스럽게 웃었다.

수업이 끝나자 홍용호 씨는 집에서 잠자고 있던 책 두 권을 카페에 기증했다. 카페 한쪽에는 손님과 회원, 조합원 40여 명이 기증한 도서 200여 권이 진열돼 있다. '카페오공'은 앞으로 대출 시스템을 갖춰 카페도서관을 운영할 계획이다.

이날 주방은 조정훈 매니저와 카페 회원 박근희 씨가 지키고 있었다. 32세 박근희 씨는 얼마 전 작가의 꿈을 이루기 위해 회사를 그만뒀다. 그는 대안 공동체에 관심이 많아서 용산의 빈집, 정릉의 '생명평화마을', '성미산마을'의 공동주택인 '소행주2호' 등 서울 곳곳에서 실험 중인 마을공동체를 탐색하고 있다. 그가 '카페오공'을 찾는 것도 그런 이유에서다. 관심사가 비슷한 사람도 만나고 정보도 얻을 수 있다.

박근희 씨는 '카페오공'에서 '3만 엔 비즈니스, 적게 벌고 행복하기' 모임에 참여하고 있다. 이 모임은 일본의 후지무라 야스유키 교수의 책 이름을 따라 시작됐다. 한 달에 3만 엔, 한국 돈으로 약 40만 원을 벌어서 번 만큼만 잘 쓰겠다는 자립 운동이다. 돈을 많이 버는 게 아니라 나누고 공유하기, 그리고 여유로운 삶의 방식으로의 전환이 핵심이다. 무슨 일로 어떻게 돈을 벌어야 할지 박근희 씨는 현재 고민 중이다.

'카페오공'은 개점 이후 조합원 확대에 조심스러웠다. 초기에는 관리비 포함 월세 157만 원과 각종 운영비 등 200만 원을 감당할 수 있는 안정적인 수익 구조가 중요했다. 하지만 조합원 수 늘리기에 집중하기보다는 조합의 의사소통 구조를 만들 필요가 있다고 판단했다. 협동조합이라는 시스템에 조합원들이 적응 안 된 상태에서 숫자만 늘릴 수 없다고 생각했다.

하지만 '카페오공'이 문을 연 지 1년여가 흐르고, 외연 확대에 힘써야 할 시간을 맞이하고 있다. 그동안의 우여곡절을 바탕으로 이제는 조합원을 모집해도 된다는 판단이 섰다. 욕심이 생긴 것이다. 가능하다면 '카페오공' 2호점 개점도 고려하고 있다.

■ "청년 자립을 위해서는 자원이 필요해요. 그 자원을 만들기 위해서 청년들이 뭉쳐야죠. 삶이 불안해지고 있잖아요. 카페에서 사람들이 모여 이야기를 나누고 교류가 확장되는 일이 '카페오공'의 진정한 수익이에요. 금전이라는 유형에 집중하기보다 무형의 수익에 에너지를 집중하고 싶어요. 더 많은 모임에서 더 많은 청년들이 뭉치면 좋겠어요."

2013년 5월 현재, 전국 곳곳에서 협동조합이 붐처럼 세워지고 있다. 2012년 12월 국회에서 협동조합기본법이 통과되면서부터 800개가 넘는 협동조합이 탄생했다. 5인 이상이면 누구나 분야에 관계없이 협동조합을 만들 수 있다. 오토바이를 타고 퀵서비스 일을 하는 사람들이 모인 퀵서비스협동조합, 대리운전 기사로 구성된 대리운전협동조합, 다문화 공동체인 다문화협동조합 등 낯선 조합들이 등장하고 있다.

물론 협동조합이 무조건 성공하는 것은 아니다. 조합을 잘 이끌 경영인이 없거나 조직 체계를 갖추지 못한다면 언제든지 깨질 수 있다. 1인 1표에 따른 평등한 의사결정 시스템도 제대로 자리 잡으려면 시간이 걸리고 진통을 겪게 마련이다.

'카페오공'은 이러한 약점을 극복하고자 소통에 힘쓰고 있다. 정기 총회를 열고 주기적인 모임을 꾸려 조합원들을 연결한다. 특히 청년들의 조합답게 SNS를 이용한 소통이 발 빠르다. 이렇듯 활발한 소통을 바탕으로 안정적인 수익구조를 마련한다면 '카페오공'의 2호점, 3호점을 곧 만나게 되지 않을까 기대해본다.

[기고] **유창복 서울시 마을공동체 종합지원센터장**

관이 아닌 주민을 위한
마을만들기

"서울에서 마을을 숨 쉬게 하자."

박원순 서울시장은 취임 직후 마을만들기를 중요한 시정 방향의 하나로 제시했다. 이에 대한 시민사회의 반응은 한마디로 '기대와 우려' 였다. 거대도시 서울의 시장이 마을만들기를 시 행정의 중요 시책으로 삼는다는 것은 10년 넘게 동네 골목에서 힘겹게 지켜온 풀뿌리들의 주민 활동을 의미 있게 평가한다는 뜻이었기에 무척 반가운 소식이었다. 나아가 서울시장의 문제의식과 대안에 대한 고민이 마을과 닿아 있다니 참으로 의미 있는 일이었다.

하지만 이런 기대와 동시에 우려가 깊었다. 서울시의 거대한 관료조직이 박원순 시장의 추진력에 따라 마을만들기에 나서면 감당이 안 될 것이라는 우려였다. 이는 그동안 정부 주도의 마을만들기 정책이 낳은 부작용을 마을 주민들이 충분히 경험했기에 타당한 우려였다.

관이 주도하는 마을만들기 정책의 문제점은 크게 세 가지로 압축된다. 첫 번째 문제점은 '칸막이 행정'이다. 시장이 강조하는 정책이니 만큼 서울시 행정의 모든 실국이 각기 마을 정책을 수립하고 많은 예산과 조직을 동원할 것은 불 보듯 뻔하다. 이를 테면 복지 관련 부서는 복지마을을, 문화 관련 부서는 문화마을을 만든다고 달려들 것이다. 그러나 정작 마을 현장에서는 문화, 교육, 복지, 경제가 따로 돌아가지 않는다. 이 모든 것이 한데 엉켜 돌아가는 '종합판'이 마을 현장이다. 더 큰 문제는 각 실국이 모두 칸막이를 치고 각개약진 하는 식으로 움직인다는 점이다. 그것도 경쟁적으로 말이다. 이때는 공무원이 열심히 일을 하면 할수록 마을 현장은 골치 아프게 된다.

두 번째 문제는 '형식적 거버넌스'다. 민관 거버넌스, 즉 협치(協治)는 민과 관이 대등하게 협력하여 행정의 목적을 달성한다는 것인데, 현실은 관 주도의 변형이고 민간은 그저 행정 전달체계의 말단부에서 공무원의 업무를 대행하는 정도에 머물고 마는 경우가 허다하다. 각종 규정에 따라 민간 전문가의 의견을 듣지만 의제는 공무원이 정하고, 자문의 방향과 내용은 대개 공무원이 미리 강구한 대로 진행되기 일쑤이기 때문이다. 마을만들기가 이렇게 된다

▪ 기고: 유창복 서울시 마을공동체 종합지원센터장

면 큰일이다. 다른 정책 분야는 몰라도 마을만큼은 마을에 실제 살고 있는 주민들이 자신들의 필요를 잘 알고, 해결 방향 역시 잘 안다. 정책 방향의 옳고 그름은 차치하더라도, 주민들 스스로 필요를 인식하고 해결의 방향을 모색해야 그 과정에서 스스로 주체가 되고, 그 일에 책임과 열의를 가질 수 있다. 그래야 진정한 의미의 거버넌스가 실현될 것이다.

세 번째 '조급한 성과주의' 이야기를 해보자. 행정은 대개 가시적인 성과에 골몰한다. 시민의 세금을 헛되이 쓰는 일이 없도록 해야 하는 공복으로서 당연한 책무다. 하지만 그 성과를 보여주기 위해 정책의 진정한 효과를 측정하기보다 눈에 띄는, 계량이 용이한 가시적인 양적 지표에 매달리는 점이 문제다. 그래서 공간을 만들거나 참여자 늘리기 등에 집착하다 보니 정작 챙겨야 할 정책의 질적 효과는 뒤로 밀리는 경우가 있다. 또한 정부는 1년 단위로 정책이 돌아가기 때문에 성과도 1년 단위로 측정한다. 하지만 실제 시행 기간은 6개월도 안 되는 경우가 많다. 연초에 사업 계획을 수립하고 4~5월에 공모하여 5~6월에 집행하면, 10~11월에 벌써 평가에 대비한 성과를 증명해야 한다.

하지만 마을은 길게 보면 10년 정도 주기로 성과가 드러난다. 설사 10년까지는 아니더라도 1년 단위의 하루살이식 성과 측정은 도리어 마을의 호흡을 방해하기 때문에 일의 성과를 그르치게 된다. 그렇다면 1년의 호흡과 10년의 호흡을 어떻게 조화시킬 것인가?

답은 '주민 주도형' 마을만들기다. 이는 풀뿌리 활동가들의 공통된 처방이고, 박원순 시장 역시 누구보다 공감하는 원칙이다. 그렇기 때문에 서울시 마을만들기 정책의 중심은 공무원 조직이 아니라 민간이 주도하는 '중간 지원조직'이 됐다. 중간 지원조직은 조례에 기초하여 정부가 설립하되 그 운영은 민간에 위탁하여 인사, 조직, 사업 등 운영상의 자율성을 보장한다. 마을공동체 종합지원센터(마을지원센터)가 바로 마을만들기 정책의 중간 지원조직이다. 마을지원센터는 위탁공모를 통해 '사단법인 마을'이 운영하기로 결정됐고, 2012년 9월 11일 공식 업무를 개시했다.

주민 주도형 마을만들기는 민관의 대등한 거버넌스를 넘어 민이 주도하는 협치를 전제로 해야 한다. 지원 절차와 예산 제도, 평가 방법의 대안적인 제도 마련이 중요하기 때문에 주민 주도를 위해서는 행정상의 개선도 필요하다.

지원 절차도 달라져야 한다. 주민 자신이 준비된 수준만큼 자원을 활용할 수 있도록 함으로써 성장을 유도하는 인큐베이팅(incubating)식 전략으로 선환해야 한다. 그러기 위해서는 마을 사업 공모를 1년 1회 공모에서 수회 공모로 바꾸는 게 좋다. 마을이 준비됐을 때 수시로 신청할 기회를 마련해주는 것이다. 그리고 정해진 요건에 부합하면 지원하고, 아닌 경우에는 탈락시키는 방식이 아니라, 준비 과정을 지원하는 인큐베이팅제를 도입해야 한다. 사업 신청을 할 수 있는 단계까지 교육이나 상담 지원을 하는 것이다.

■ 기고: 유창복 서울시 마을공동체 종합지원센터장

준비 과정이 길어지거나 중도에 포기해서 사업 신청 단계에 이르지 못하는 경우가 생긴다 하더라도 이는 자원 낭비가 아니라 주민들의 참여를 넓히는 효과를 거둔다. 왜냐하면 준비하는 과정에서 주민들의 관계가 만들어지고, 언젠가는 이 관계가 마을 일을 하는 데 중요한 자원으로 쓰일 수 있기 때문이다. 이때 입구는 넓지만 출구는 좁은 깔대기식 지원이 필요하다. 물론 입구 단계에서의 지원 예산은 아주 미미한 수준이고 출구 단계의 지원은 엄격한 심사를 거치게 되므로 예산 낭비의 우려는 없다. 오히려 넓은 입구 전략은 문턱을 낮추는 효과를 가져와 마을 일에 관심 있는 주민들의 잠재력을 확보해두는 결과를 낳는다.

'포괄 예산제' 도입도 필요하다. 이 예산제의 핵심은 정부가 예산의 용도를 미리 정해놓고 그에 해당하는 사업만 지원하는 기존의 '꼬리표 예산제'의 문제를 극복해보자는 것이다. 진정한 거버넌스란 민관이 함께 의제를 설정하고 계획을 수립하며 집행과 평가를 공유하는 것이다. 특히 마을만들기 사업이 주민 주도형 거버넌스라고 볼 때, 의제설정과 계획 수립의 주민 주도성이 보장되고 장려돼야 한다. 그런데 '꼬리표 예산'은 공무원이 세운 계획의 범위를 벗어날 수 없다. 따라서 큰 용도는 정해놓더라도 세부적인 용처는 사업의 집행과정에서 집행의 주체인 주민들이 스스로 합리적인 결정을 할 수 있는 포괄 예산제가 필요하다.

물론 시민의 세금을 사용하기 때문에 치밀한 계획과 검증이 필요하다. 따라서 초기에는 시범적으로 일정한 범위 내에서 제한적으로 운영해볼 필요가 있다. 마을 주민들과 사업의 내용을 토론하면서 커다란 용도를 미리 결정하고 진행할 예정이므로 그에 맞추어 예산을 정하면 된다. 그리고 다음 해의 실행 과정을 모니터링하면서 제도를 개선한다면 주민 주도적 마을만들기 사업의 획기적인 장치가 될 것이다.

계획보다 중요한 것이 평가다. 마을만들기는 공무원들에게 매우 생소하고 익숙하지 않은 사업 영역이다. 무엇을 어떻게 해야 할지 감이 잘 안 잡히는 상태에서 결과 중심적인 평가, 하드웨어 중심의 성과지표를 극복하지 않으면 마을 사업은 득보다 실이 많게 된다. 따라서 가장 '마을스러운' 평가지표를 개발하고 이를 계획 수립 단계부터 적용할 필요가 있다.

여기서 '마을스러운' 평가지표란 과정 중심 평가, 사람 성장 평가, 질적 평가지표를 뜻한다. 마을 사업은 시간이 오래 걸린다. 따라서 과정을 중요하게 생각해야 하며, 그 과정에서 중요하게 포착해야 하는 평가요소가 사람이다. 마을이란 함께 살아가는 주민들의 관계망, 그 자체이기 때문이다. 마을 사람들이 얼마나 열의를 갖고 의욕에 차서 마을 일을 즐기느냐도 사업의 성과를 평가하는 데 핵심 요소다. 마을을 만드는 과정에서 마을 일꾼이 어떻게 탄생하고, 사람들이 어떤 관계를 맺고 변화하는지를 잘 살펴야 한다. 주민들이 맺어가는 관계의 양상은 양적 지표만으로 충분히 포착하기 어렵다. 그래서 질적인 지표를 평가 과정에 함께 도입해야 한다. 결국 마을 사업 평가의 요점은 "마을 차원의 '사회적 자본'이 강화되었는가?"이다. 바로 이 사회적 자본이 마을을 지속가능하게 하는 동력이기 때문이다.

마을은 복지와 문화, 교육과 경제가 어우러지는 곳이다. 따라서 복지재단, 문화재단, 자원봉사센터, 자활센터, 사회적경제네트워크 등 다양한 부문들과의 협업은 필수다. 각 기관들은 이미 지역과 마을에서 주민들과 사업을 전개하고 있으며, 마을만들기 시정 방침에 적극적인 참여의사를 갖고 구체적인 실행 계획을 세우고 있다.

마을만들기의 실질적인 콘텐츠를 갖고 있는 이들 중간 지원 기관들의 마을 사업 합류는 또 따른 중요한 의미가 있다. 바로 칸막이 행정의 부작용을 극복하는 계기가 된다는 점이다. 중간 지원 기관들은 실무자들이 마을 현장의 주민들과 실제로 접촉하면서 사업을 집행하고 있기 때문에 칸막이를 허무는 역할을 하게 된다. 협업이 이루어지면 실무자들 간 협동의 경험이 현장에서 쌓이게 되므로 시간이 흐를수록 칸막이의 부작용을 없애는 데 아주 중요한 역할을 하게 된다. 더욱이 풀뿌리 단체들이 마을을 거점으로 한 협업을 통해 교육, 복지, 문화 등 다양한 영역들이 종합되는 새로운 패러다임을 구축해나간다는 점에서 의미가 있다.

특히 자활센터, 자원봉사센터 그리고 복지재단은 자치구 차원의 조직을 갖고 있어서 마을넷(자치구별 민간네트워크)과의 협업이

용이하다. 더욱이 이들은 지역의 주민자치위원회나 이른바 관변 단체와도 연결되어 있어서 지역의 자원들이 폭넓게 연결되도록 하는 데 중요한 고리역할을 할 것으로 기대된다.

　마을이 무엇인지 감이 잘 안 온다고 말하는 사람들이 많다. 어린 시절의 시골 마을을 떠올리며 "옛날로 돌아가자는 뜻인가?" 의아해하는 사람도 있고, 신앙공동체나 무소유공동체 등을 떠올리며 폐쇄적이고 강한 규율이 있는 건 아닌지 부담스러워하는 사람도 있다. 하지만 이미 오래전에 전국 곳곳에서 도시화가 이루어졌기 때문에 그 옛날의 농촌 공동체는 현재의 농촌에도 없다. 그럼 지금 이 시대에 마을은 무엇이냐고 누가 묻는다면, "생활의 필요를 함께 해결하는 과정에서 형성된 이웃들의 관계망"이라고 답하고 싶다. 젊은 맞벌이 부부들의 육아나 초등생 자녀들의 방과 후 수업에서부터 안심할 수 있는 깨끗한 먹거리에 이르기까지 도시에서 살아가는 시민들의 생활의 필요는 다양하기 때문이다.

　언제부터인가 아이들이나 여성들에게 험한 일이 점점 많이 생기고 있다. 아이들을 동네 골목에 내놓고 키울 수가 없게 됐다. CCTV 설치만으로는 한계가 있다. 예전에는 동네 세탁소 아저씨나 미장원 아줌마, 슈퍼마켓 할머니가 동네 아이들 얼굴을 다 알고, 어른 없이 혼자 어슬렁대면 관심을 갖고 아이들을 지켜봤다. 동네 어른들의 시선이 아이들을 안전하게 보호한 셈이다.

　결국 서로 마주보고 살아가는 동네의 모습이 바로 우리가 만들

■ 기고: 유창복 서울시 마을공동체 종합지원센터장

고 싶어 하는, 회복하고 싶어 하는 마을이다. 뉴타운 아파트에 쓸려 나가기 전 주택가에서 흔히 볼 수 있는 풍경이 그런 마을의 모습이다. 알고 지내는 이웃끼리 마실 다니며 술 한잔하고, 편하게 수다 떨며 살아가는 어려움을 서로 하소연한다. 그러다 보면 궁리가 생기고 의기투합하여 실행에 옮기게 된다. 아이들 방과 후 수업을 엄마들이 맡기도 하고, 함께 반찬가게나 카페를 열어 동네의 사랑방을 마련하기도 한다.

 마을이 뭐 별거인가. 애들 내놓고 다 같이 키우며 사는 이야기를 수다로 풀다가 문제가 생기면 함께 고민하고 대안을 찾아 실행하는 이웃들의 관계망이다. 어렵거나 복잡하지 않다. 자, 일단 수다로 마을하자!

마을살이도
예술처럼

- 문화·예술 공동체

••• 서울

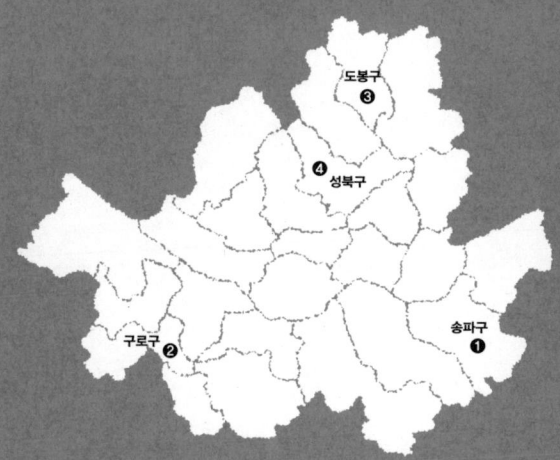

❶ 함께 웃는 마을공동체 즐거운가
❷ 구로는예술대학
❸ 마을신문 〈도봉N〉
❹ 정릉생명평화마을

⋯ 젊은 공동체
송파구 함께 웃는 마을공동체 즐거운가

외로운 모래알에서
즐거운 시민으로

취재 일정을 조율하기 위해 전화를 건 수화기 너머로 웅성웅성하는 분주함이 느껴졌다. 목소리를 한 톤 높이고 또박또박 말했다.

- "다음 주에 아이들이 많이 모이는 일정이 있나요?"

마을 취재는 현장감이 생명이다. 구성원들이 많이 모일수록 좋다. 다양한 사람들의 목소리를 담을 수 있기 때문이다.

- "언제든 오세요. 여기는 늘 애들로 북적북적하니까요."
"아이들 연령대가 주로 어떻게 되나요?"

"1318이고요. 적게는 30명, 많게는 40~50명 정도 모여요."
"아이들 공부를 가르치시는 건가요?"
"우리 애들은 공부 싫어해요.(웃음) 밴드도 하고 춤도 추고, 자유롭게 놀아요."

약속을 잡고 전화를 끊었는데 왠지 모르게 불안했다. 막상 갔는데 썰렁하면 어쩌지 싶었다. 그보다 1318 청소년들이 모여서 공부와 상관없이 자유롭게 논다니 어떤 모습일까. 쉽게 상상이 가지 않았다.

아이들이 겨울방학 중인 2013년 1월, 서울시 송파구 문정동에 있는 청소년 문화공동체 '함께 웃는 마을공동체 즐거운가'를 찾았다. 지하철역을 나와 일반 주택들이 모여 있는 골목을 지나자 작은 교회 건물 1층에 '즐거운가'의 입구가 보였다. '통기타 동아리 모집!', '어른과 청소년의 소통 프로젝트, 우리 함께 바느질해요!'라고 적힌 공고문이 눈에 들어왔다. 청소년뿐만 아니라 어른들도 함께 어울리는 곳인 듯했다. 계단을 내려가 지하 1층 문을 열고 들어서자 익숙한 기타 소리가 반복해서 들렸다. 신중현의 〈미인〉이라는 노래다. 안쪽으로 걸음을 옮기자 앳된 얼굴의 남자아이가 기타를 잡고 있다. 몇 학년이냐고 물으니 이번에 중학교 3학년에 올라간단다.

'즐거운가'가 자리 잡은 60평 규모의 공간은 구조가 매우 독특하다. 마을 청소년들뿐만 아니라 어른들도 이용할 수 있는 밴드연습실과 아이들의 놀이 공간인 탁구대, 댄스연습실, 인공 암벽과 공부를 하거나 휴식을 취할 수 있는 다락방, 카페, 도서관. 이외에도 샤워실, 세면대, 식당 등이 곳곳에 자리하고 있다. 아이들의 밴드 공연이 열릴 때면 암벽이 무대 배경이 되기도 하고, 맞은편에는 커다란 나무 블록을 쌓아서 객석도 만들었다.

언제든 취재를 오라고 자신 있게 말했던 이윤복 씨와 부인 엄미경 씨는 이곳의 '터전지기'다. '즐거운가'에서는 대부분 별명을 쓰는데 이윤복 씨는 복실이, 엄미경 씨는 방글이로 불린다. 아이들도 40대인 이들 부부를 복실이, 방글이라고 부른다.

'즐거운가'의 역사는 문정동 '개미마을' 비닐하우스촌 시절의 공부방 '송파 꿈나무학교'로 거슬러 올라간다. '개미마을'은 송파구 문정2동 올림픽훼미리타운아파트 남쪽에 자리했던 비닐하우스촌인데, 2011년 법조단지 조성을 이유로 완전히 철거되었다.

이윤복·엄미경 씨 부부는 2011년에 '개미마을'과 인연을 맺었다. 당시 엄미경 씨는 마포구 '성미산마을'의 공동육아협동조합인 '우리 어린이집' 교사였다. 그가 협동조합의 어린이집 교사를 관두고 '즐거운가'로 오게 된 이유가 궁금했다.

■ "협동조합 조합원들이 지역아동센터 네 곳을 도왔는데 그중에 송파 지역이 있었어요. 저도 가난하게 자랐기 때문에 늘 가

비닐하우스촌 공부방에 모였던 소외된 아이들이
지금은 청소년 공동체 '즐거운가' 에서 행복하고 즐겁게 지낸다.

슴 한편에 아이들의 삶의 질에 대한 관심이 있었는데, 그곳 환경이 너무너무 열악했어요. 그 절절한 일상을 함께하고 싶다는 생각이 들었죠. 맛있는 밥 해주고 싶고, 함께 뒹굴고 싶었어요. 그래서 어린이집 정리하고 꿈나무 학교에 '올인' 하게 됐어요."

이윤복 씨는 원래 증권맨이었다. 엄미경 씨 말로는 한때 증권가를 주름잡는 '신의 손'이었단다. 흰머리가 희끗한 꽁지 머리에 콧수염과 턱수염, 보라색 개량한복을 입은 모습이 꼭 '도사님' 같다. 주식 투자에 실패하고 방황하던 그는 하던 일을 접고 2003년부터 부인과 함께 '개미마을' 선생님이 됐다. 증권맨의 길을 미련 없이 떠나기로 결심하기까지 노래 한 곡의 영향이 컸다.

■ "정태춘 씨 노래 있잖아요. 〈우리들의 죽음〉. 그 노래의 배경이 된 사건을 보면서 복실이랑 저랑 결심을 했어요. '내 자식이 살아갈 세상은 조금은 공동체적인 세상이었으면 좋겠다. 내가 아파도, 내가 힘들어도, 내 아이가 이웃과 더불어 함께할 수 있다면······.' 그런 세상을 꿈꾸면서 청소년들을 만나기 시작했어요."

정태춘 5집에 실린 〈우리들의 죽음〉은 당시 신문에 났던 기사를 읊조리며 시작한다.

"맞벌이 영세 서민 부부가 방문을 잠그고 일을 나간 사이, 지하셋방에서 불이 나 방 안에서 놀던 어린 자녀들이 밖으로 나오지 못하고 질식해 숨졌다. 불이 났을 때 아버지 권 씨는 경기도 부천의 직장으로 어머니 이 씨는 합정동으로 파출부 일을 나가 있었으며, 아이들이 방 밖으로 나가지 못하도록 방문을 밖에서 자물쇠로 잠그고, 바깥 현관문도 잠가 둔 상태였다. 연락을 받은 이 씨가 달려와 문을 열었을 때, 다섯 살 혜영 양은 방바닥에 엎드린 채, 세 살 영철 군은 옷더미 속에 코를 묻은 채 숨져 있었다. 두 어린이가 숨진 방은 3평 크기로 바닥에 흩어진 옷가지와 비키니 옷장 등 가구류가 타다만 성냥과 함께 불에 그슬어 있었다."

비닐하우스촌 공부방에 모인 아이들은 잠시 모였다가 뿔뿔이 흩어지는 모래알 같았다. 이윤복 씨는 아이들을 뭉치게 할 수 있는 방법을 고민하다가 밴드를 생각해냈다. 대학 노래패 출신인 그는 아이들을 꾀어내기 시작했고, 2004년 12월 밴드를 결성했다. 이름은 '청개구리 밴드', 줄여서 '청밴'이라고 부른다. 아이들은 고장 난 기타 7대와 폐타이어, 기타 줄을 끊어 만든 베이스로 연습을 시작했다. 비가 오면 악기부터 우산을 씌워줄 정도로 아이들은 밴드 활동에 애정을 보였다. 그때를 떠올리며 엄미경 씨가 말을 이어갔다.

■   "공부방이 마을의 섬이 되는 순간 아이들이 고립될 수 있다고 생각했어요. 그래서 밴드를 만들었고, 마을 사람들에게 말

걷기를 시작한 거죠. '우리 여기 있어요. 굉장히 재밌게 놀고 있어요. 가난하고 불쌍한 아이들이 아니에요. 우리 예쁘죠?' 말로 설명하기보다는 몸으로 표현하고 보여준 거예요."

'즐거운가'라는 공간을 만든 것도 처음에는 밴드 때문이었다. 2005년 '개미마을' 일대 법조단지 조성계획이 나오면서 2006년 12월 공부방은 문정동 주택가로 보금자리를 옮겼다. 지금의 '무지개빛 청개구리 지역아동센터(무청)'다. 하지만 방음 문제 때문에 기존의 비닐하우스촌 공간을 밴드연습실로 쓸 수밖에 없었다. 철거용역들이 왔다 갔다 하는 비닐하우스촌은 아이들에게 위험했다. 새로운 밴드연습실을 물색하던 엄미경 씨는 양말 공장으로 쓰던 곳이 곧 빈다는 소식을 듣게 됐다. 하지만 임대보증금만 1억 원이 넘었다.

사정을 이야기해 보증금을 2000만 원까지 낮췄지만 이 역시 만만치 않은 비용이었다. 그때 '유코카캐리어스'라는 선박 수출 회사에서 아이들의 사정을 듣고 1500만 원을 후원했다. 나머지 500만 원은 지역 주민들이 십시일반 힘을 보탰고, 공사비 5400만 원 역시 후원을 통해 마련했다.

'즐거운가'는 지하 공간인데도 습하거나 퀴퀴한 느낌이 전혀 들지 않았다. 비닐하우스촌 공부방 시절부터 10년 넘게 자원활동 교사로 활동하고 있는 잎새가 그 이유를 설명했다.

■ "'개미미을' 시절부터 우리를 알았던 분들이 공사를 맡아서 신경을 많이 써주셨어요."

'즐거운가' 공사를 시작하기 전 이윤복 씨와 엄미경 씨는 아이들에게 빈 종이를 주면서 이 공간을 어떻게 꾸미고 싶은지 물었다. 마을 주민인 정미숙 'AtoDto' 건축설계사무소 대표가 아이들의 바람을 그대로 설계도에 담았고, 건설노동자들의 협동조합 '달팽이건설'에서 시공을 맡았다.

'즐거운가'는 문정동 아이들의 놀이터이자 마을 회관이다. 지역아동센터 아이들뿐만 아니라 동네 아이들도 언제든 편하게 이곳을 찾는다. '즐거운가' 밴드연습실을 이용하는 밴드는 모두 7개로 청소년 밴드도 있고, 직장인 밴드도 있다. 풍물, 바느질 등 어른들을 위한 모임도 수시로 열린다. 개방 시간은 오전 10시부터 오후 11시인데, 나머지 시간에도 언제든 아이들이 찾아올 수 있도록 열쇠를 공유한다. 잎새는 이를 지역아동센터의 한계를 극복하기 위한 노력이라고 설명했다.

■ "지역아동센터는 한부모 가정이나 결손가정 등 못사는 친구들을 격리하면서 그렇지 않은 친구들을 역차별하기도 해요. 부모가 있다고 해서, 돈이 많다고 해서 행복한 건 아니잖아요. 아이들, 어른들 안 가리고 같이 놀 수 있는 마을회관 같은 곳을

만들려고 했어요."

점심시간이 되자 '즐거운가'는 이윤복 씨의 말처럼 아이들로 북적북적해졌다. 점심은 보통 아이들끼리 당번을 따로 정해서 직접 만들어 먹는데, 이날은 고등학생 유진이가 김치참치를 볶고, 대학생 고기가 순대를 썰며 점심을 준비했다. 디자인을 전공하는 고기는 '무청' 졸업생이다. 유진이와 고기 옆에서는 머리를 무지개 색으로 물들인 고등학생 굿쌤이 라면을 끓였다. '청밴'의 리드보컬인 굿쌤은 "똑같은 라면이라도 친구들과 함께 끓여 먹으면 더 맛있다"며 열심이었다. 엄미경 씨는 아이들을 위해 매일 30인분의 점심거리를 준비하는데 식비 일부는 구청에서 지원받는다. 이날 후식으로 나온 유기농 사과는 지역 생활협동조합에서 후원해줬다.

많게는 50명 가까이 되는 아이들을 돌볼 수 있는 또 다른 힘은 졸업생들이다. 이날만 해도 고기를 비롯해 '무청' 2기 졸업생 지예, 1기 졸업생 승짱이 '즐거운가'를 찾았다. 대학에서 사회복지학을 공부하는 승짱은 '청밴' 1기다. 돌 지나고 나서부터 '개미마을' 비닐하우스촌에 살다가 마을이 철거되기 하루 전 이사를 나왔다. 승짱은 '꿈나무학교'와 함께 초등학교 시절을, '무청'과 함께 중고등학교 시절을 보냈다. 졸업 이후에도 승짱은 시간이 날 때마다 '즐거운가'를 찾는다.

- "학기 중에는 주말에 오고, 요즘에는 방학이라 일주일에 3, 4일씩 와요. 여기 와서 동생들이랑 놀거나 밴드 애들이 연습하고 있으면 가르쳐주고요."

엄미경 씨는 그런 승짱이 마냥 대견하다.

- "형편이 어렵다 보니 졸업한 아이들도 아르바이트를 많이 해요. 승짱은 주말이면 사우나에서 아르바이트를 하고요. 그렇게 고단한 삶을 살면서도 이렇게 찾아오니까 철없던 후배들도 보고 배우게 되죠. 지예는 얼마 전에 치위생사 시험에 합격했어요. 일주일에 두 번씩 동생들에게 수학을 가르쳐줘요. '내리사랑' 이죠."

점심은 조별로 모여서 먹는다. 밥을 다 먹은 아이들은 누가 시키지 않아도 상을 닦고 설거지를 한다. 청소기를 돌리는 아이들도 있다. 삼삼오오 모여 '소녀시대' 뮤직비디오를 보며 수다를 떨기도 한다. 다락방에 모여 카드 게임을 하거나 기타를 잡아 들고 공연 연습을 하거나 책을 펴 들고 공부도 한다.

기타나 드럼 연주, 춤, 연극, 도예, 만화 그리기 등의 예술 활동, 탁구 등의 체육활동, 독서, 요리 등의 취미활동…… 아이들의 방학 계획표에 적혀 있는 활동들이다. 공부의 연속인 요즘 청소년들의

■
'즐거운가'에서는 아이들을 학업 성적으로 평가하지 않는다.
이곳 아이들의 방학 계획표는 춤, 연극, 악기 연주, 탁구, 독서 등
취미 활동으로 가득하다.
아이들은 하고 싶은 일을 자유롭게 즐기며
마을의 일꾼으로 자라고 있다.

시간표와는 사뭇 다르다. 이 모든 활동은 '즐거운가'에서 이루어지며 대부분의 수업은 마을 주민들의 재능 기부로 진행된다. '즐거운가'를 찾은 이날도 오후 3시에 제과제빵 수업이 열렸다. 학부모 이은경 씨가 수업을 진행했다.

■ "보통 공부를 잘하나, 못하나로 아이들을 평가하는데, 이곳에 아이를 보내보니까 저희 아이는 공부 말고는 다 잘한다는 것을 알게 됐어요.(웃음) 보내기를 잘한 것 같아요."

이은경 씨는 제과제빵 수업을 듣는 아이들과 함께 방산시장에 재료를 사러 나섰다. 수업을 듣지 않는 또 다른 아이들 10여 명은 '즐거운가'에 남아 며칠 후 세종문화회관에서 열릴 '서울동네문화클럽' 공연 연습을 했다. 처음에는 쑥스러워하던 아이들도 진지한 표정으로 싸이의 〈강남스타일〉 춤을 연마했다.

아이들은 마을 주민들에게 받은 도움을 다른 이들과 나누는 자원활동도 하고 있다. 독거노인을 대상으로 매월 셋째 주 토요일에 '국수나눔'을 하고 한 달에 한 번 장애인 복지시설을 방문해 한 달간 배운 요리 중 가장 맛있는 요리를 대접하기도 한다.

이윤복 씨는 요즘 '즐거운가'에서 자라나는 청소년들이 마을 안에서 일꾼으로 활동하면서 생계를 해결할 수 있는 모델을 고민하고 있다. 협동조합도 그런 모델 중 하나다. 이날 오전 '즐거운가'에서는 송파지역 시민사회단체 20여 개로 구성된 '송파마을넷' 모임이 열렸다. 이 자리에는 서울시 농수산식품공사 공무원들도 참석했다. '송파마을넷'에서는 친환경 농산물을 유통하는 협동조합을 구상하고 있다.

생협, 목공, 음향기기대여업, 행사기획 등 마을공동체 청년들이 할 수 있는 사업에 대한 이윤복 씨의 고민이 깊었다. 그런 고민을 해결할 첫걸음이 '별별공작소'다. '무청'에서 교사로 자원활동을 하고 있는 잎새와 '무청' 졸업생 마담이 동업을 시작했다. 10살 차이 사제지간이었던 이들은 이제 파트너가 되어 말 그대로 '별별' 일을 다 벌인다. 번역 일을 하는 잎새는 글을 쓰고, 마담은 그림을 그린다. 이런 재능을 살려 이번에는 달력을 함께 만들어 판매했다.

'즐거운가' 월세는 90만 원, 여기에 운영비가 70~80만 원이 든다. 특히 겨울에는 난방비가 만만치 않다. 서울시와 구청, 기업의 후원을 받아 운영하고 있지만, 인건비까지 나오기는 무리다. 당장 이윤복 씨는 이달부터 급여를 못 받을 상황이다. 그래도 아이들의 미래를 포기할 수는 없다.

■ "'한 아이를 키우기 위해서는 온 마을이 필요하다'는 말이 있잖아요. 우리 아이들이 같이 성장해서 청년이 되고 시민이 되는 거예요. 당당하게 자기 주체성을 가지고 살아갈 수 있도록 키우고 싶어요."

처음 통화할 때 이유복 씨가 왜 그토록 자신을 했는지 알 것 같았다. '즐거운 아이'들이 '즐거운 시민'이 될 수 있도록 지원해주는 것이 진정한 '복지'가 아닐까 하는 생각이 든다.

→ 젊은 공동체
구로구 구로는예술대학

경계 없는 마을에서 살아가는 청년 유목민들

'구로는예술대학'이라는 곳이 있다. 이름만 들으면 그림이나 악기 연주 등 예술을 배우는 학교 같지만 실상은 다르다. 구로를 위한, 구로에 의한, 구로만을 위한 학교를 모토로 만들어졌고, 시험 성적순으로 합격과 불합격을 나누지도 않는다. 엉덩이가 무거워 구로에 진득하게 붙어 있을 사람, 문화·예술을 매개로 지역에 활력을 불어넣을 사람, '구로스타일'이 뭔지 제대로 보여줄 수 있는 사람이라면 누구나 이 대학에 입학할 수 있다.

강의실은 서울시 구로구 전체다. 푸른 잔디가 깔리고 번듯한 건물이 들어찬 캠퍼스는 없다. 배움이 있는 곳이라면 어디든 '구로는예술대학'이 찾아간다. 무심코 지나가는 재래시장, 지하철역이 강의실이 될 수 있다. 교수진도 독특하다. 우리 주변에 늘 있지만 주목받지 못했던 보통 사람들이 강단으로 초빙된다. 장어집 사장이 룸바 교실을 열고 마을의 할머니가 '밥상머리 교육'을 벌인다. 청년과 함께 삶의 지혜를 나눌 마을 사람 모두가 교수가 된다.

전공은 '마을만들기학과' 하나다. 마을의 익숙한 공간을 청년의 시각에서 새롭게 바라보고 마을에 활력을 불어넣을 수 있는 활동을 벌이고 있다. 학생은 '술래'로 불리는데, 지역에 숨어 있는 일거리, 놀거리를 찾아다니는 아이들을 뜻한다. 술래는 초빙된 교수의 수업을 듣는 것만으로 그치지 않고, 자신이 구로에서만 할 수 있는 일을 찾아 나선다. 꼭꼭 숨은 보물을 찾는 술래처럼 구로구 곳곳을 찾아 나선다.

'구로는예술대학'에서는 매주 두 차례 20여 명의 술래가 서너 명씩 팀을 꾸려 프로젝트를 진행하고 있다. 구로에 대한 애착은 물론 문화·예술에 관심이 많은 대학생, 20대 청년 백수, 30대 직장인 등이 술래로 활동한다. '동네에서 간지 나게 놀기 프로젝트'를 진행 중인 '구로커(Guroker)', 고등학생들과 힙합 댄스로 관계를 만드는 '구로는예술고등학교', 구로를 배경으로 영화를 찍는 '김뽕과 아이들', 재봉틀로 수제품을 만드는 '참새공방', 살사 동아리 '토요일 밤의 열기', 만다라 그림으로 심리 치유를 하는 '아웃사이더아트' 등 6개 팀이 활발한 활동을 벌이고 있다.

2010년 4월 설립된 '구로는예술대학'은 비영리 문화·예술 법

■ 구로는예술대학

인단체인 구로문화재단의 지원을 받아 사업을 진행하고 있으며, 구로 지역의 시민축제, 마을장터 등 공동체형 축제를 기획·진행할 수 있는 청년 인력 모으기를 목표로 한다. 또 마을 주민들이 서로서로 가르치고 배우는 프로그램을 기획하고 이 과정에서 주민 네트워크를 형성하는 데 주력하고 있다.

- "대박이야, 붕어빵이 8개에 1000원! 1000원에 붕어빵 몇 개 주느냐에 따라 그 동네 분위기를 알 수 있어. 홍대에 가면 1000원에 3개 준다고."

햇살 좋은 2012년 가을날 오후 구로시장에 뜬 '구로커'들이 붕어빵 앞에서 목소리를 높였다. 구로커는 '뉴요커(Newyorker)'처럼 세련된 대도시 사람이라는 느낌을 주는 말이지만, 구로의 초고층 빌딩에서 진한 아메리카노를 즐기는 사람을 뜻하지 않는다. 구로커는 구로에서만 경험할 수 있는 놀거리를 찾는 사람을 가리킨다. 20, 30대 또래들인 구로커 숙숙, 금홍, 썸머는 이날 전통시장인 구로시장에 '마실'을 나갔다.

- "서울의 다른 재래시장은 아케이드로 막혀 있어서 답답하잖아요. 구로시장은 확 트여서 있어서 시골스러움이 있어요."

숙숙은 구로시장의 첫 인상을 시골의 장터에 비유했다. '동네에서 간지 나게 놀기' 프로젝트를 만든 구로커들은 이날도 구로시장에서 '간지' 나는 것을 찾기 위해 혈안이었다. 흔히 '간지 난다'고 하면 멋있고 세련되며 도시적인 느낌을 연상하지만, 이들의 시선은 독특했다. 피가 뚝뚝 떨어지는 선지 앞에서 눈이 휘둥그레졌고, 20킬로그램짜리 쌀 포대가 빽빽하게 쌓여 있는 모습도 신기한 듯 바라보았다.

15년째 구로에서 사는 썸머, 4년째 구로에서 직장을 다니는 숙숙, 그리고 청년 백수인 금홍은 문화·예술 활동을 통해 구로만의 일거리, 놀거리를 발견하기 위해 이 같은 활동을 벌이고 있다. 이들은 술집, 노래방, 영화관, 커피숍 등 천편일률적인 놀거리 공간과는 결별하고 싶어 한다. 소비만을 위해 존재하는 도시의 거리에서 마을 사람들이 정을 나누고 문화를 향유할 수 있는 공간을 찾고 있다. 구로커의 소식지에는 다음과 같은 문구가 적혀 있다.

■ "우리는 왜 동네가 아닌 홍대, 강남으로 나가서 노는가! 우리는 왜 구로에 산다고 말하지 못하는가!"

구로시장을 둘러보던 구로커들은 '달성기름집'을 찾았다. 가게 안에 들어서니 들깨 볶는 냄새가 가득했다. 여영호 사장은 호기심 가득한 구로커에게 참기름 짜는 원리를 설명했다. 재래시장에서만

아줌마, 아저씨들만 시끌벅적한 시장에 개성 넘치는 청년들이 찾아왔다.
이들은 자신들이 살고 있는 지역에 애정을 갖고 지역 곳곳을 누비며
창의적이고 재미난 일들을 끊임없이 기획한다.

ⓒ 강민수

들을 수 있는 참기름의 탄생 과정이다.

■ "막 가져온 참깨를 기계에 볶아요. 조금 열을 가해서 고소한 냄새가 날 때까지. 그리고 참깨를 식히는 기계에 넣은 다음 기름 짜는 압축 기계에 넣죠. 참깨 한 되를 넣으면 소주병 한 병 분량의 참기름이 나와요. 마트에서 사는 참기름이 아니라 시장에서 직접 뽑아내는 참기름이 진짜 참이죠."

'달성기름집'을 나선 구로커들은 기름집 앞 공터에서 주민들인 40, 50대 황명자, 이진용, 이선용 씨를 만나 이야기를 나눴다. 구로시장의 유명한 맛집은 어디인지, 분위기 좋은 찻집은 어디인지 등을 묻고 대답하며 구로시장에 대해 파악했다. 근처 떡집에서 얻은 송편과 기름집에서 내온 홍차가 대화의 분위기를 돋우었다.

이종운 구로시장 상인회장도 구로커들을 반기며 구로시장의 역사를 설명했다. 구로시장은 한국 사회의 산업화 열기가 뜨겁던 1960년대, 대규모 구로공단이 들어서면서 그 주변에 자리 잡고 성황을 이루었다. 하지만 2000년대 전후 산업구조의 변화에 따라 구로공단이 구로디지털단지로 변모하면서 아웃렛 등의 대형 쇼핑몰이 들어섰고, 구로시장은 쇠락의 길로 접어들었다. 70세가 넘은 이종운 회장으로부터 살아 있는 역사 이야기를 듣던 숙숙은 구로커의 활동에 대해 다시 한 번 각오를 다졌다.

- "구로시장 흥망성쇠의 역사를 들으니 시장에 더 애착이 생기네요. 청년이 떠난 시장을 다시 청년들이 붐비는 시장으로 만들어보고 싶어요."

시장에서 40년째 신발 가게를 운영하고 있는 이종운 회장은 청년들이 재래시장에 관심을 갖는 데에 놀라워했다.

- "50, 60대 아줌마, 아저씨들만 시끌벅적한 시장에 청년들이 오니 분위기가 달라지네요. 늙은 상인들이 할 수 없는 일을 청년들이 도와준다면 기쁘고 고마운 일이죠."

구로커는 시장의 명소 '칠공주 떡볶이집'도 찾았다. 이 가게는 아시아 예술가들과 국내 거주 다문화 공연팀이 서로의 문화를 소개하는 '구로 다문화 축제'에서 만난 주민들이 소개해준 곳이다. 떡볶이 집에는 간판이 없지만 가게를 보자마자 '칠공주'라는 것을 알 수 있었다. 30년 전 장사를 시작할 때는 '공주'였지만 이제는 백발이 된 일곱 할머니가 가판대 앞에서 분주히 오가고 있었다. 구로커들은 줄을 서서 떡볶이를 시식하고는 추천받은 맛집답게 떡볶이 맛이 일품이라며 입을 모았다.

구로커들은 구로의 청년들을 모아 한나절 시장을 누비며 놀이 공간을 만들어내는 '구로시장 탐방단'을 꾸릴 계획이다. '칠공주 떡볶이집'과 '달성기름집'도 주요 코스에 포함시킬 생각이다. 그리고 이날 만난 사람들과의 인터뷰를 토대로 구로시장의 이야기를 담은 온·오프라인 소식지도 만들기로 했다.

■ "우리가 신촌이나 홍대에 놀러 가면 옷 구경하고 술 마시고 노래방 가는 것밖에 뭐가 더 있나요? 시장의 오래된 골목들, 독특한 풍경을 구로의 청년들과 함께 개발하고 싶어요."

'구로는예술대학'은 본래 '○○은대학'에서 출발했다. '○○은대학'은 어떻게 읽어야 할까? 영영은대학? 오오은대학? '○○'은 '땡땡'으로 읽는다. '○○'에는 어떤 게 들어가도 좋다. 지역이 들어갈 수도 있고, 책 제목이나 사람 이름이 들어갈 수도 있다. 장소나 주제의 제약 없이 배움터를 만드는 것이 '○○은대학'의 모토다.

'○○은대학연구소'는 청년 문화·예술 사회적 기업인 주식회사 노리단에서 출발했다. 이곳의 활동가들이 지역과 소통하면서 공동체를 살리는 '○○은대학연구소'를 2009년에 만들었고, 청년들의 자유로운 네트워크를 지향하며 NGO, 협동조합, 사회적 기업 등 다양한 형태로 청년 네트워크의 중심축 역할을 하고 있다. 그중 가장 중요한 사업이 바로 '○○은대학' 운영이다.

'○○은대학'은 2009년 '마포는대학'에서 시작했다. 2013년 4월 현재 '구로는예술대학'을 비롯해 '마포는대학'(서울 마포), '성북은

■ 구로는예술대학

대학'(서울 성북) '부평은대학'(인천 부평), '부천은창조대학'(경기 부천), '온수리대학'(인천 강화) 등이 운영되고 있다. 또 서울의 '관악은대학'과 부산의 '남항시장은대학'은 협력 네트워크로 연결돼 있다.

'○○은대학'은 기성세대와 청년세대가 만나는 청년 반상회, 배움과 가르침을 연결하는 사랑방이 되기를 꿈꾼다. 먹고살기 바빠서 마을 활동에 참여하기 어려운 청년들은 '구로는예술대학'을 통해 기성세대의 경험과 삶의 지혜를 배우고 그들과 마을의 관계망을 형성하게 된다. 또한 '○○은대학'은 일반적인 마을공동체와 달리 일정한 지역 안에서 지속되는 공동체를 지향하지 않고, 마을 사람과 청년이 가르침과 배움으로 연결되는 '공동되기'를 꿈꾼다. 강원재 '○○은대학연구소' 1소장은 촛불집회를 공동되기의 대표사례로 꼽았다.

- "공동체는 목적 지향적이잖아요. 목적에 맞게 계속 성장해야 하죠. 하지만 촛불집회는 수많은 관계망 안에서 일시적으로 만났다 헤어지는 '공동되기'였어요. '○○은대학' 역시 사람들이 만났다 흩어지고 또 다른 계기로 만나는 느슨한 네트워크인 '공동되기'를 지향해요.
청년들이 한 지역에 정착해 살아가기에는 아직 그들이 경험해야 할 일이 너무 많아요. 마을 기성세대와의 관계를 통해 배우면서 다른 지역으로 나아가고, 다시 관계 맺으면서 자신의 정체성을 찾게 될 수 있어요. 이를 통해서 마을 활동에 관심도 갖게 되죠. 정착해서 살아가는 마을공동체보다는 이곳저곳을 돌아다니며 관계를 맺는 '유목적 공동되기'가 청년의 삶에 더 적합할 수 있어요."

지금까지 찾아간 마을공동체들은 하나의 공간에 고정되거나 집이라는 주거에 중심을 둔 경우가 대다수였다. 이런 공동체에서는 주부와 노인, 혹은 시간 여유가 있는 자영업자가 마을 활동의 중심을 이루었다. 집에서는 잠만 자고 학교에 가거나 취직 준비하러 나간 청년이 끼어들 자리는 없어 보였다. 그렇기 때문에 청년이 마을의 주변부가 될수록 마을의 활력과 지속가능성이 떨어질 수도 있다는 지적이 많았다.

'○○은대학'은 움직이는 마을을 지향한다. 지도에 없는, 언제든지 생겨났다 사라지는 자유로운 형태의 마을이다. 아직 정착할 곳을 찾지 못한 청년들이 공동체를 이루는 데 적합한 방식이 될 수 있다. 마을을 벗어나지 못하는 붙박이 청년이 아니라 창의적인 방법으로 마을을 움직이는 청년들. 어쩌면 마을은 어딘가에 머문다기보다는 사람과 사람 사이를 오가며 움직이는 것이 아닐까. '○○은대학'은 마을의 새로운 개념을 보여주며 경계 없는 공동체를 만들어가고 있다.

■ 구로는예술대학

··· 미디어 공동체
도봉구 마을신문 〈도봉N〉

경쟁의 바람에 꺾이지 않는 풀뿌리들

풀이 눕는다./ 바람보다도 더 빨리 눕는다./ 바람보다도 더 빨리 울고/ 바람보다도 먼저 일어난다.

고 김수영의 시 〈풀〉의 일부다. 1968년 6월 갑작스럽게 세상을 뜨기 전 마지막으로 쓴 이 작품에서 그는 민중의 저항과 생명력을 노래했다.

평범한 사람들의 힘을 굳게 믿었던 시인이 태어나고 자란 곳이기 때문일까? 도봉구는 서울시에서도 풀뿌리단체들이 가장 활발하게 활동하는 지역 중 하나다. '서울동북여성민우회'처럼 20년 넘은 단체도 있고, 초안산 자연해설가인 '초안샘'을 배출해 자연학교를 운영하는 '도봉시민회'도 있다. 주민들의 참여를 꾀하는 다양한 프로그램을 고민하는 방아골종합사회복지관과 지역공익법인 준비 모임인 '도봉사람들'도 지역사회 곳곳에 뿌리를 내려 사람들을 엮는 일에 앞장서고 있다.

그리고 〈도봉N〉이 있다. 2009년 초 동네 마라톤대회에 참가한 몇 사람이 막걸리를 마시다가 "우리 신문 한번 만들어볼까?"라고 말한 데서 시작한 마을신문이다. 원대한 포부를 갖고 만든 것은 아니었다. 창간 때부터 참여한 이창림 편집장이 〈도봉N〉의 창간 계기를 설명했다.

- "꼭 마을미디어를 기획했다기보다는 동네 사람들이 만나는 또 하나의 계기로 생각했어요. 마을 사람들, 우리 이웃들이 사는 이야기를 실어보자는 취지로 '마을신문'이란 표현을 썼죠."

제호에 들어간 'N'은 '도봉에는, 도봉뉴스(News), 도봉네트워크(Network)'라는 뜻을 담고 있다. 2012년 10월 20일 오후 도봉구 근로복지공단 지하 1층 '사회적경제 허브센터'에 〈도봉N〉 편집위원들이 모였다. 편집위원 14명은 시민단체에서 일하거나 개인 사업을 하는 등 본업이 따로 있는 사람들이다. 그럼에도 이들은 시간을 쪼개어 기획·취재를 하고, 주머니를 털어가며 신문을 만들고

■ 마을신문 〈도봉N〉

있다.

이날은 7명이 참석해 다음 달 5일 나올 31호 신문에서 어떤 '뉴스'로 어떤 '네트워크'를 보여줄지 기획하고 있었다. 열흘 남은 원고 마감일까지 부지런히 취재하고 기사를 작성해 8면짜리 신문을 만들어야 한다. 홍은정 편집위원은 "맥주 없이 모이니까 회의하는 기분이 안 난다"며 웃었지만 편집회의가 본격적으로 진행되자 모두들 메모를 하고 의견을 밝히느라 바빴다.

- "수능 전에 발행하니까 수험생 엄마, 아빠들이 아이들에게 보내는 편지를 실어보면 어때요?" (이창림 편집장)

"동북시민학교에서 이번에 바위 글씨 작업하시는 분이랑 도봉산에 다녀왔어요. 그 선생님이 곧 구민회관에서 전시회를 하신다는데, 가을이니까 소개하면 좋을 것 같은데요." (김미현 편집위원)

"인터뷰는 누구를 하지?" (유성종 발행인)

"20년 넘게 구립어린이집 운영하면서 길거리 책방 등 마을 활동에 열심이신 원장님을 인터뷰할까 생각하고 있어요." (홍은정 편집위원)

현직 기자인 김승호 편집위원은 결혼 10주년 기념으로 아내에게 편지를 써서 '만원의 행복'에 실어보겠다는 아이디어를 냈다. '만원의 행복'은 단돈 1만 원으로 마을의 크고 작은 행사를 알리거나 개인 소식을 전할 수 있는 생활광고란이다. 다른 편집위원들은 좋은 생각이라며 환영했다.

〈도봉N〉은 생활광고를 판매해서 수입을 얻고 있지만 매달 1만 2000부의 신문을 만들고 배포하는 데 필요한 150만 원가량을 마련하기란 역부족이다. 〈도봉N〉은 구독료가 없고, 구청 등 공공기관의 지원도 받지 않아 재정 문제를 두고 고민이 깊다. 현재는 회원 30~40명이 한 달에 5000~1만 원씩 내는 후원금과 편집위원들이 조금씩 보태는 돈으로 꾸려가고 있다. 배포 비용은 비상근 직원과 자원활동가 40여 명의 도움으로 절감하고, 부족한 예산은 1년에 한 번씩 여는 일일주점으로 채운다.

10월에 열렸던 〈도봉N〉 3주년 후원주점 '마을신문을 부탁해'에 찾아왔던 주민들 대부분은 〈도봉N〉에 칭찬을 아끼지 않았다. 도봉구청 직원 김미혜 씨는 "기사 하나하나 놓칠 게 없다. 신문이 살아있다"라고 말했다. 서울동북여성민우회 생활협동조합 이사장 박숙희 씨는 "'도봉에 이런 일이 있구나, 어느 집은 아이 돌잔치를 하고 이 단체는 행사를 준비하는구나' 등을 알게 해주는 소통 공간이 바로 마을신문"이라고 얘기했다. 한 30대 남성 독자는 "〈도봉N〉은 외부 후원 없이 열정만으로 시작했는데 환경, 돌봄 등 다른 지역신문들이 건드리지 않는 문제들을 건드리면서 그 힘이 계속 유지되고 있다"라고 평가했다. 기업형 슈퍼마켓(SSM) 탓에 동네슈퍼가 힘들다거나 도봉구의회 의원활동비의 부당인상을 지적하는 등 지역사

도봉구 주민들은 마을 카페 '나무야 나무야'에서 이야기를 나누고,
벼룩시장 '골목대장터'에서 물건을 팔고,
마을신문 〈도봉N〉을 통해 폭넓은 소통을 이어간다.
경쟁 구조 속에서 가장자리로 밀려난 사람들은
마을 활동을 통해 삶의 주인공으로 되돌아오고 있다.

ⓒ 박소희

회의 '불편한 진실'을 말한 것도 〈도봉N〉의 성과였다.

〈도봉N〉 창간 3주년 기념으로 주민 75명에게 설문조사(중복응답)를 한 결과, '지역신문이 담아야 할 기사'로 가장 많이 꼽힌 것은 구청·구의회 행정소식과 지역 사건·사고(각각 35명)였고, 그다음은 지역 비리 고발(32명)이었다. 홍은정 편집위원은 "올해 독자들이 가장 큰 관심을 보였던 기사도 '서울 25개구에서 재정자립도가 가장 낮은 도봉구가 지역신문 구독료 보조금액은 세 번째로 많다'는 내용이었다"고 말했다. 기사가 나간 후 지역시민단체들은 주민 308명의 서명을 모아 서울시청에 주민감사청구를 접수시켰다.

주민들이 마을신문에 관심을 갖고 애정을 쏟는 데는 지역적 특성도 작용한다. 새로 지은 아파트가 많은 창동역은 인구 유출입이 잦은 편이지만 그 외 다른 곳은 상대적으로 '도봉구 토박이'가 많다. 방학3동에 사는 조병훈 편집위원은 39년, 역시 방학3동에 살다가 지난달에 노원구로 이사한 홍은정 편집위원은 36년을 도봉구에서 살았다. 이창림 편집장은 쌍문2동에서 태어나 자랐고, 유성종 발행인과 김미현·김승호 편집위원도 10년 넘게 도봉구 방학3동에 뿌리내린 사람들이다.

오랜 시간 얼굴을 맞대고 정을 나누며 살아온 주민들을 더 끈끈한 사이로 만들어준 건 2001~2002년 초안산 골프장 건립과 북한산 관통도로 건설 반대운동의 경험이었다. 두 번의 싸움을 겪으며 사람들은 '공동체의 힘'을 더욱 실감했다. '도봉시민사회복지네트워크'(현 도봉사람들)와 마을 사랑방 역할을 하는 카페 '나무야 나무야'가 생겼고, 천연비누나 장바구니를 만드는 생태문화공간 '도깨비공방'이 들어서는 등 다양한 활동들도 이어졌다. 어린이날마다 '차 없는 거리 아이들 세상' 행사가 열린 지도 벌써 10년째다.

'수다로 만드는 남자들의 김장잔치', '어깨동무 마라톤', '마을운동회' 등 지난 3년간 〈도봉N〉이 주최한 행사들도 다양하다. 2012년 〈도봉N〉은 다른 지역단체들과 '도봉구 마을미디어문화교실 기획단'을 조직, 서울시의 지원을 받아 '우리마을 미디어 문화교실'을 만들었다. 3개월 과정의 미디어교실 운영을 맡고 있는 윤원필 편집위원은 이날 회의 중간에도 2기 수강생들이 취재계획을 짜고 있는 옆방을 몇 번씩 오가느라 정신없었다.

이날 미디어교실에서는 김승호 편집위원의 기사쓰기 수업이 있었다. 수업 후 수강생들은 조별로 모여 주민들의 벼룩시장인 '제8회 골목대장터' 현장취재 계획을 짰다. 2기 수강생들은 마을을 주제로 한 다큐멘터리를 제작해 11월 18일 시사회를 열고, 같은 달 24일에는 인터넷 생방송으로 상영할 계획이다. 1기 졸업작품은 초안산 생태공원에서 진행한 '보이는 라디오' 공개방송이었다.

도봉시민회 스태프로 활동 중인 김미현 편집위원은 미디어교실 강의를 듣다가 얼떨결에 〈도봉N〉에 참여하게 됐다. 그전까지는 지역에 마을 관련 활동이 있는 줄 전혀 몰랐다. 그와 비슷한 또래나 더 젊은 사람들은 김 위원처럼 마을 경험이 전혀 없는 경우가 많다.

이에 대해 이창림 편집장이 한마디 더했다.

- "젊은 사람들이 마을에서 어떤 관계를 맺고 살아가면 좋을지 적극적으로 고민해야 할 시기인 것 같아요. 이 동네에서 활동하는 부모님 밑에서 자란 아이들이 이제 청년이 되고 성인이 될 텐데 그들에게 맞는 역할을 지역사회에서 줄 수 있어야 합니다."

도봉구 안에서 다양한 마을 활동이 진행되고 있지만 여전히 동참하지 못하는 주민들이 있다는 점도 과제로 남는다. 홍은정·김승호 편집위원도 고민을 털어놨다.

- "1만 2000부를 뿌려도 〈도봉N〉을 모르는 분들이 많아요. 독서모임, 숲속놀이터 만들기 모임 등 여러 모임들이 있지만, 지역 전체에서 마을 활동이 폭넓고 다양하게 이뤄지려면 아직 갈 길이 멀었어요."

"도봉구 내의 여러 단체와 활동들을 어떻게 묶느냐도 고민이죠. 다른 지역신문들은 이런 얘기를 안 해요. 〈도봉N〉이 나아가려는 방향은 마을신문으로서 마을 내 소통과 놀이의 장, 사랑방 역할을 하는 거라고 생각해요."

"마을이란 단어 자체가 중요한 것 같진 않아요. 저는 주인공이 되고 싶었어요. 누구나 태어날 때부터 각자 삶의 주인공인데 경쟁 구조 속에서 가장자리로 밀려나잖아요. 저는 마을만들기가 그걸 회복하는 일 같아요. 자기 스스로 삶의 주인공임을 인식하고 원래 자리로 되돌아가는 거예요."

　주민들이 〈도봉N〉을 만들고, '나무야 나무야'에서 대화를 나누고, '골목대장터'에서 물건을 팔며 마을 속에서 살아가는 것도 삶의 주인공으로 되돌아가는 과정이다. 풀은 바람에 쓰러져도 다시 일어난다. 경쟁에 지쳤다가도 마을에서 다시 일어나는 도봉 사람들은 그 풀을 닮아 있었다.

···▶ 예술 공동체
성북구 정릉생명평화마을

달동네로 떠난
청년예술가들

■   "국희야, 제주도 갔다가 언제 왔노."
"상무이 니는 옷이 와 그렇노. 옷 좀 제대로 입어봐."

 김국희 씨와 정상문 씨가 '자은정사'에 들어서자 '원만보살' 한은숙 씨의 살가운 잔소리가 시작된다. 한은숙 씨의 저녁식사 초대에 대한 답례로 국희 씨와 상문 씨는 동네슈퍼에서 달걀 한 판과 호빵 한 봉지를 사왔다. 한 씨는 "달걀 떨어진 것 어떻게 알았냐"며 웃더니 달걀말이를 준비했다. 이날의 주요 메뉴인 김치찌개와 썩 잘 어울리는 조합이었다.
 소설을 쓰는 국희 씨, 영화와 음악 작업을 하는 상문 씨 그리고 한은숙 씨는 '동네 친구'다. 30대 청년들인 국희 씨와 상문 씨는 한은숙 씨를 "보살님"이라고 부른다. 한 씨는 서울시 성북구 정릉3동 '정릉골'에서 40여 년을 산 70대 어르신이다. 작은 절을 짓고 신을 모신 지는 20여 년 정도 됐다. 북한산의 정기를 받은 이곳 마을에는 유난히 절이나 굿당이 많다.

현재 정릉에는 국희 씨, 상문 씨 같은 청년 20여 명이 살고 있는데 주로 음악 작업을 하는 이들이 많다. 밴드 '윈디시티'도 이곳에 사는데 〈모십니다〉라는 노래는 정릉 버전이 따로 있기도 하다. 이들이 모여 사는 공동체의 이름은 '정릉생명평화마을'. 마을 페이스북(www.facebook.com/lifepeacevillage)에는 소개 글이 이렇게 적혀 있다. '지구별과 정릉에 살고 있는 다양한 생명들이 평화로운 호흡을 나누는 마을입니다.'

2013년 1월, 북한산을 뒤로 하고 있는 달동네 정릉3동을 찾았을 때 서울에서 볼 수 없는 낯선 풍경에 잠시 놀랐다. 높은 고도에 가파른 경사, 한 번 잘못 들어서면 순식간에 미로가 되는 골목길. 마을 곳곳에 보이는 연탄마저 생경했다. 얼음이 녹지 않은 골목을 걷자니 한 걸음 한 걸음이 조심스러웠다.

하지만 연고도 없는 청년들이 "여기서 살고 싶다"는 결심을 하게 만들 정도로 마을의 경관은 아름다웠다. 조금만 고개를 들어도 볼 수 있는 탁 트인 파란 하늘, 슬레이트 지붕 위에 소복이 쌓인 하얀 눈. 봄이면 어디서든 꽃과 나무를 볼 수 있고, 여름이면 마을 아래

개울은 '야외수영장'이 되고, 가을이면 인심 좋은 감이 주렁주렁 열린다.

5년 전 상문 씨가 지인의 소개로 마을에 들어온 뒤부터 예술을 하는 친구들이 하나둘 정릉을 찾기 시작했다. 한은숙 씨와의 만남도 그렇게 시작됐다. 상문 씨는 한은숙 씨가 이곳 마을 청년들의 "어머니 같은 분"이라고 귀띔한다. 이날도 한 씨는 누구네 집 수도가 동파됐다고 하던데 괜찮은지, 아픈 친구는 잘 있는지 두루두루 챙겼다. 청년들도 그의 집에 스스럼없이 들러 밥을 함께 먹고, '번개모임'에 초대하기도 한다. 세대를 뛰어넘은 우정의 비결이 무엇일까.

- "나이 먹은 사람들은 그 사람들 세계가 있고, 대신 나는 젊은 애들이랑 잘 통하니까. 나는 나이만 먹었지 동심이 있는 사람이야.(웃음)"

"정릉이 너무 좋아서" 몇 년간 마을살이를 해온 상문 씨는 마을 주민들과 함께할 수 있는 무언가를 늘 고민하게 된다.

- "친구들이 마을로 점점 모이는데, 다들 생계를 위해서 홍대 쪽이나 더 먼 곳으로 일하러 다니는 경우가 많아요. 마을 안에서도 친한 사람들끼리만 교류하게 되고……. 그래서 마을의

어르신들이나 아이들과 뭔가 하면 좋지 않을까, 우리의 에너지를 마을을 위해 쓰면서 생계도 되고 주민들에게도 좋은 일이 뭐가 있을지 고민하다가 사회적 기업 형태를 떠올리게 됐어요."

2012년 5월 '정릉생명평화마을'은 예비 사회적 기업으로 선정되었다. 오랜 시간 재개발 예정지역으로 묶여 있어 방치된 마을의 빈집을 예술가들의 작업실과 주거공간으로 쓸 수 있도록 임대하거나, 마을형 게스트하우스로 활용할 계획이다. 정릉골 지역은 2012년 8월 주택 재개발 정비구역으로 지정된 상태다.

마을의 빈집을 빌려 3명이 살 수 있는 주거공간으로 개조한 뒤 예술가들의 공동작업장으로 활용하고 있는 '타일집'이 사업의 대표적인 예다. '타일집'이라는 이름은 건물 외벽에 색색의 타일이 붙어 있다고 해서 붙여졌다. 마을 페이스북에는 수시로 빈집 관련 정보가 올라오고, 외국인 여행객들도 종종 이곳 마을에 묵는다.

벼룩시장과 문화공연이 어우러진 영등포 마을축제 '달시장' 기획단에서 활동했던 김국희 씨는 예전부터 마을공동체 만들기에 관심이 많았다. 그는 도시와 시골을 결합한 '도시골 프로젝트'의 연구원이기도 하다. '도시골'이라는 이름은 국희 씨가 만들었다. 국희 씨는 현재 서울 정릉마을과 제주도 월평마을을 오가며 '도시골 프로젝트'를 진행하고 있다.

■

서울의 시골 같은 정릉에 청년 예술가들이 몰려들면서
마을 분위기가 확 바뀌었다.
이들은 정릉 달동네에서 '불편함의 즐거움'을 느끼며 마을 어르신들과
세대를 뛰어넘는 우정을 쌓고 있다.

■ "사람들이 개인의 사적인 삶을 지키려고 하다 보니까 외롭고 쓸쓸해졌잖아요. '다시 공동체로 돌아가자'고 하는 움직임은 좋지만 그렇다고 해서 옛날처럼 옆집 숟가락 개수까지 다 알고 지내자고 하면 불편한 공동체로 느껴질 수도 있을 거예요. 사적인 부분을 지키면서 공동체적인 요소가 있는 삶, 도시와 시골의 장점이 결합된 형태. 그게 제가 생각하는 '도시골'적인 삶이에요."

김국희 씨는 서울 정릉이 강남과는 달리 자연이나 시골의 정서가 끼어들 여지가 남아 있기 때문에 '도시골'이 될 수 있다고 본다. 그는 상문 씨의 소개로 창문을 열면 마당이 있고, 마당 아래로 북한산 계곡물이 흐르는 집을 구해서 정릉에 살고 있다. 월평마을의 라디오방송 디제이(DJ)로도 유명한 국희 씨는 제주에서도 마을 주민들과 함께 빈집을 활용한 게스트하우스 사업을 벌이고 있다. 최근에는 마을 협동조합, 로컬푸드 레스토랑 등을 준비 중이다.

달동네에서 겨울나기는 결코 쉬운 일이 아니다. 정상문 씨는 "이번이 다섯 번째 겨울인데, 집들이 오래됐고 도시가스가 안 들어오는 곳도 있다 보니 추울 때가 가장 지내기 힘들다"고 말했다. 그의 집에 들어서자 마당에 연탄이 수북이 쌓여 있었다. 그는 "연탄이 훨씬 저렴해서 기름으로 한 달 날 돈이면 연탄으로 한겨울을 날 수 있다"고 말했다. 그는 집 안에도 연탄난로를 직접 설치했고 가끔

나무를 때기도 한다. '생명평화마을'이라는 이름에 걸맞게 친환경적으로 겨울을 나기 위해서다. 그리고 만일을 대비해 방에 일산화탄소 측정기를 뒀다. 이번 겨울은 유난히 떨어진 기온 탓에 청년들이 동파 수리에 쓴 돈만 100만 원이 넘었다. 이날 상문 씨는 국희 씨에게 "중고 해빙기를 하나 사자"고 제안했다.

상문 씨와 국희 씨가 꿈꾸는 '정릉생명평화마을'은 단순한 청년 예술가 공동체가 아닌 마을 주민과 함께하는 문화·예술마을이다. 그래서 새롭게 유입된 청년들과 기존 마을 주민들의 융합은 이들에게 늘 숙제다. 2012년 10월 정릉천에서는 청년들이 주축이 되어 마을잔치가 열리기도 했다. 상문 씨는 "원래 이 마을에서 매년 정월대보름 잔치가 열렸는데 재개발 여파 때문인지 지난해부터 없어졌다. 그래서 주민들이 즐길 수 있는 마을잔치를 되살렸다"라고 설명했다. 마을 풍물패의 길트기로 축제를 시작해서 개울가 바위를 무대 삼아 공연을 하고 같이 밥을 나눠 먹었다. 마을 주민들은 밤까지 정릉천에 촘촘히 빙 둘러 앉아 '원디시티' 공연도 보고 다 같이 노래자랑도 하며 잔치를 즐겼다.

봄이 오면 다시 시작할 일이 또 있다. 바로 마을 골목길 탐방. 2012년 여름과 가을, 국희 씨의 안내로 여러 사람들이 마을 골목길 구석구석을 걸었다. 보물찾기도 준비되어 있었다. 취재진에게 골목길 탐방을 시켜주던 국희 씨가 잠시 멈춰 서며 말했다.

■ "보물찾기 종이에 '전봇대 사이로 보이는 하늘'이라고 적혀 있으면 다 같이 하늘을 올려다봐요. '당신의 꿈', '당신의 사랑'이라고 적혀 있을 때도 있어요. 그러면 자신의 꿈, 사랑을 이야기하는 거죠. 마을에 관심 있는 학생들이나 다른 마을 주민들, 일반인들이 골목길 탐방을 오는데 중간에 길을 잃어도 다들 좋아해요."

이날 오후 9시 '타일집'에서 작은 상영회가 열렸다. 정상문 씨가 만든 마을홍보용 다큐멘터리를 함께 보는 자리였다. 제목은 〈닭의 마을〉이고, 마을 모습을 담은 영상에 극적인 요소를 섞었다. 5~6개월 동안 작업한 이 영상에는 3, 4년 전에 찍은 마을의 모습도 담겨 있었다. 국희 씨는 앞으로 마을 주민들과 함께 영화를 보는 '안방영화제'를 열 계획도 있다고 전했다.

'타일집' 벽면에 붙어 있는 마을이웃 연락처도 눈에 띄었다. 정상문 씨와 친구들이 오랜 시간에 걸쳐 만든 '마을이웃 네트워크'다. 털보아저씨, 6번 마을버스 종점 미술작가, 밴드를 준비하는 20대 초반의 이웃, 기타를 치며 자동차 판매업을 하는 이웃, 수도 동파 시 필요한 비상복구업체, 채소 저렴한 집……. 이처럼 '타일집'은 마을 청년들에게 사랑방 같은 곳이다. 지난 크리스마스에는 거실 연탄난로에 어묵탕을 끓여놓고 파티를 열기도 했다.

상영회에 앞서 '타일집' 입주자 이혜진 씨는 따뜻한 홍차를 끓였다. 보석 디자인을 하는 그는 2012년 10월 이곳에 들어왔다.

- "가족 말고 모르는 사람들과 이렇게 살아보기는 처음이에요. 서로 다른 사람들이 모여 있으니까 내가 알고 싶거나 배우고 싶은 것들을 자연스럽게 접할 수 있어서 좋아요."

또 다른 입주자인 유수진 씨는 '타일집'에 들어온 지 한 달 정도 됐다. 명동에서 수공예품 가게를 운영하면서 음악 작업도 하는 그는 정릉에 살게 된 것이 운명 같다고 말했다.

- "제 고향이 경기도 안성인데 논밭이 펼쳐져 있는 정말 시골이에요. 중학생 때부터 도시에서 살았는데 서울 자체에 정이 없어서 귀농을 생각하다가 서울의 시골 같은 정릉을 알게 된 거예요. 살기 불편한 점도 있지만 '불편함의 즐거움'을 알아가고 있어요. 하루하루가 행복해요."

이날 상영회는 밤 10시가 지나 시작되었다. 상문 씨가 찍은 다큐멘터리 영상에는 정릉의 사계절이 담겨 있었다. 여름의 정릉이 나오자 혜진 씨와 수진 씨는 "우와, 예쁘다"를 연발했다. 상문 씨의 1인 2역 연기가 등장할 때마다 '타일집'은 웃음소리로 가득 찼다. 정릉의 밤은 그렇게 깊어갔다.

[인터뷰] **박원순 서울시장**

연애하듯,
마을을 만나세요

서울시 신청사 6층 박원순 서울시장의 집무실에 들어서자 나무 틀로 만든 2층짜리 실내 텃밭이 가장 먼저 눈에 들어왔다. 실내용 LED 조명 아래 상추, 배추, 토마토, 치커리, 쪽파, 대파 등 바로 따 먹을 수 있는 채소들이 자라고 있었는데 마을공동체를 주제로 한 인터뷰와 잘 어울리는 풍경이었다.

텃밭은 마을공동체 활동의 중요한 요소다. 도시에서는 특히 그렇다. 빈 공간을 활용해 주민들이 텃밭을 함께 일구며 마을공동체를 만들어가는 곳이 많기 때문이다. 노원구 중계동의 청구3차아파트는 옥상에 텃밭을 가꾸고, 은평구 '산새마을'은 마을 텃밭에서 수확한 채소를 지역 복지관에 무료로 제공한다.

박원순 시장은 2011년 서울시장 보궐선거 때 마을공동체를 공약 전면에 내걸었고, 2012년 9월에는 2017년까지 총 975개의 마을공동체 조성 지원과 3180명의 활동가 양성 등 구체안을 내놓으면서 마을만들기 흐름을 주도하고 있다.

마을공동체가 '한국형 복지국가의 핵심동력이 될 것'이라고 강조하는 박원순 시장을 만나 마을공동체의 흐름과 나아갈 방향에 대해 이야기를 나누었다.

: : 늘어나는 아동 성범죄, 자살, 빈곤, 청소년 문제에 '마을이 묘약'이라고 하셨는데, 이에 대해 좀 더 구체적으로 설명해주세요.

저출산, 이혼, 독거노인, 사교육비, 주거 불안, 실업, 양극화, 성폭력까지…… 한국 사회의 수많은 모순이 계속해서 드러나고 있어요. 수많은 감시 카메라를 설치하고 학교와 지하철에 보안관을 두지만 표면적인 대응일 뿐이죠. 이런 식으로는 아무리 막아도 한계가 있다고 생각해요. 근본적인 치료가 필요한데 그게 바로 공동체 정신입니다.

예전에는 친구 집에서 놀다가 저녁 먹고, 숙제하다 잠들면 그 집에서 재워 보냈잖아요. 그러면서 이웃집 할머니, 할아버지한테도 자연스럽게 교육을 받았고요. '한 아이를 키우는 데는 온 마을이 필요하다'는 말이 이런 경우겠죠. 지금은 집집마다 아이들이 국영수 공부하기 바쁘고 학원만 왔다 갔다 해요. 삶과 동떨어진 지식의 편린만 갖게 될 뿐 공동체가 가진 지혜를 전수받을 기회가 없어요.

■ 인터뷰: 박원순 서울시장

그러다 보니 어른이 돼도 어른의 역할을 못하고, 인간관계를 제대로 꾸려가지 못하는 경우가 많아요. 별일 아닌데 이웃 간에 멱살 잡고 싸우는 일도 많고, 요즘은 '동네아저씨'가 범인인 경우가 많잖아요. 아무리 잘 먹고 잘살고 소득이 3, 4만 달러가 돼도 이런 단절과 갈등 구조를 해소하지 않으면 사회적인 문제들의 근본적인 해결은 어렵다고 봅니다.

:: 마을 활동을 직접 경험해본 적이 있습니까?

직접 해보지는 않았지만, 국내외 전문가들을 인터뷰하고 수많은 현장을 다녔어요. 예컨대 일본의 세타가야, 우리나라의 '성미산마을', 충남 홍성의 홍동면, 부산의 '반송마을' 등등 현장을 통해 많이 배웠습니다.

:: 현장 답사를 한 마을 중에 가족들과 가서 살고 싶은 마을을 꼽는다면 어디일까요?

전 반대로 생각합니다. 가장 열악하고 힘든 곳에 가서 '요렇게 바꿔볼까?' 이런 생각을 합니다.(웃음) 마을은 등수를 매길 수 없어요. 마을마다 자연환경, 인문환경, 역사 등 고유성이 있죠. 예를 들어 영국 헤이온와이(Hay-on-wye)라는 지역은 헌책방의 특성을 살려 '헌책의 왕국'을 이뤘어요. 독일에는 쇠나우(Schonau)라는 마을이 있는데 원전 반대운동을 했던 곳이에요. 지금은 자연생태에너지의 성지로 바뀌었죠. 위기가 곧 기회라는 말처럼 어려움을 긍정적인 방향으로 바꿔낸 곳이에요. 이렇게 위기에 처한 마을일수록 더 좋게 바꾸고 꾸밀 수 있어요. 서울의 아주 척박한 곳들도 좋은 마을로 재탄생할 수 있다고 봅니다.

:: 서울의 여러 마을을 취재해보니 마을 활동이 잘되고 있는 곳은 오히려 서울시와 엮이기를 꺼리는 눈치였습니다.

당연하죠. 저라도 그렇게 생각할 거예요. 풀뿌리 세력이 잘 이끌던 사업도 관이 개입하면 수동적, 의존적이 되어 점점 흐지부지되는 경향이 있어요. 비단 마을뿐만 아니라 문화·예술계 등 사회 전반에서 공통적으로 보이는 현상입니다. 저도 시민사회에서 활동한 경험이 있기 때문에 일부의 이런 우려와 경계 어린 시선을 이해합니다. 그래서 기회가 있을 때마다 "시가 앞장서면 안 된다"고 말합니다. 행정은 반드시 다양한 이해관계를 조율하고 지원하는 역할만 해야 해요. 마을공동체 사업을 설계할 때 이런 점을 최대한 고려했고, 여전히 세심한 부분까지 노력하고 있어요. 이미 잘 꾸려지고 있는 마을이라면 서울시가 개입할 생각도 없고 간섭할 이유도 없죠. 단, 서울에 마을공동체 문화가 확산되려면, 한발 앞서 공동체를 이루고 다양한 현장 노하우를 쌓아온 활동가들의 도움이 필수적이에요. 선배 혹은 동료가 필요한 거죠. 이제 막 태동하기 시작한 마을의 경험을 공유해달라고 부탁하고 연결해주는 일이 시의 역할입니다.

:: 마을공동체 사업을 '박원순식 복지' 정책이라고 봐도 될까요?

마을은 우리 삶 한가운데에서 작동하는 삶의 복지, 생활 복지라고 할 수 있어요. 돈으로만 복지를 할 수 있는 시대는 지났거든요. 그런 복지는 허

점도 많고요. 오히려 다양하고 복잡해진 시민의 욕구를 채워주기 위해서는 사람 간의 관계, 참여를 통해서 사회가 채우지 못하는 틈새를 메워갈 수밖에 없죠.

아이는 아이대로, 노인은 노인대로 격리된 벽을 허물고 온기 가득한 관계망으로 어우러지는 마을공동체에서 새로운 시대의 복지 가능성을 발견하고 있는 것도 이런 배경에서 비롯된 겁니다. 우리는 본래 강한 공동체 의식을 가지고 있어요. 핏속에 흐르고 있는 이 문화를 잘 살린다면 한국형 복지국가 실현의 핵심동력이 될 것이라 믿습니다.

∷ 서울은 전세난, 월세 상승으로 정주율이 낮죠. 먹고사는 데 바빠 다른 데 신경 쓰기 어려운 저소득층도 많습니다. 그래서 안정적으로 살 수 있는 여건부터 만들어야 한다는 지적이 있습니다.

맞는 말이에요. 지금 우리 사회가 너무 척박하고 피폐해져서 마음도 그렇고 물리적으로도 공동체를 복원하기가 참 어렵습니다. 이럴 때는 단순하게 생각할 필요가 있어요. 예를 들어 이렇게 시작할 수도 있죠. 청주의 한 아파트에서 실제 있었던 일입니다. 새로 이사 온 한 아이가 엘리베이터에 "몇 동, 몇 호에 이사 온 누구예요. 유치원 몇 반에 다니는 제 동생 이름은 누구고요. 앞으로 잘 지내요"라는 메모를 남겼어요. 여기에 '이사 잘 왔다', '자주 만나자'는 답 메모가 수십 개가 붙었죠. 이런 활동이 마을만들기예요. 작고 단순한 일부터 시작하면 됩니다.

사람은 누구나 함께 어울리고 싶다는 마음을 갖고 있다고 봅니다. 실천은 벽화 그리기를 통해서도 할 수 있고, 마을 게시판으로도 할 수 있어요. 헌책방으로도, 장미꽃 한 송이로도 할 수 있습니다. 우리나라는 일단 한번 붐이 일어나면 무엇이든 삽시간에 이뤄지잖아요. 점점 더 많은 사람들이 마을공동체를 고민하고 있어요.

:: 2011년 기준으로 서울의 주택 유형 가운데 아파트 비율이 58.8퍼센트입니다. 서울에서 마을공동체의 성공 여부는 아파트에 달려 있다고 볼 수 있는데요. 아파트 마을공동체의 성공 전략은 무엇일까요?

아파트는 집단적 주거형태라는 점에서 단점과 장점을 동시에 갖고 있습니다. 단점은 개미굴이라는 점이죠. 각자 들어가 문을 닫아버리면 함께할 곳이 없어요. 아파트 집집마다 왜 서재가 있어야 하나요? 작은 도서관을 하나 만들어놓으면 아이들끼리 책 보면서 친해지고, 함께 온 부모들도 이야기를 나눌 수 있죠. 세탁기를 왜 집집마다 둬야 하나요? 세탁소를 하나 만들면 세탁물 넣고 찾아가면서, 또 세탁기가 다 돌아갈 때까지 기다리면서 이웃끼리 이야기를 나눌 수 있잖아요. 지금 아파트에는 이런 공간이 없어요.

한데 모여 살기 때문에 사람을 모을 수 있는 장점이 있죠. 축제라도 열면 오가는 사람들을 많이 모을 수 있거든요. 또 이미 마련된 제도와 기구를 잘 활용하면 좋습니다. 강서구 화곡동의 푸르지오 아파트 주부들은 반상회 하려고 모였다가 다양한 활동으로 발전했어요. 어마어마한 수의 통·반장·주민자치위원들이 모임을 잘 활용하면 아파트 마을 활동이 삽시간에

■ 인터뷰: 박원순 서울시장

번져나갈 수 있습니다.

:: 유창복 마을공동체 종합지원센터장은 칸막이 행정을 우려하기도 했습니다. 복지 관련 부서는 복지마을을, 문화 관련 부서는 문화마을을 만든다고 달려드는데, 마을은 문화와 교육, 복지와 경제가 한데 엉켜 돌아가는 종합판이라는 점에서 이런 우려가 나올 만한데요.

우리 삶의 어떤 부분도 유기적으로 연관되지 않은 것이 없습니다. 마을공동체의 경우는 더욱 그렇죠. 돌봄과 학습, 문화 활동, 사회적 경제까지 여러 부서와 기관에 걸쳐 진행되기 때문에 칸막이 행정의 부작용이 가장 심하게 나타날 수 있습니다. 그래서 여러 곳으로 갈라져 있던 문의, 신청, 접수, 상담 창구를 일원화하여 '서울시 마을공동체 종합지원센터'를 마련했어요. 또 마을에서 문제가 발생할 경우 관련 담당자와 마을 주민이 머리를 맞대는 '마을공동체 행정협의회'를 열 예정입니다. 첫술에 배부를 수는 없겠죠. 또 그래서도 곤란해요. 다른 부작용이 생길 수 있으니까요.

:: 마을공동체와 협동조합 그리고 사회적 기업의 유기적 연결에 대해서 어떻게 생각하십니까.

사실 크게 보면 이 세 가지는 다르지 않아요. 사회적 기업이 협동조합 형태를 띨 수도 있고, 마을 단위에서 일어날 수도 있죠. 강조점이 조금씩 다른 겁니다. 사회적 기업은 사회 취약계층이 벌이는 것이고, 마을공동체는 마을의 문제를 해결하기 위해 생긴 겁니다. 모두 사회적 경제 범주 안에 들어가요.

이 세 가지가 골고루 있을수록 사회는 건강하고 지속가능해집니다. 사회적 경제의 뿌리가 튼튼할수록 그 사회는 안정성 있고 위기에도 강할 수 있어요. 그런데 이런 비즈니스는 하늘에서 갑자기 떨어지지 않습니다. 현장과 밑바닥에서 이미 이뤄지고 있습니다. 몇몇 대기업이 대한민국의 경제를 쥐락펴락하는 상황에서, 일자리를 위해서도 행복지수를 높이기 위해서도 우리의 안전을 위해서도 사회적 경제가 필요해요. 제가 시장이 안 됐으면 지금쯤 협동조합 같은 사회적 경제의 깃발을 들었을 겁니다.

:: 마을 현장 취재를 다니다 보면 정부나 시에서 보조를 받을 때는 활동이 순조롭다가도 예산을 다 쓰고 나면 활동이 약해진다는 말을 듣곤 합니다. 시의 지원이 마을 활동에 자극제는 되지만, 지속가능한 마을의 필수조건은 아니라는 거죠. 이런 점을 어떻게 극복할 수 있을까요.

마을공동체 사업의 중장기 계획을 발표하면서 '마을사람 키우기'라는 비전을 맨 앞에 둔 것도 바로 이런 이유에서입니다. 마을은 돈이 아니라 사람이 만드는 것이고, 사람이 커야 마을도 클 수 있기 때문이죠. 마을의 숨은 고수를 발굴하고 역량 있는 마을 강사를 키워야 합니다. 이들이 자발적으로 네트워크를 이뤄나간다면 외부의 변화에도 흔들림 없는 지속가능한 동력이 자연스럽게 확보될 거예요.

:: '마을에서 살고 싶기는 한데, 나랑은 멀게 느껴진다', '딴 사람들 얘기

■ 인터뷰: 박원순 서울시장

같다'는 반응도 있습니다. 이런 분들에게 하고 싶은 말이 있다면.

자기 일이 아니면 멀게 느껴지는 게 당연합니다. 먼 일을 가깝게 만드는 방법은 직접 해보는 것뿐이죠. 아주 단순한 일부터 시작해보세요. 예를 들어 아파트 엘리베이터에 '나 몇 호에 사는 누군데요. 좋은 과일이 들어왔어요. 과일 파티 할까요? 오실 때 맛있는 것도 가져오시면 좋고요'라고 붙여놓으면 누군가 마실 것 한 잔이라도 가져오지 않을까요? 문턱 하나를 넘기가 힘들어서 그렇지 한번 넘어버리면 많은 변화가 생길 수 있어요. 남녀 간에 손 한번 잡으면 그다음부터는 쉬운 것처럼 말이죠.(웃음)

2부

지속가능한 공동체를 찾아서
– 영국 잉글랜드의 혁신적 공동체

느리지만 신중하게, 가치를 담아서
- 지역 맞춤 공동체

••• 잉글랜드

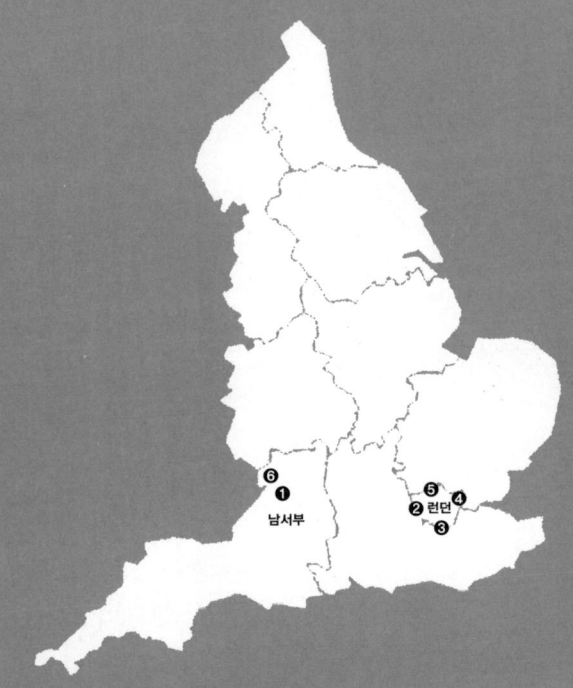

① 스프링힐 코하우징
② 램버스 구청과 브릭스턴 그린
③ 브릭스턴 시장
④ 리메이커리
⑤ 트랜지션 핀스베리 파크
⑥ 바턴 힐 세틀멘트

⋯▶ 주거 공동체
스트라우드의 스프링힐 코하우징

세대를 넘나드는
공유의 즐거움

홍콩, 인도, 태국 등 26개 국가에서 살아본 영국인 내털리. 75세의 그가 정착의 꿈을 갖게 된 건 10년 전, 영국 스트라우드(Stroud) 지역에 코하우징(Co-housing)이 지어진다는 소식을 듣게 되면서다. 코하우징은 인접해 있는 각기 다른 주택에 살면서 공동의 공간을 공유하는 주거형태를 가리킨다. 세계를 여행하면서 다양한 공동체에 살았던 내털리는 코하우징에 사는 것이 자신에게 가장 이상적이라고 생각했다.

67세의 앤은 스트라우드 '스프링힐 코하우징(Springhill Co-housing)'에 오기 전 옥스퍼드에서 20년을 살았다. "한국은 아파트가 많아서 옆집에 누가 사는지도 모르고 지내는 경우가 많다"고 하자 앤은 "영국도 다르지 않다"고 말했다. "혼자 살기 외로워서 공동체에 오게 됐다"고 한 앤은 두 번 이혼했고 자식은 없다.

60년 넘게 살면서 이웃들과 커뮤니티 활동을 해본 적이 없던 앤은 매주 화요일 노래 모임에서 소프라노로 활동하고 목요일에는 바느질 모임을 한다. 두 번의 크리스마스 연극에서 처음에는 양탄자 상인을, 그다음에는 요정 역할을 맡았다. 앤은 남은 삶을 스프링힐에서 보내기를 희망한다.

이들이 사는 '스프링힐 코하우징'은 런던에서 기차로 2시간 거리. 스트라우드 역에 내리자마자 취재팀 모두 탄성을 내질렀다. 저 멀리서 제인과 닐이 〈오마이뉴스〉 특별취재팀의 이름이 적힌 피켓을 들고 환하게 웃으며 걸어오고 있었다. 역까지 우리를 마중 나온 제인의 손에는 '스프링힐 코하우징' 소개 책자가 들려 있었다. 사전에 이메일을 통해 취재팀의 이름을 물어봤던 제인은 "현진", "민수", "성호"라며 서투른 한국어 발음으로 한 명씩 불러주었다. 이름을 부르고 싶어서 미리 외워 왔단다. 우리는 제인의 다정함에 코끝이 찡해졌다.

기차역에서 나오자 런던과는 사뭇 다른 풍경이 펼쳐졌다. 한적하고 정돈된 느낌. 스트라우드는 도시(City)와 시골(Country)의 사이쯤 되는 타운(Town)이다. 우리나라로 치면 지역의 소도시나 읍 정도의 개념일 것이다. 제인이 디저트를 만드는 데 필요한 크림을 사러 잠깐 슈퍼에 들른 동안 닐이 우리를 안내했다. 언덕처럼 경사진 초록의 공원 너머로 집들이 옹기종기 모여 있는 '스프링힐 코하우징'이 보인다. 언덕을 올라 코하우징 입구에 들어서자 피터가 어린 딸의 손을 잡고 걸어오고 있었다.

■ "이분들이 제가 말했던 한국 취재팀이에요. 오후 4시 티타임, 잊지 않았죠?"

피터는 웃으며 고개를 끄덕였다. 취재팀이 오기 전 제인은 "한국 사람들이 온다"는 제목으로 주민들에게 이메일을 보냈다고 한다. 제인과 닐은 스프링힐의 손님맞이 담당이다. '스프링힐 코하우징'에 살고 있는 35세대, 80명의 주민들은 서로를 잘 알고 지낸다. 이곳에서 7년을 살았다는 63세 제인은 물론이고, 피터의 표현을 빌리자면 "3년을 살았으니 그녀 인생의 절반 이상을 이곳에서 산 셈"이라는 피터의 5살짜리 딸도 마찬가지다.

스프링힐에는 침실이 2개 있는 집부터 4~5개 있는 집까지 다양한 형태의 주택이 있다. 각 주택의 외부는 비슷비슷해 보이지만 내부는 집주인이 직접 디자인한다. 세 들어 사는 주민도 있다. 제인은 취재팀에게 다양한 형태의 집을 보여주고 싶다면서 침실 5개인 제인과 닐의 집, 침실 4개인 캐롤라인과 브라이언의 집, 침실 3개인 니키와 클레어의 집, 침실 2개 아파트에서 각각 살고 있는 앤과 내털리의 집을 소개해주었다. 멀리 한국에서 온 기자들이 다양한 이들로부터 다양한 이야기를 들을 수 있도록 하려는 제인의 배려였다. 취재팀은 이들 집을 차례로 돌면서 이야기를 나누었다.

이미 지어진 건물에 사람들이 들어가 사는 코하우징도 있지만, 영국에서 코하우징을 위해 사람들을 모으고 건물을 지은 것은 '스프링힐 코하우징'이 처음이다. 코하우징 초기 단계부터 참여했다는 니키와 클레어는 코하우징의 시작을 다음과 같이 설명했다.

- "스트라우드 지역에서 코하우징을 해보려는 소수의 무리가 있었어요. 준비모임을 몇 번 가졌는데, 어쩌다 보니 그냥 정기적으로 모이는 그룹이 되어버렸어요. 도무지 코하우징을 지을 수 있을 것 같지 않았죠.(웃음) 그러다가 주거 개발을 하던 데이비드가 스트라우드로 이사를 왔고, 투자자들을 모아서 이곳 부지를 샀어요. 2001년에 건축 허가를 얻기까지만 2년이 걸렸어요."

내털리는 허가 과정에서 있었던 이야기를 들려주었다.

- "구청과 갈등이 있었어요. 구청장은 우리를 '히피, 녹색정당, 사회주의자'라는 이유로 반대했어요. 그런데 나중에 알고 보니 그런 정치적인 이유가 아니라 어떤 사람이 이 부지를 다 가지고 싶어서 구청에 로비를 한 거였어요. 그 사람에게 '왜 코하우징을 반대하냐'고 물었더니 이렇게 답하더라고요. 첫째, 이 사

대학도시 옥스퍼드에서 살던 앤은 더 이상 외롭고 싶지 않아서
'스프링힐 코하우징'으로 왔다.
그는 60년 넘게 살면서 이웃과 커뮤니티 활동을 해본 적이 없다.
비록 자기만의 정원을 가꾸는 즐거움은 포기해야 했지만
이웃 사람들과 교류하며 남은 생을 이곳에서 보내길 희망한다.

람들은 같이 식사를 한다. 둘째, 물건을 싸게 대량으로 구입한다. 셋째, 다들 싸울 것이다.(웃음)"

허가를 얻은 이후에도 공사를 본격적으로 시작하기까지 시간이 걸렸다.

- "이 지역에 언덕이 많다 보니 건축가들이 어려워했어요. 또 회사가 아닌 '주민협의체'라는 이유로 선뜻 건물을 지어주려고 하지 않았어요. '이상한 사람들 아니냐'는 의심도 있었고요. 이런 어려움 때문에 브리스톨(Bristol) 지역에는 코하우징 준비만 9년째 하고 있는 그룹도 있어요. 저도 스프링힐 이전에 두 번이나 다른 코하우징에 들어가려고 했지만 무산됐죠."

영국 코하우징 네트워크(UK Cohousing Network) 사이트(www.cohousing.org.uk)를 보면, 2013년 2월 기준 영국에서 안정적으로 코하우징을 하고 있는 공동체는 아직 14개이지만 준비 모임은 40여 개에 이른다.

2002년 5월 우여곡절 끝에 스프링힐에서 공사가 시작됐고, 2003년 11월 니키 가족은 지금 살고 있는 집에 들어올 수 있었다. 니키와 클레어는 공사가 시작되던 날 찍은 사진을 보여줬다. 첫 삽을 뜬 순간 색색의 풍선이 하늘 위로 올라가는 모습, '고사 떡'이 아닌 '고사 케이크'를 담은 사진들이었다. 클레어는 "여기가 지금 우리 집이 있는 곳"이라면서 흙과 건축자재가 쌓여 있는 땅 사진을 보여줬다. 사진마다 니키와 클레어의 딸 핀리가 활짝 웃으며 서 있었다.

- "막상 이사를 하고 보니 인테리어가 하나도 안 되어 있고 집 껍데기만 있었어요. 시간이 또 필요했죠. 첫 준비모임부터 공사가 시작되기까지 4년, 공사가 시작되고 나서 완공되기까지 2년이 걸렸어요. 그사이에 어떤 커플은 이혼하기도 했고, 옆집은 시공이 시작되기도 전에 두 번이나 팔렸어요. 건설 과정에서 '내가 생각하던 게 아니다'라면서 나가는 사람들도 있었죠."

오랜 기다림 끝에 얻은 공간인 만큼 스프링힐의 집 구석구석에는 집주인의 개성과 정성이 묻어났다. 이날 방문한 집 가운데 어느 한 곳도 구조가 비슷한 집이 없었다. 손재주가 많은 캐롤라인의 남편 브라이언은 직접 가구를 손질하고 페인트칠을 했다.

공동주택 개념의 '코먼 하우스(Common House)' 역시 '스프링힐 코하우징'에서 매우 중요한 공간이다. 제인이 그 의미를 설명했다.

- "코뮌(Commune, 함께 살면서 책무·재산 등을 공유하는 공

동체)은 공동공간에서 공동생활을 하지만, 코하우징은 개인공간을 따로 가지면서 공동공간도 갖는 거예요. 처음 여기에서 살기 시작했을 때는 아무나 막 우리 집에 들어올까 봐 걱정했어요. 그런데 개인공간은 주인이 초청할 때만 들어갈 수 있어요. 함께 어울려 살면서도 개인공간을 존중해주는 거죠."

'코먼 하우스'는 3층으로 되어 있는데, 가장 위층에 있는 식당에서는 매주 수·목·금요일마다 코하우징 주민들이 저녁을 함께 먹는다. 한 끼 식비는 2.6파운드(약 4350원) 정도로 부담 없는 가격이다.

■ "밥을 같이 먹기 시작하면서 공동체가 시작됐어요. 여기 살아도 매일매일 이웃을 만나는 건 아니거든요. 스프링힐에서는 18세 이상 주민이면 누구나 한 달에 한 번씩 4명이 팀을 이뤄서 음식을 만들어야 해요. 정관(定款)에도 적혀 있어요. 어제는 제가 당번이라 25인분 요리를 했는데 오후 4시에 준비를 시작해서 7시에 끝났어요."

아래층으로 내려가자 소파가 둥글게 모여 있는 '커뮤니티 룸'이 나왔다. 중앙에는 크리스마스 나무 장식이 남아 있었다.

■ 스프링힐 코하우징

- "매년 크리스마스가 되면 주민들이 이곳에서 연극을 해요. 보통 3개월 동안 준비를 하죠. 주민들 중에 재능 있는 사람이 많아서 연극을 할 때면 트럼펫이나 색소폰으로 무대음악을 연주하기도 해요."

이곳에서는 평소에도 요가, 노래, 바느질 등 다양한 커뮤니티 활동이 열린다. 가장 아래층에는 탁구대와 당구대가 있고, 공용으로 사용하는 세탁기들을 놓아둔 공간과 목재 작업장도 있다. 빈 공간을 최대한 활용하려는 노력이 엿보였다. '코먼 하우스' 소개를 맡아준 아일랜드 출신의 캐롤라인은 스프링힐에서 10년을 살며 느낀 점을 말해줬다.

- "아일랜드는 가족 중심적 성향이라 공동체가 강하지만, 영국 사람들은 개인주의적인 면이 있어서 친해지기 어려워요. 그런데 여기는 달라요. 매주든, 한 달에 한 번이든 같이 저녁을 먹을 수 있고, 북클럽도 있죠. 이웃집에 언제든 찾아갈 수 있는 구조라서 안전하다는 느낌이 들어 좋아요. 그렇지만 코하우징이 하나의 '큰 가족'처럼 되어버렸기 때문에 갈등도 존재하는 게 사실이에요. 감정싸움이 일어나기도 하고, 아무래도 집들이 붙어 있다 보니 프라이버시에 민감한 경우도 생기죠."

■
'스프링힐 코하우징'의 공동공간인 '코먼 하우스'는
소통의 중심지 역할을 한다.
주민들은 일주일에 세 번씩 이곳에 모여 저녁을 만들어 먹고
요가나 바느질 등의 취미 활동을 함께 즐기며 어울린다.

이러한 갈등을 해결하기 위해 스프링힐에는 '갈등조정 매뉴얼'이 있다. 제인은 "민수와 내가 싸웠다고 가정해보자"라며 강민수 기자를 가리켰다.

- "이곳에서 7년 정도 살면서 마을에 네댓 번의 큰 갈등이 있었어요. 그래서 갈등을 조정하는 방법을 마련했죠. 민수와 내가 싸웠다면, 자신의 버디(친구)를 한 명씩 데리고 오는 거예요. 버디는 자기편을 들어주거나 싸움을 부추기는 사람이 아니라, 상황을 객관적으로 볼 수 있는 성숙한 사람이어야 해요. 일단 버디가 나의 이야기를 모두 다 들어준 다음, 버디끼리 만나서 이야기를 나눠요. 그다음에는 나와 민수, 그리고 버디들이 4자 대면을 하죠. 이런 과정을 통해서 90퍼센트의 갈등이 해결됐어요."

어떤 갈등이 있었는지 묻자 제인은 "주로 소음 문제"라고 답했다. 한국에서는 층간 소음 때문에 주민들 사이에 폭력이 발생하기도 한다고 하자 제인은 이해한다는 반응을 보였다. 제인은 "해결되지 않은 10퍼센트의 문제는 어떻게 해야 할지 마을 사람 모두가 고민하면서 비폭력 대화를 배우고 있다"고 전했다. 외부에서 전문가를 데려와서 주민들 간의 의사결정 방법에 대한 워크숍을 진행하기도 했다. 스프링힐에서는 2주에 한 번씩 모든 주민들이 모여서 회의를 연다.

'스프링힐 코하우징'에서는 공동요리와 함께 1년에 20시간씩 공동체를 위한 노동을 해야 한다. 주로 정원 관리, 공동공간 청소, 페인트칠, 컴퓨터 문서작업 등이다. 제인이 맡고 있는 코하우징 손님 맞이도 공동노동의 일부다.

'스프링힐 코하우징'에 살고 있는 주민들은 4살부터 80살까지 연령대가 다양하다. 컴퓨터 프로그래밍 일을 하고 있는 피터는 "다양한 세대와 함께 살 수 있다는 점이 좋은 것 같다"고 말했다. 제인의 집에 놀러온 7살 프레야는 "할아버지, 할머니들과 같이 놀 수 있어서 좋다"고 말했다. 선생님으로 일하다 은퇴한 제인의 집에는 마을 아이들이 그린 그림과 장난감이 곳곳에서 눈에 띄었다.

마을 사람들 간의 친밀한 관계가 부담스러워서 스프링힐을 떠난 사람도 있지만 대부분의 사람들은 이곳에서 오랜 시간을 보낸다. 새로 이사 온 사람들에게 혹시 텃세 같은 건 없을까? 앤은 고개를 저었다.

■ "모든 사람들이 친구가 되고 싶어 하니까 친해지기 쉬워요. 함께 식사하고 회의를 하면서 가까워지죠. 파티도 자주 하고요. 닐의 60번째 생일 때는 티파티를 했는데, 제인이 잘 준비해줬죠. 그날이 가장 기억에 남아요."

오후 4시가 되자 '코먼 하우스'에서 취재팀을 위한 티타임이 마련됐다. 제인은 케이크를 준비했고 닐, 내털리, 앤, 니키, 클레어, 피터를 비롯한 주민 10여 명이 모였다. 이 자리에서 취재팀은 한국의 마을공동체 가운데 동작구 '성대골마을'과 노원구 중계동 '청구3차아파트 공동체'를 소개했다. 엄마들이 중심이 된 에너지 자립 마을 만들기와 아파트 공동체 활동을 들으면서 스프링힐 사람들은 흥미로워했다.

- "평소에 한국이라고 하면, 산업화라든지 열심히 일하는 사람들의 모습이 떠올랐는데 이런 공동체 활동이 펼쳐지고 있다니 신기해요."

오후 6시 30분이 되자 '스프링힐 코하우징'에 종이 울렸다. '코먼 하우스' 식당으로 저녁을 먹으러 오라는 신호다. 니키는 '코먼 하우스'의 창문을 하나하나 열면서 이웃들의 집을 향해 종을 흔들었다. 토요일은 저녁을 함께 먹는 날이 아니지만 취재팀을 위해 특별히 식사 자리를 마련해준 것이다. 주민들은 각자의 집에서 수프, 샐러드, 감자튀김 등을 준비해 와서 함께 나눠 먹었다.

기차 시간이 다 되어 주민들에게 작별 인사를 하고 나오자 밖이 어둑어둑했다. 앤은 취재팀을 위해 직접 그린 엽서를 선물했고, 제인과 닐은 또다시 우리를 역까지 바래다주었다. 스프링힐에서 보낸 하루는 잊지 못할 기억으로 남았다.

⋯▶ 대안개발 공동체
브릭스턴의 램버스 구청과 브릭스턴 그린

차별과 격차를
극복하는 대안개발

■ "거기 위험한 곳인데. 폭동 났던 데잖아."

취재팀이 묵고 있는 민박집 주인에게 "오늘 브릭스턴(Brixton)에 간다"고 하자 곧바로 이런 대답이 돌아왔다. 런던 남부의 브릭스턴은 2011년에 폭동이 일어난 곳이다. 2011년 8월 4일, 런던 토트넘에서 마크 더건이라는 흑인 남성이 검문 도중 경찰의 총에 맞아 사망하면서 시작된 소요사태는 인근의 엔필드(Enfield), 해크니(Hackney), 월섬스토(Walthamstow), 브릭스턴 등으로 빠르게 번졌다. 언론은 당시 폭동이 이주민과 저소득층이 많은 지역에서 발생했다는 분석을 내놓았다. 브릭스턴은 100여 개의 언어가 사용될 정도로 이주민이 많은 지역이다. 특히 카리브해 출신 흑인이 많고, 아프가니스탄·나이지리아인 등 다양한 민족이 산다. 기찻길 하나를 사이에 두고 부촌과 빈촌으로 나뉘기도 한다.

낮 12시, 런던 브릭스턴 중심가에 있는 리치(Ritzy). 영화관과 카페가 있는 이곳 입구에 램버스 구청 도시계획과 도시재생팀 직원 2명이 자리를 잡았다. 이들 뒤로 '브릭스턴의 미래(Future Brixton)'라고 적힌 입간판이 보인다. 공무원인 이들이 대낮에 영화관을 찾은 것은 SPD 로드쇼(Road show)를 위해서다. SPD는 'Supplementary Planning Documentary(추가계획서)'의 약자로, 2009년 승인된 브릭스턴 재개발 종합계획(The Future Brixton Master plan)의 실행 계획이 구체화된 문서다. 이날은 SPD에 대한 주민 반응을 알아보기 위해 공무원들이 거리로 나섰다.

SPD를 만들 당시에도 1500명의 주민이 참여했고, 이후에도 램버스 구청은 수차례의 워크숍, 시장 가판 행사 등을 열어 주민들의 의견을 추가로 수렴했다. 구글독스(Google docs)를 통해 주민들이 코멘트를 달 수 있도록 하기도 했다. SPD는 이러한 노력이 반영된 결과물이다.

여기서 끝이 아니다. 램버스 구청은 2013년 2월 4일부터 3월 15일까지 6주에 걸쳐 주민설명회와 의견 청취 기간을 두었다. 구청 직원 애나는 "지난주에는 젊은 층과 주부들이 많이 가는 몰리스(Morley's)라는 쇼핑몰에 다녀왔고, 오늘은 노년층이 많이 볼 듯한 영화가 상영되는 극장에 왔다"고 말했다. 이날 극장에서는 스티븐 스필버그 감독의 〈링컨〉과 2012년판 〈히치콕〉이 상영되고 있었다.

애나가 취재진에게 〈브릭스턴의 미래〉라고 적힌 자료집을 들어 보였다. 10쪽으로 된 자료집에는 수년간 수집한 주민들의 생각이 담겨 있다.

- "어느 곳에서도 살아갈 능력이 없는 주민들의 이야기를 들어달라." (로드쇼 방문자)

"치안이 나아지고 있기는 하지만 여전히 개선될 필요가 있다. 특히 밤에." (로드쇼 방문자)

"재개발이 어떤 식으로 진행되든지 브릭스턴의 지역적인 특성과 지역 산업을 지킬 수 있도록 해달라. 브릭스턴을 깨끗하고 깔끔하기만 한 다른 도시 중심가처럼 만들지는 말아달라." (지역 주민)

"개발자들은 지역 주민들을 수습으로 두거나 채용해야 한다." (워크숍 그룹 피드백)

"건물을 새로 꾸밀 때는 지역 예술가들과 결합해서 진행하면 좋겠다." (워크숍 그룹 피드백)

자료집에는 이러한 의견을 바탕으로 만든 재개발 계획이 이해하기 쉽게 정리되어 있었다. 재개발이 진행되는 지역은 브릭스턴 로드(Brixton Road), SW2 엔터프라이즈 센터(Enterprise Centre), 브릭스턴 센트럴(Brixton Central), 서머리턴 로드(Somerleyton Road) 등 총 네 곳이다. 애나는 브릭스턴 지역에 일어날 변화에 대해 설명했다.

- "개발이 진행되는 지역에 구청이 소유하고 있는 땅이 많기 때문에 구청이 선택권을 폭넓게 가질 수 있어요. 주민들의 접근성을 높이는 것부터 시작해서 삶, 일자리, 주거, 사회적인 인프라 등에 다양한 변화가 있을 거예요. 지역 일자리를 창출하는 새로운 사업을 시작할 수 있는 장소에 대해서도 고민하고 있습니다."

자료집에는 주민들이 의견을 전달할 수 있는 다양한 방법이 적혀 있다. 다문화 지역인 만큼 벵골어, 포르투갈어, 프랑스어, 소말리아어, 폴란드어, 스페인어 등으로 의견을 낼 수 있도록 안내하고, 자료집 맨 뒷장에는 설문용지가 첨부됐다.

- "이 자료는 브릭스턴에 살고 있는 모든 가구(인구 6만여 명)에 우편으로 보내졌어요. 브릭스턴은 다양한 인종들이 살고 있고, 100개가 넘는 언어가 사용되는 지역이에요. 교육 수준도 천차만별이고요. 이처럼 다양성이 있는 지역이기 때문에 다양한 방법을 통해서 의견을 들어야 한다고 생각했어요. 그래서 의견

수렴 기간이 법적으로는 4주지만 이보다 길게 6주간 진행하는 것도 이 때문이고요."

영국은 재개발을 추진할 때 '절차적 정당성'을 매우 중요하게 여긴다. 민간 기업이 자신들 소유의 땅을 개발할 때도 '지역 주민들의 의견을 충분히 수렴했다'는 것을 증명해야만 개발을 추진할 수 있도록 법으로 정하고 있을 정도다.

- "의견 청취 기간이 끝나면 주민들의 의견과 질문을 분석한 다음, 해결책을 보고서로 작성해야 해요. 최종 SPD를 만들어서 위원회로 넘기는 것은 5월쯤 돼야 가능하겠네요."

SPD 초안이 2012년 3월에 나왔으니 추가계획서 검토에 1년이 넘은 셈이다. 웸블리 지역을 방문했을 때 들었던 "영국에서는 재개발이 진행되는 데 10~15년이 걸린다"는 말이 그제야 이해가 갔다.

- "브릭스턴은 아주 특별한 곳이에요. 주민들이 프로젝트에 활발하게 참여하고, 대안적인 삶에 관심이 높아요. 풀뿌리 활동도 많이 일어나고요. 구청의 역할은 주민들이 이미 잘하고 있는 일을 더 잘하도록 독려하는 거예요. 구청이 할 수 있는 일은 제한적이기 때문에 한쪽이 밀어붙이는 것보다 주민 공동체와 협력

적인 관계를 만들어가는 것이 훨씬 나은 방법이라고 생각해요. 로드쇼도 그러한 활동의 일환이고요."

로드쇼에 참여하는 주민이 얼마나 있을까? 담당자들이 지나가는 주민들에게 다가가 자료집을 건네며 말을 걸자 무슨 일이냐며 질문을 건네는 이들도 몇몇 있었다. 그러던 중 한 중년 여성이 애나에게 다가가 이야기를 나누더니 자료집을 들고 리치에 있는 커피숍에 자리를 잡았다. 그러고는 심사숙고하며 설문용지를 채워나갔다. 그녀의 이름은 에마. 애니메이션 관련 일을 한다는 그는 브릭스턴에 산 지 7년 됐다. 에마는 자신이 다니는 수영장을 지키기 위해서 로드쇼를 찾았다고 말했다.

- "수영장이 있는 레크리에이션 센터 건물은 브릭스턴의 문화유산이에요. 밖에서는 별 볼 일 없어 보일지 몰라도 지역의 오아시스 같은 공간이죠. 청소년들에게도 이런 공간이 필요해요."

이 지역이 어떤 식으로 재개발되면 좋겠냐는 질문에는 이렇게 답했다.

- "투기성 투자자들이 들어오면 이 지역의 가난한 사람들은 밀려나게 되겠죠. 지역민들은 교통시설 개선 등 이 지역이 살기

좋고 편안한 공간이 되기를 바랄 뿐이지 새로운 건물을 짓는 데는 관심 없어요. 테스코(TESCO) 같은 대형 체인점이 아니라 지역 소상인들이 살아남으면 좋겠어요."

램버스 구청은 재개발 계획 과정에서 주민 중심의 지역 단체들과도 적극적으로 협력하고 있다. 수백 개의 크고 작은 지역 조직들이 참여하고 있는데, 브릭스턴 지역 주민협동조합인 '브릭스턴 그린(Brixton Green)'도 그중 하나다. 이날 로드쇼 현장에서 '브릭스턴 그린'의 설립자인 브래드 캐럴을 만날 수 있었다. '브릭스턴 그린'은 서머리턴 로드 재개발과 관련해 램버스 구청과 파트너십을 맺고, SPD 작성 단계인 2008년 5월부터 재개발 계획에 참여해왔다.

브래드가 2명의 친구들과 함께 '브릭스턴 그린'을 만든 것은 배리어 빌딩(Barrier Building) 때문이었다. 아케이드가 설치된 브릭스턴 실내시장(Indoor market)인 '브릭스턴 빌리지(Brixton Village)'가 끝나는 지점에 있는 배리어 빌딩은 마치 거대한 벽처럼 보이는 소셜하우징 건물이다. 소셜하우징은 영국의 임대아파트 개념이라고 볼 수 있다. 브래드가 〈브릭스턴의 미래〉 자료집에서 배리어 빌딩 사진을 손으로 가리키면서 말했다.

■ "제가 어렸을 때 브릭스턴의 주택들을 없애고 고속도로를 만들려고 했어요. 그래서 이 소셜하우징을 지었는데 아파트에

■ 램버스 구청과 브릭스턴 그린

브릭스턴은 100여 개의 언어가 사용될 정도로 이주민이 많은 곳이다. 2011년에는 흑인을 중심으로 폭동이 일어나는 아픔을 겪기도 했다. 램버스 구청은 다양한 인종의 주민들을 만나 그들이 원하는 것들에 대해 듣고 지역 환경에 적합한 개발 모델을 찾기 위해 고군분투 중이다.

살게 될 사람들을 배려하지 않아서 창문도 작게 만들고 여러모로 불편하게 돼 있어요. 내년이면 이 소셜하우징 지역에 총 1800가구가 살게 되는데 출입구가 2개밖에 없어요. 가난한 사람들을 다 몰아넣고 출입구는 2개밖에 없으니, 게토(Ghetto, 소수 집단이 격리되어 거주하는 공간)가 되어버렸죠. 흑인들 범죄를 단속하기 위해 이런 식으로 건물을 지었는데, 범인이 도망가면 잡기 쉽지만 주민들이 살기에는 좋지 않은 구조예요. 그리고 오히려 출입구가 있는 골목길에서 범죄가 많이 일어나기도 해요."

2011년 폭동이 일어나기 30년 전인 1981년, 브릭스턴에서는 흑인들이 인종과 계급차별에 저항하면서 '브릭스턴 폭동(Brixton Riot)'을 일으켰다. 브래드가 말한 배리어 빌딩 근처에는 그때의 폭동을 기념하는 벽화가 있다.

■ "결국 고속도로 건설은 무산됐지만, 기찻길을 기준으로 (배리어 빌딩이 있는 지역을 가리키며) 이쪽은 못사는 동네, 저쪽은 잘살고 좋은 빌딩들이 들어선 동네로 나뉘어졌어요. 배리어 빌딩이 브릭스턴의 '끝'이라고 생각하는 사람도 많아요. 빌딩 너머로는 사람들이 살지 않는다고 생각하는 거죠. 심지어 이쪽과 저쪽 사람들의 수명도 달라요."

■ 램버스 구청과 브릭스턴 그린

브릭스턴 주민인 브래드와 친구들은 새로운 방식의 개발을 고민하다가 '브릭스턴 그린'을 만들었고, 2009년 협동조합으로 등록했다. 1파운드(약 1650원)만 내면 조합원이 될 수 있는데, 2013년 2월 기준 1300명 정도의 조합원이 있다. 정부나 기업에서 자금을 제공받거나 자원활동가들의 도움으로 조직이 운영되고 있다.

■ "커뮤니티 셰어(Community share) 콘셉트예요. 브릭스턴에서 살거나 일하는 사람들 중 16세 이상은 누구나 참여할 수 있고, 평등한 관계 속에서 공동의 목적을 이루어낼 수 있어요. 그렇기 때문에 자메이카나 남아공에서 온 사람들도 커뮤니티 리더들이 '공동의 이익'을 위해 일한다고 생각하고 있어요.
서머리턴 로드 개발 사업에는 6000만 파운드(약 1042억 원)가 들어가요. 비용이 많이 쓰이는 만큼 이 지역 사람들에게는 아주 중요한 일이죠. 그렇기 때문에 주민들의 의견이 개발 과정에 많이 반영될 수 있도록 하는 것이 '브릭스턴 그린'의 첫 번째 목적이에요. 또 다른 목적은 이 지역 사람들이 살아가는 데 도움이 될 장기적인 운영 체계를 만들어가는 일이고요."

'브릭스턴 그린'은 한 보육원에 작은 공간을 마련해놓고 주민들의 의견을 듣는 워크숍을 열기도 했다. 서머리턴 지역 개발에 주민들의 생각을 최대한 반영하려는 노력이다. 워크숍은 '소셜라이프

■
배리어 빌딩이 브릭스턴의 '끝'이라고 생각하는 사람들이 많다.
빌딩 너머에는 사람이 살지 않는다고 생각하기도 한다.
심지어 사는 곳에 따라 수명이 다를 정도로 생활수준의 불균형이 심각하다.
대안개발을 추진하는 협동조합 '브릭스턴 그린'은
지역 불균형을 극복하기 위해 지역 주민들의 목소리를 모으고 있다.

(Social life)'라는 사회적 기업이 함께 진행하고 있다. 브래드가 말을 이어갔다.

- "범죄가 많이 일어나는 골목길을 중심으로 청소년 교육, 의료시설을 지을 수 있으면 좋겠어요. '요리학교를 만드는 게 어떨까' 라는 아이디어도 있고요. 청소년들이 '우리도 저런 일을 할 수 있구나' 라는 생각을 하게 만드는 거죠. 마을의 자산을 활용하는 일도 중요해요. 이 지역에 있는 학교, 헬스센터, 의료시설을 어떻게 이용할 수 있을지 고민하고 있어요. 소상인들도 지원할 계획입니다."

서머리턴 지역 개발에는 '브릭스턴 그린' 뿐만 아니라 '오블하우스(Ovalhouse)' 라는 지역 극단도 참여하는데, 이 극단을 중심으로 지역에 극장을 만들 계획이다. '브릭스턴의 끝'인 줄 알았던 배리어 빌딩 너머가 새로운 문화 중심지로 거듭날지도 모른다.

브래드는 더 많은 주민들의 의견을 들어야 한다며 다시 거리로 나섰다. 주민 한 사람 한 사람의 의견을 소중히 여기며 한 걸음 한 걸음 변화의 발걸음을 내딛는 브릭스턴. 재개발을 둘러싸고 일어난 갈등 때문에 주민과 경찰이 목숨까지 잃어야 했던 한국의 '용산참사'가 아프게 떠올랐다.

···· 시장 공동체
런던 남부의 브릭스턴 시장

불안한 삶의
울타리가 된 시장 상인회

 런던 남부 브릭스턴 역에서 5분 정도 걸어가자 140년 역사의 브릭스턴 시장이 나왔다. 청바지·점퍼·티셔츠 등이 걸려 있는 가판, 사과·바나나·감 등 과일이 진열된 가판, 레게 음악이 흘러나오는 CD와 카세트테이프가 놓인 가판 등 길 한가운데로 여러 개의 가판대가 줄지어 있었다. 가판이 늘어선 곳 오른편 위로는 기차가 지나가고 그 아래로 카페와 상점들이 보였다. 한국의 전통시장이 아치형 아케이드로 덮여 있고 좌우에 상점이 늘어서 있는 것과 대조적이었다.
 시장 입구의 한 카페테라스에서 브릭스턴 시장 상인회(Brixton Market Trader's Federation) 회장인 스튜어트를 만났다. 청바지에

■ 브릭스턴 시장

운동화 차림을 한 그의 표정과 목소리에서 잔뼈가 굵은 시장 상인의 모습이 고스란히 느껴졌다. 그는 1984년부터 브릭스턴 시장에서 작은 시계가게를 운영하고 있다.

상인 40명으로 이루어진 브릭스턴 상인회는 1990년에 만들어졌다. 상인들의 고충을 대변하기 위해서다.

- "상인들은 매일매일의 삶이 투쟁과 같아서 서로 협력하지 않으면 힘들죠. 자신들이 원하는 바를 구청과 협상할 수 있는 능력이 필요한데, 상인 혼자서는 쉽지 않아요. 저도 상인이라 누구보다도 상인을 잘 대변할 수 있기 때문에 이 일을 하고 있죠."

상인을 위한 상인회 이야기는 한국에서도 들을 수 있지만 브릭스턴 상인회에는 조금 다른 점이 있다. 바로 상인회가 공동체 이익 회사(CIC, Community Interest Company)* 형태를 띤다는 점이다. 브릭스턴 상인회는 느슨했던 조직을 정비해 2009년 CIC로 등록했다.

* 사회적 기업의 한 형태. CIC는 공동체의 이익에 기여해야 하고 정당의 정치적 목적을 가질 수 없으며, 기업 특정 그룹의 재정적 이익을 추구하지 못한다. CIC 등록을 위해서는 공동체 이익 테스트(공동체 목적을 위해 설립되었음을 증명)를 거쳐야 하고 자산의 처분이나 이동을 금지하는 '자산 동결(Asset lock)'이 필요하나. 사신던체가 지금조달이나 조직운영에 제한이 매우 많은 것과 달리 CIC는 지역공동체 전체에 이익이 되는 활동이라면 영리활동을 할 수 있고 배당액에 상한이 있는 주식도 발행할 수 있다.

브릭스턴 시장은 상인 스스로 지역사회와 협력하는 구조를 만들었다. 그 예로 브릭스턴 교도소와의 협력을 꼽을 수 있다. 출소를 앞둔 수감자들이 시장에서 일을 하며 세상 돌아가는 사회 경험을 쌓을 수 있도록 돕는 것이다. 교도소 안에서 생산한 빵과 비스킷을 시장에서 팔 수 있도록 파트너십도 맺을 예정이다.

- "영국에서는 출소 뒤 바로 범죄를 저질러서 감옥에 다시 가는 사람들이 많아요. 시장에서 지역 사람들과 만나 이야기를 나누고 물건을 파는 경험을 할 수 있도록 도와서 이런 일을 막고 싶어요."

또한 '브릭스턴 소사이어티(Brixton Society)'라는 지역 단체와 함께 지역 문화유적 탐방을 진행하고 있다. 지역의 건물이 언제, 어떻게 지어졌는지 설명하는 역사 교육 프로그램에 브릭스턴 시장도 포함됐다. 이 단체는 상인회가 CIC로 설립되는 데 고문 역할을 해주는 등 서로 유기적인 협력관계를 만들고 있다. 지역 주민들의 온라인 벼룩시장인 '메이커 후드(Makerhood)'에 시장 공간을 개방해 오프라인 장터를 열기도 하고 토요일에는 노래·춤 등 문화 공연이 어우러지는 시장 축제를 열어 지역 주민들의 관심을 끌고 있다. 상인회는 인근의 램버스 대학(Lambeth College)과도 파트너십을 고민하고 있다. 이런 노력 덕분인지 브릭스턴 시장은 2012년에 정부로부터 5만 파운드(약 8500만 원)의 혁신 기금(Initiative Fund)을 받았다.

1990년대부터 대형 슈퍼마켓이 인근에 들어오고, 구청의 길거리 상인 단속도 심해지면서 2000년 초반만 해도 시장은 침체의 길을 걷고 있었다. 하지만 지역 사회와의 활발한 협력 덕분에 최근에는 '브릭스턴의 명소'라는 명성을 되찾고 있다.

- "한 카페 사장은 저에게 매번 고맙다고 인사해요. 상인회가 생긴 후, 이 길에 드나드는 사람들의 숫자가 한눈에 봐도 늘어났거든요."

그렇지만 이렇게 되기까지의 과정이 쉽지는 않았다. 2000년대, 이 시장을 담당하는 램버스 구청은 허가받지 않은 노점 상인을 엄격하게 단속했다. 스튜어트는 당시를 "동그라미에다 네모를 넣으라고 하는 것과 같은 상황"이었다고 회상했다. 결국 오랜 협상 끝에 상인회는 구청에서 허가권을 일부 양도받아 시장의 가판 설치와 관리를 맡고 있다.

상인회 소개를 마친 스튜어트는 시장을 안내하겠다며 일어섰다. 스튜어트와 함께 둘러본 시장에는 한국 재래시장처럼 없는 게 없었다. 옷, 모자, 벨트, 신발, 과일, 생선, 냄비, 휴대전화 케이스 등 진열된 물건만큼 상인들의 인종도 다양했다. 여러 인종이 어울려 사는 지역인 만큼 브릭스턴 시장 상인들의 모습을 보면 이곳이 다양한 인종의 용광로라는 생각이 절로 든다. 특히 자메이카 등 카리브 해안에서 온 이들이 많아서 다른 시장과 달리 냉동되지 않은 싱싱한 생선들을 팔기도 한다. 스튜어트는 만나는 상인들마다 인사를 건네며 "이 사람들은 모두 내 가족"이라고 웃어 보였다.

시장을 소개하던 스튜어트가 오렌지, 사과, 바나나 등이 진열된 가판대 앞에서 멈춰 섰다. 86세의 아이린이 아들 데이브와 진열대를 정리하고 있었다. 아이린은 2차 세계대전이 끝난 후 1948년부터 이곳에서 장사를 시작했고, 데이브도 어릴 때부터 어머니를 도왔다. 바구니 앞에는 'Juicy and Sweet(과즙이 풍부하고 달콤한)'라고 적힌 피켓이 놓여 있었는데, 가판대에 진열된 과일들의 색깔이 유독 선명했다.

한국은 대형마트가 들어서면서 전통시장이 어려워졌다고 말하자 데이브는 "슈퍼마켓은 창고에 저장해놓은 물건을 팔지만 우리는 신선한 과일을 바로 팔기 때문에 충성도 높은 고객들이 많다"고 말했다. 그러고는 "슈퍼마켓에 가면 빠르고 간단하게 쇼핑할 수 있지만 여기에서는 상인과 상인, 상인과 손님 사이의 관계를 만들 수 있다"고 덧붙였다.

생선가게에 들렀을 때 스튜어트는 주인인 데릭을 "New boy(신입)"라고 칭했다. 그 말을 듣고 시장에서 장사를 시작한 지 1~2년쯤 된 줄 알았지만 데릭은 자신을 "23년 전에 시장에 왔다"고 소개

■ 브릭스턴 시장

상인들은 매일매일의 삶이 투쟁과 같아서 서로 협력하지 않으면 힘들다.
브릭스턴 시장 상인회는 상인들의 고충을 대변하며
그들이 원하는 내용을 수렴해 구청과 협상하는 역할을 한다.

했다. 23년 경력의 장사꾼을 '신입'이라고 부를 만큼 브릭스턴 시장의 역사가 오래됐다는 것을 보여준다. 데릭은 "상인회가 시장 관련 정보를 제공해주고 우리를 대신해서 구청에 목소리를 전한다"며 상인회를 높이 평가했다.

한국의 재래시장처럼 아케이드가 설치된 실내 시장도 둘러봤다. 이곳은 상인회 소속 가판대보다 월세가 2배 이상 비싸다. 예전에는 도매를 하던 가게들이 있었지만 지금은 상점의 50퍼센트가 카페나 바(bar)로 바뀌고 있다. 빈곤층 지역에 부유한 사람들이 유입되면서 빈곤지역의 임대료 시세가 오르는 젠트리피케이션(Gentrification) 현상이 나타나는 것이다. 한국의 홍대 주변이나 이태원에서 벌어지는 현상과 유사하다. 이런 현상에 대해 스튜어트가 말했다.

- "시장이 레저 공간으로 바뀌는 게 나쁜 일은 아니에요. 하지만 우리 길거리 시장만은 역사 그대로 보존시키고 싶어요."

말굽 모양(U자형)의 시장을 한 바퀴 돌아 스튜어트가 운영하는 가게 앞에 도착했다. 본업이 시계 수리공인 그의 가판대에는 수십 개의 시계가 걸려 있었다. 그리고 안내문 하나가 붙어 있었는데, 이 가게에서 '브릭스턴 파운드(Brixton Pound)'를 쓸 수 있다는 내용이었다. 스튜어트가 지갑에서 꺼낸 '브릭스턴 파운드'는 엘리자베스 여왕이 그려진 일반 화폐가 아니라 영국의 유명 음악가 '데이비드 보위'의 얼굴이 그려져 있는 런던의 첫 지역 화폐다. 지역 화폐를 쓰는 주민에게는 특별 할인이 제공되고, 상인에게는 '브릭스턴 파운드' 누리집과 전단지를 통해 가게를 홍보할 수 있는 혜택이 주어진다. 이 같은 지역 화폐 사용은 지역 거래를 활성화할 수 있다.

■ "아직은 모든 상점에서 '브릭스턴 파운드'를 사용하진 못해요. 다행히도 단골 카페가 '브릭스턴 파운드'를 받고 있어서 저는 거기서 커피를 마시죠."

브릭스턴 시장에 대해 열렬히 설명하는 스튜어트에게서 신성함까지 느껴졌다. 한국이든 영국이든 성공적인 지역 사업의 중심에는 지역을 아끼는 마음이 유별난 사람들이 어김없이 있다는 생각이 들 때쯤 어두워진 시장에 불이 켜졌다. 환한 가판대 앞에서는 마치 서울의 어느 시장 풍경처럼 손님과 상인의 에누리 실랑이가 벌어지고 있었다.

···· 에너지 공동체
브릭스턴의 리메이커리와 런던 북부의 트랜지션 핀스베리 파크

지구를 살리는
거대한 순환

느긋하게, 천천히. 영국 마을공동체를 취재하면서 '어메이징(amazing, 놀라운)' 다음으로 많이 떠올렸던 단어다. '빨리빨리'에 익숙한 한국과 달리, 영국의 마을만들기 사업은 상황에 맞춰서 유연하고 느긋하게 진행됐다. 결과보다 과정을 즐기는 문화가 바탕에 깔려 있음을 느낄 수 있었다. 이런 문화적 차이는 브릭스턴에서 만난 에너지 전환 그룹 '리메이커리(Remakery)'의 분위기에서 두드러졌다.

브릭스턴 역에서 버스로 두 정거장 떨어진 주택가 인근의 한 지하주차장. 입구에 들어서니 주차장에서는 공사가 한창이었다. 한쪽에는 이동식 간이 화장실이 덩그러니 놓여 있고 버려진 의자, 캐

비닛, 문짝, 철재, 네모난 합판, 긴 목재 들이 널브러져 있었다. 주차장 안에는 연두색이나 주황색 형광 안전조끼를 입고 안전모를 쓰고 있는 사람들이 10여 명 보였다. 이들은 벽에 흰색 페인트를 칠하고, 바닥의 흙먼지를 쓸어내고 있었다. 그런데 안전모와 안전조끼가 어울리지 않을 정도로 사람들의 움직임이 설렁설렁하다. 어리둥절하게 바라보고 있는 취재진에게 현장 책임자인 제이크가 안전조끼를 건네면서 공사 현장이라 반드시 입어야 한다고 말했다. '도대체 무슨 공사를 하는 거지?' 라는 생각이 들 때 제이크가 말했다.

- "우리의 작업 공간을 만드는 공사를 하고 있어요."

'리메이커리'는 우리말로 '다시 만들기'란 뜻이다. '브릭스턴 리메이커리(Brixton Remakery)' 누리집(www.remakery.org)에는 이들의 지향점이 잘 나타나 있다. "우리의 목적은 브릭스턴 지역의 낭비된 자원을 재활용하고 수리·재활용 기술로 지역의 숨은 역량을 기르는 것이다."

'리메이커리'는 최근 한국에서도 관심이 높아지고 있는 트랜지션 타운(Transition Town, 에너지 자립 마을) 운동을 하는 단체로, 퍼머 컬처(Perma Culture)를 지향한다. 퍼머 컬처는 '영구적(perma)'이라는 단어와 '농업 또는 문화(culture)'라는 단어가 합쳐진 말인데, 자연과 사람이 조화를 이루는 삶을 지향하는 운동을 뜻한다. 브릭스턴 지역에는 태양열 판을 지붕에 설치하는 단체 등 다양한 트랜지션 타운 그룹들이 있는데, 이들은 기후 변화에 대비하고 석유에 의존하지 않는 '친환경적 삶'을 꿈꾼다. 화석 연료를 쓰는 대신 태양열 온풍기, 화목 난로로 한겨울을 보낸 서울의 '성대골마을'이 추구하는 방향과 같은 맥락이다.

재활용도 트랜지션 타운 운동의 한 방식이다. 주민협동조합인 '브릭스턴 그린'처럼 1파운드만 내면 '리메이커리' 회원이 될 수 있다. 2013년 2월 기준 회원은 50여 명이고, 이 지역에서 재활용 운동을 하는 '리메이커(Remaker)'는 90여 명에 이른다.

지하주차장 공사가 끝나면 이 공간은 주민들의 작업공간으로 활용될 예정이다. '리메이커리' 디렉터(Director)이자 초기 멤버인 해나가 작업공간에서 어떤 작업을 할지 설명했다.

- "컴퓨터, 자전거 등 고장 난 물건이 있으면 고치고, 헌 옷감으로 옷이나 가방을 만들고, 낡은 가구를 새것처럼 다시 만들고…… 여기에서 다양한 일을 할 수 있죠. 하지만 무엇보다 주민들이 협업할 수 있는 네트워크를 만드는 게 목적이에요."

'리메이커리' 프로젝트의 시작은 4년 전으로 거슬러 올라간다. 이 주차장은 원래 임대아파트의 시설이었는데, 입주자 중 차를 소유한

■ 리메이커리와 트랜지션 핀스베리 파크

사람이 얼마 없다 보니 자연스레 비게 됐다. 이 점을 알고 범죄 조직이 은신처로 쓰거나 지역 주민들이 쓰레기를 몰래 버렸다. 또 불법 점거자(Squatter)들이 주차장에 들어와 말썽을 일으키기도 했다.

그러다가 2009년 브릭스턴 지역에서 '쓰레기 제로' 운동을 벌이던 '리메이드 인 브릭스턴(Remade in Brixton)'이라는 단체가 구청 소유였던 이 주차장을 지역 주민들을 위한 공간으로 꾸미겠다고 구청에 제안했다. '리메이커리'의 전신인 이들은 주차장의 쓰레기를 치우고 버려진 공간을 관리하기 시작했다.

- "처음에는 공사 허가증이 없었기 때문에 그냥 창고처럼 썼어요. 자전거를 고치는 그룹, 컴퓨터를 재조립하는 그룹, 목재를 재활용하는 그룹, 예술가 그룹 등이 다양하게 이용했죠."

그러다가 2010년 구청이 상금 10만 파운드(약 1억 7000만 원)를 걸고 주차장 활용 방안에 대한 프로젝트 공모전을 열었다. 지역 주민 3000명의 공개 투표로 순위가 가려진 이 공모전에서 '리메이커리'의 아이디어가 1등을 차지했다. '리메이커리'는 1000제곱미터(약 300평) 규모에 자동차 36대를 주차할 수 있는 공간인 이 주차장을 15년간 빌리게 됐고, 비영리 건축단체인 '아키텍처 포 휴머니티(Architecture For Humanity)'의 건축가들과 함께 주차장을 설계했다. 목재, 페인트, 합판 등 건축 자재는 대부분 기업으로부터 기부를 받았다.

  2012년 8월에 시작된 이 공사는 2013년 8월 완공을 목표로 진행하고 있다. 그런데 취재진이 공사 현장을 찾았던 2013년 2월, 공사는 30퍼센트밖에 진행되지 않았다. 벽을 부수고, 바닥에 시멘트를 바르고, 단열재를 넣고, 페인트칠을 하고…… 이 모든 작업을 전문 공사 인력이 아니라 '리메이커리' 회원을 비롯한 자원활동가들이 맡아 하다 보니 아무래도 속도가 더뎠다. 작업복을 입고 있는 로빈에게 '언제 공사가 끝날 것 같으냐'고 물었더니 "아마도 이번 크리스마스?"라며 웃는다. 그때라도 완성되면 다행이라는 눈치다. 해나도 "작년 여름에 계획을 세울 때는 올봄 안에 끝낼 수 있다고 생각했는데, 점점 늦어지고 있다"며 멋쩍게 웃어 보였다.

  마을 주민은 물론이고 램버스 대학에서 건축을 공부하는 학생들이 실습을 오기도 하는 등 다양한 사람들이 공사에 참여한다. 알코올이나 마약 중독자들이 재활을 위해 참여하기도 하고, 경범죄를 저지른 이들도 이곳에서 사회봉사를 하며 공동체에 기여하고 있다. 이 사회봉사자들은 특별히 '공동체에 되갚기(Community Payback)'라고 적힌 조끼를 입는다. 사무실 한 편에 게시된 일주일 단위의 스케줄 표에는 요일마다 자원활동가 이름이 적혀 있고, 이 표에서 사회 봉사자들이 언제 오는지 확인할 수 있다.

  다양한 사람들이 참여하는 반면, 하루에 적게는 2명부터 많게는 10명까지 참여하는 사람들의 숫자와 구성이 매일 다르기 때문에 일의 전문성과 효율성이 떨어지는 아쉬움도 있다. 현장 책임자가 있기는 하지만 매일 다른 사람들과 일을 해야 하니 어려움이 따를 수밖에 없다. 해나는 "벽에 페인트를 세 겹 칠해야 하는데 지금 몇 겹을 칠했는지 모르는 상황도 생긴다. 그래도 이러한 소통의 과정이 곧 배움의 과정이라고 느끼며 일하고 있다"고 말했다. 버려진 공간을 살리는 과정 자체가 '리메이커리'인 셈이다. 어쩌면 이들에게 완공일자를 정확히 지키고 완벽한 결과물을 만들어내는 일은 중요하지 않을지도 모른다.

잠깐의 휴식 시간을 이용해 피팔, 부아, 패트릭과 나눈 대화에서도 이를 짐작할 수 있었다. 홍보 전문가 피팔, 무대 디자이너 부아, 의사 패트릭. 서로 다른 직업만큼이나 '리메이커리'와 인연을 맺게 된 이유도 저마다 달랐다. 브릭스턴 지역 주민인 피팔은 "트위터를 통해 지역에서 재미있는 일이 일어나고 있다는 것을 알게 됐다. 평소 재활용에 관심이 많았기 때문에 나한테 딱 맞는 일이라고 생각했다"고 말했다. 패트릭은 3년 전 또 다른 트랜지션 타운 운동 그룹에서 해나를 알게 되면서 이곳까지 오게 됐고, 부아는 해나와 함께 '리메이커리' 초기 멤버다. 부아에게 처음 이곳에 왔을 때 어땠는지 물었다.

■ "지금은 벽을 하얀색으로 칠하고 있는데 당시에는 온통 다 검은색이었어요. 여기저기 쓰레기가 정말 많았고 불타버린

■
'리메이커리'는 브릭스턴 지역의 낭비된 자원을 재활용하며
트랜지션 타운(에너지 자립 마을) 운동을 펼치고 있다.
이들은 매우 천천히 일을 추진하지만 협업의 과정 자체를
가치 있게 생각하고 즐긴다.

차에 부서진 오토바이도 있었죠. 정말 손대기 힘들 지경이었는데 많은 사람들이 도와줘서 여기까지 왔네요.(웃음) 사람들의 관심과 참여가 점점 많아지는 것을 보면서 '나 혼자 있는 게 아니구나' 느꼈어요."

이날은 마침 '리메이커리'에서 매주 목요일마다 열리는 '친교의 날(Site Social Day)'이었다. 각자의 일과가 끝나는 저녁 시간에 모여 공사를 하고 함께 식사를 하며 하루를 마무리하는 모임을 갖는다. 취재진도 작업을 마친 사람들과 각양각색의 낡은 소파에 앉아 밥을 나눠 먹었다. 토마토소스로 볶은 고기를 얹은 흰 쌀밥과 야채 볶음에 맥주도 곁들여 먹었다. 한창 맛있게 식사를 하면서 이런저런 이야기를 나누던 중 이라크 출신의 라샤드가 "한국에서도 오래된 피아노가 문제가 되느냐"고 질문을 던졌다. 그는 주차장 반대편 창고로 취재진을 데리고 갔다. 어두컴컴한 창고에는 소파, 자전거, 선풍기, 분해된 피아노 20여 대 등이 있었다.

■ "안 쓰는 피아노를 길거리에 놔두고 사람들이 자유롭게 피아노를 치도록 활용하는 '스트리트 피아노 프로젝트'가 있었어요. 여기 있는 피아노들은 그 프로젝트가 끝나고 난 후 못 쓰게 된 피아노들이에요. 건반은 빼고 피아노 안쪽에 있는 부분만 분리했어요. 낡은 피아노를 재활용해서 아이들에게 음악을 가르

치고, 물리학 교재로도 쓸 수 있어요. 이미 주변 학교에 3대를 팔았어요. 조국인 이라크가 부서진 나라가 돼버렸잖아요. 그래서 저는 부서진 걸 다시 만드는 일에서 의미를 찾고 있어요."

'리메이커'들이 늘어날 때마다 지역공동체에는 활기가 더해지고 트랜지션 타운의 가치도 퍼져나갈 것이다. 작은 마을에서 시작되는 그들의 움직임이 지구를 다시 만드는 '거대한 전환'으로 이어지길 기대해본다.

취재팀의 숙소에서 5분 거리에 있는 런던 핀스베리 공원(Finsbury Park). 공원 한편에 있는 '그린 루트(Green Route)'라는 곳으로 들어서자 꼬마들의 깔깔거리는 소리가 들렸다. 커다란 비닐하우스가 보이고 정원에 수많은 화분이 놓여 있는 이곳은 '리메이커리' 같은 트랜지션 타운 그룹인 '트랜지션 핀스베리 파크(Transition Finsbury Park)'의 아지트다.

'트랜지션 핀스베리 파크'는 2008년부터 이곳에서 활동을 시작했다. 핵심 활동가들은 6명이고 지역 주민 800여 명이 활동에 동참하고 있다. 숲과 공원에서 버섯을 채취하는 법, 꽃 심고 가꾸기, 목재 재활용, 식물 이름 알려주기 등이 '그린 루트'에서 주로 진행되는 활동이다.

원예시설 쪽에 있는 비닐하우스로 들어가 '트랜지션 핀스베리 파크'의 매니저 조를 만났다. 3년 전부터 활동하고 있는 조는 이곳의 주축 활동가다. 정원 입구에서 깔깔 웃던 아이들은 그의 딸들이다.

■ "기후변화에 관심을 갖게 됐는데, 우리 세대까지는 어떨지 몰라도 내 아이에게는 심각한 문제가 될 수 있겠더라고요. 트랜지션 타운 안내서에 적힌 그룹 조직에 대한 지침을 보고 지인에게 연락을 돌렸어요. 교회 목사, 학부모들과 아주 작은 행사부터 시작했죠. 그 행사가 잘되고 점점 커져서 지역 축제로 발전했어요."

이 지역 축제는 2010년부터 열리고 있는 '웰 오일드(Well Oiled, '석유를 많이 써버려서 기름칠이 잘된'이라는 뜻) 축제'를 말한다. 에너지 자원을 올바르게 쓰자는 취지로 가을마다 열리는 이 축제 기간에는 벼룩시장이 열리고, 자전거 발전기로 켜지는 친환경 전구가 전시되는 등 주민들에게 다양한 볼거리를 제공한다. 2011년 9월에 열린 축제에는 1000여 명의 주민들이 참가했다. '트랜지션 핀스베리 파크'는 2013년부터 복권 기금(Big Lottery Fund)의 지원으로 3년 동안 6만 파운드(약 1억 200만 원)의 자금을 받아 더 다양한 활동을 추진할 계획이다.

조와 이야기를 나누는 동안 리처드, 베시, 찰리가 비닐하우스로 들어왔다. 이날 오전 10시부터 오후 3시까지 진행되는 '식물 심기와 가꾸기 워크숍(Plant Nursery Session)'에 참가하러 온 것이다. 이런 워크숍은 일주일에 두 번 정도 열린다.

워크숍 내내 리처드는 긴 나뭇가지를 자르거나 거름을 날랐고, 베시는 자그마한 묘목과 알록달록한 화분을 옮겼다. 찰리는 비닐하우스와 시설물 곳곳을 돌아다니며 시간을 보냈다. 브릭스턴의 '리메이커리'처럼 이곳 역시 누구나 자유롭게 드나들며 활동할 수 있다.

느리지만 생각을 하나씩 행동으로 옮기는 이들의 모습을 보며 문득 중요한 것을 깨닫게 됐다. 결과물이 아닌 협동하는 과정 그 자체를 통해서, 가까이는 마을부터 멀리는 지구까지 변화시킬 수 있다는 믿음이 그들에게 있는 것 아닐까? 조의 다음 말을 듣고 이런 생각에 더 확신이 생겼다.

■ "기후 변화를 인정하는 일은 친구의 죽음을 인정하는 과정과 비슷해요. 처음에는 부인하면서 친구가 없어진 사실에 혼란을 느끼지만, 결국 이를 받아들이고 슬퍼하죠. 사람들은 기후 변화라는 현실에 슬퍼하고 무기력함을 느끼잖아요. 하지만 그들이 무기력함을 이겨내고 작은 행동을 실천할 수 있도록 우리가 도울 수 있지 않을까요?"

■ 리메이커리와 트랜지션 핀스베리 파크

… 다문화 공동체
브리스톨의 바턴 힐 세틀먼트

소통과 참여로 뛰어넘은 오해와 갈등

영국에 온 지 며칠 만에 화창하게 갠 날씨. 런던에서 1시간 30분 정도 떨어진 브리스톨 시 동쪽에 위치한 바턴 힐(Barton Hill) 지역에 도착하자 맑은 하늘을 계속 쳐다보게 됐다. 게다가 깔끔하게 지어진 고층 아파트, 초록 잔디밭, 놀이터에서 뛰노는 아이들까지 기분 좋은 풍경이 펼쳐졌다.

■ "평화롭고 아름다운 곳처럼 보이죠? 하지만 꼭 그렇지만은 않아요."

생각을 읽었는지 레베카가 아파트 단지를 바라보며 말했다.

■ "이 지역에는 임금이 낮거나 정부 지원금만으로 생활하는 사람들이 많아요. 예전에 비해 많이 줄었지만 마약을 하는 사람들도 있고요. 저기 지어진 새로운 아파트는 소셜하우징(임대아파트)이에요. 아이가 많을수록 소셜하우징 입주가 유리하니까 소말리아 사람들이 많이 살아요. 그들은 보통 2~8명 정도 아이를 낳으니까요.

한국에서는 아파트라고 하면 좋은 곳이라고 생각하잖아요? 영국의 아파트는 보통 소셜하우징이라 그리 좋지 않아요. 층간 소음이 심하고, 한 동에 80가구가 살아도 세탁기는 2, 3대밖에 없어요. 그런데 이주민이 아닌 영국 백인들 입장에서는 '우리는 집이 없는데 왜 소말리아 사람들만 좋은 아파트에 사나' 라는 불만이 생기죠. 그래서 갈등이 일어나는 거예요."

바턴 힐 지역은 브리스톨은 물론이고 영국에서도 가장 쇠퇴한 지역 10퍼센트 안에 들어간다. 인구 45만 명 규모의 브리스톨 시에 있는 바턴 힐의 인구는 6000명 정도다. 광산과 화학 공장 부지가 있던 이곳은 1930년대 경제공황의 영향으로 낙후됐고, 1950년대 슬럼가를 철거하고 고층아파트가 들어서는 과정에서 공동체가 붕괴됐다. 1980년대에 정부 주도의 지역재생이 시행됐지만 일시적이었고 높은 실업률과 낮은 교육수준, 이에 따른 높은 범죄율이 계속됐다. 주로 백인 노동자들이 많이 살던 이 지역에 이주민들이 대

■ 바턴 힐 세틀먼트

거 들어오면서 백인과 이민자 간의 갈등도 심각한 사회문제로 떠올랐다.

이러한 바턴 힐에 1999년부터 변화가 생겼다. 노동당 블레어 정부가 도입한 커뮤니티 뉴딜(New Deal for Community) 사업에 선정되어 10년간 지역재생 예산 5000만 파운드(약 861억 7000만 원)를 지원받게 된 것이다. 이 과정에서 '바턴 힐 세틀먼트(Barton Hill Settlement)'가 이 지역 마을공동체 만들기의 중심축 역할을 했다. '바턴 힐 세틀먼트'는 1911년 퀘이커 교도들에 의해 설립된 기관으로 그 역사가 100년이 넘는다. 레베카는 이곳에서 2011년부터 '커뮤니티 오거나이저(Community Organizer)'로 활동하고 있다. 우리말로 하자면 '마을활동가'다. 영국 정부는 2015년까지 전국에 커뮤니티 오거나이저 500명을 육성하겠다는 계획을 갖고 있다.

레베카의 안내로 '바턴 힐 세틀먼트'를 찾았다. 그는 건물 입구에 있는 한 공간을 가리키며 "알코올과 마약 중독 치료센터다. 재활 치료하는 사람들이 매일 왔다 갔다 한다"고 설명했다. 건물 안으로 들어서자 이번에는 패밀리 센터가 보였다. "보육시설이 아니라 가족들 사이의 관계를 만드는 공간이다. 미혼모나 이민자들이 와서 '어떻게 하면 좋은 엄마가 될 수 있을까' 등을 함께 고민한다"고 레베카의 설명이 계속됐다. 벽면에는 아이들이 성장하는 모습을 그린 그림이 붙어 있었다.

'바턴 힐 세틀먼트'에서 커뮤니티 개발자로 일하는 루시를 만났다. 루시는 지난 10년간 이 지역에서 마을만들기가 어떻게 진행됐는지 설명했다.

■ "주민들에게 이 마을의 문제점을 물어봤더니 '안전이 걱정된다'는 의견이 많았어요. 걸어 다니기 무섭다는 거죠. 그래서 구역마다 울타리를 만들고 잠금장치를 다는 식으로 환경을 개선했어요. 덕분에 범죄율도 줄었고, 사람들의 두려움도 줄어들었죠. 그리고 이주민들, 특히 소말리아인·폴란드인이 갑자기 늘어나면서 이미 있던 백인 노동자 커뮤니티와 새로운 커뮤니티 사이에 갈등이 생겼어요. 그래서 다양성을 존중하고 다양한 문화를 이해할 수 있는 기회를 만들었어요. 예를 들어, 나이 든 백인 남성이 어린 소말리아 여성에게 '안녕' 이라고 인사를 해도 소말리아 여성은 아무 대답을 안 해요. 백인 남성은 '예의가 없구나' 라고 생각할 수 있지만, 소말리아에서는 젊은 여자가 다른 남자한테 말을 걸 수 없는 문화가 있거든요. 다양한 이벤트를 통해서 이런 문화를 서로 이해하도록 돕고 있어요."

'바턴 힐 세틀먼트'에서는 일주일에 모두 35개의 커뮤니티 프로그램이 운영된다. 보육원 가족 모임, 초등학생 가족 모임, 무슬림 여성들의 점심 식사 모임, 바느질 모임과 같은 친목 모임부터 컴퓨터·사진·영어 수업 같은 실용적인 프로그램도 있다. '바턴 힐 세

■ 바턴 힐 세틀먼트

틀먼트'가 다른 복지관과 다른 점은 주민들이 이러한 사회서비스를 제공받는 '객체'가 아니라 '주체'로 참여한다는 것이다. 루시의 설명은 계속됐다.

- "지난 10여 년간 저희는 지역 커뮤니티가 모든 것을 이끌어갈 수 있는 능력을 키우도록 노력했어요. 주민들이 직접 예산을 짜게 하고, 세틀먼트에서 일어나는 모든 일에 대한 의사결정에 주민들이 영향을 미칠 수 있도록 이사회에도 지역 주민들을 참여시켰죠. 저나 레베카 같은 활동가들이 어떤 프로젝트를 만들려면 5분 만에라도 할 수 있지만 주민들은 오래 걸려요. 하지만 지역 주민들 스스로 프로젝트를 조직할 수 있는 능력을 갖는 것, 책임감을 가지고 활동을 할 수 있게 만드는 것이 중요해요. 2013년 2월 현재 '바턴 힐 세틀먼트'에서 돈을 받고 일하는 직원은 35명, 자원활동가는 100명이에요. 자원활동가들이 훨씬 많죠. 우리 같은 활동가들이 없어도 이곳에서 일어나는 일이 지속 가능해야 해요."

세틀먼트가 주민들을 불러들이는 역할을 했다면 커뮤니티 오거나이저는 주민들을 직접 찾아간다. 레베카는 매일 바턴 힐에 사는 주민들의 집 문을 두드리고 바턴 힐에 대해 묻는다.

사실 레베카는 조금 독특한 이력을 갖고 있다. 영국 잉글랜드 남동부 에섹스(Essex) 출신인 그는 대학 졸업 후 한국에서 4년 반을 살며 영어 교육 관련 일을 했다. 한국 음식을 좋아한다는 레베카는 "청국장과 인절미가 너무 먹고 싶다"고 말했다. 그는 이태원의 시낭송 모임에서 지금의 영국인 남편을 만나 결혼했다. 레베카는 2011년 8월 바턴 힐에 처음 온 이후 2012년 11월까지 약 1년간 주민 500명을 만났다. 그리고 바턴 힐에 대해 좋아하는 점은 무엇인지, 걱정하는 점은 무엇인지 묻고, 바턴 힐 지역에 바라는 점은 없는지, 어떤 아이디어가 있는지도 물어본다. 레베카는 자신이 직접 만들었다는 홍보 자료를 취재팀에게 보여줬다. 레베카가 주민들을 만나 직접 들었던 이야기들이 키워드로 정리돼 있었다.

바턴 힐의 좋은 점

안전함, 조용함, 친절한 사람들, 친구들과 가족들, 다문화, 패밀리 센터, 평화로운 공원……

바턴 힐의 걱정스러운 점

젊은이들, 공동체가 없다는 점, 너무 많은 변화, 집이 충분하지 않음, 쓰레기, 마약……

바라는 점이나 아이디어

청소년 클럽, 커뮤니티 카페, 무료 영어 수업, 커뮤니티 이벤트, 지역사회가 더 많은 권한을 갖는 것, 더 많은 일자리, 멘토링 프로젝트, 젊은이들의 이야기를 듣는 것, 저렴한 놀이방······

이렇게 묻고 의견을 정리하면 끝일까? 아니다. 레베카는 지역에 대한 주민의 아이디어가 현실이 될 수 있도록 돕는다. 레베카는 한 소년이 마이크를 들고 뭔가를 읽고 있는 사진을 가리켰다.

- "지난해 여름휴가 때 릴라 공원(Lila Park) 근처에 살고 있는 아이들을 만났어요. 아이들이 제게 그러더라고요. 공원이 좋기는 한데, 놀 거리가 없어서 심심하다고요. 그래서 아이들과 함께 구청에 건의하기로 했어요. 지금 이 사진 속 친구가 놀이기구를 만들어달라고 구청에 요청하는 선언문을 읽고 있는 거예요. 이 아이들은 주민 75명의 서명도 받아서 구청에 냈어요. 주민 모임이 9월에 열렸고, 구의원이 도와주겠다는 의사를 밝혔어요."

레베카는 자신과 함께 프로젝트를 진행했던 소말리아 난민 여성 사다를 소개해주기로 했다. 소셜하우징 아파트의 엘리베이터를 타고 올라가 사다의 집 문을 두드리자 8살 이스라가 우리를 맞이했다. 잠시 후 소말리아 전통의상을 입은 사다가 거실로 나왔다. 사다는 2004년부터 바턴 힐에서 살기 시작했는데 이 지역에 거의 처음으로 정착한 소말리아인이다.

- "처음 이곳에 살았을 때는 무서웠어요. 아파트 앞에 안전문도 없었고, 이사 오자마자 사람들이 남편 차의 유리창을 다 부수기도 했죠. 하지만 이전에 비해 지금은 훨씬 안전해졌어요. 저도 지역의 활동에 참여하면서 자신감도 생겼고요."

영어를 한마디도 못했던 사다는 '바턴 힐 세틀먼트'에서 영어를 배웠고 보육자격증도 땄다. 레베카는 사다 칭찬에 신이 났다.

- "사다는 자격증 공부를 하기 위해서 처음으로 아이를 보육원에 맡긴 소말리아 여성이기도 해요. 소말리아 커뮤니티에서는 충격으로 받아들였지만 사다는 '그게 뭐 어때서?'라고 했죠. 어제 이 집에 놀러왔더니 사다가 영국 여성, 수단 여성과 함께 저녁을 먹고 있더라고요. 사다는 사람들을 불러서 화합시키는 역할을 잘해요."

레베카와 사다는 2012년 영국 여성과 소말리아 여성이 모여 서로의 문화를 배우는 '다문화 교실'을 열었다. 이 프로젝트 준비로 함께 런던에 다녀오기도 하면서 국적도, 살아온 환경도 달랐던 두 사람은 친구가 되었다. 사다는 '다문화 교실' 프로젝트에 이어 또 다른 계획도 생각하고 있다.

- 바턴 힐 세틀먼트

소말리아 여성 사다(왼쪽)는 특유의 친화력으로
다양한 인종의 공동체를 화합하는 재주가 있다.
마을공동체 만들기의 주축 기관인 '바턴 힐 세틀먼트'는 더 많은 주민들이
사다와 같이 공동체 활동에 참여할 수 있도록 주민 의견 청취에 힘쓴다.

- "이 지역의 큰 문제 중 하나는 청소년들이 할 일이 없다는 거예요. 할 일이 없으면 비행청소년이 되기 십상이죠. 그래서 앞으로 청소년과 함께하는 여러 활동을 해보고 싶어요."

사다의 집을 나와 바턴 힐 거리를 걷는데, 지나가는 주민 중에서 레베카가 모르는 사람은 없는 듯했다. 그는 마주치는 주민들마다 반갑게 인사를 건네며 안부를 물었다.

- "지금 지나간 사람은 줄리예요. 원래는 자기 이름도 잘 못 쓰던 문맹이었어요. 그런데 동네 아이들이 축구를 할 수 있는 장소를 마련하기 위해 자금을 지원해달라는 편지를 쓰고 싶어 했어요. 그래서 제가 편지 쓰는 일을 같이 도왔죠. 줄리는 자신의 활동에 큰 자부심을 느끼고 있어요. 줄리의 아들은 행동장애가 있는데 '바턴 힐 세틀먼트'에서 자원활동을 하면서 많이 좋아졌어요. 이렇게 사람들을 활동가로 만드는 일이 제 역할이죠."

커뮤니티 오거나이저로서의 활동을 자랑스럽게 이야기하는 레베카에게 혹시 힘든 점은 없는지 물었다.

- "참여하는 일에 적응을 못 하는 사람들이 여전히 많아요. 그들에게는 '변화를 가져올 수 있다'는 자신감도 없고, 그럴수

록 정부 지원에 의존하기 쉽죠. 이메일도 사용할 줄 모르고 구청에 전화할 일이 있어도 힘들어해요. 그럼 구청에 제가 전화해서 '옆에 누가 이야기하고 싶다는데요' 하고 바꿔주죠.
가난한 사람들이 많다 보니 일상 자체가 투쟁이고 각자 바빠요. 그런 사람들의 손을 잡아주는 게 제가 할 수 있는 일이죠. 그다음엔 스스로 일어설 수 있도록 하는 거예요. 음악 페스티벌을 함께 진행했던 여성과는 서른 번도 넘게 만났어요. 이벤트 허가부터 자금 지원받는 것까지. 그 과정을 거치고 나니까 자신감을 갖게 되더라고요."

레베카의 차를 타고 이동하면서 창밖을 내다봤을 때 길거리의 흑인들과 하얀 무슬림 의상을 입은 사람들이 눈에 띄었다. '이 사람들이 한국에 산다면 어떨까?' 라는 생각이 들 때쯤 레베카가 말했다.

- "올해 아이를 낳고 싶어요. 그리고 이곳으로 이사 오고 싶어요. 내 아이를 백인들만 있는 곳에서 키우고 싶지 않아요. 이런 다문화 환경에서 키우고 싶어요."

미래의 동력이 될 마을 자원
- 자산 소유 공동체

••• 잉글랜드

① 민와일 스페이스
② 굿윈 개발신탁
③ 해크니 협동조합 개발회사
④ 로컬리티

···› 애셋 매니지먼트
웸블리의 민와일 스페이스

집단지성이 만들어낸
새로운 사회의 가능성

벽에 붙어 있는 커다란 흰 종이에 질문 하나가 적혀 있다.

■   "날마다 들어가는 비용은 어떻게 마련할까?"

함께 모인 사람들이 한 명씩 돌아가면서 질문에 대한 자신의 생각을 자유롭게 말한다. 그중 한 사람이 종이와 펜을 들고 다른 사람들의 생각을 받아 적으며 고개를 끄덕이기도 하고, 자신의 의견을 덧붙이기도 한다. 그들의 브레인스토밍을 받아 적은 종이는 어느새 두 번째 페이지로 넘어간다. 저마다 쉬지 않고 꼬리에 꼬리를 물며 답을 내놓는다. "기부금을 받는다", "모임 장소로 빌려준다",

"음식을 제공한다", "연극 공연을 한다".

2013년 2월의 스산한 오후, 영국 런던 웸블리 스타디움(Wembley Stadium) 역 인근의 '커밍순 클럽(The Coming Soon Club)'에 20대에서 50대에 이르는 20여 명의 사람이 동그랗게 둘러앉았다. 워크숍에 참석한 이들은 여러 나라에서 온 다양한 인종의 사람들로 구성되었고, 예술가, 자선단체 활동가, 요리사 등 겉모습만큼이나 직업도 각양각색이었다.

워크숍은 2013년 8월 웸블리 스타디움 근처에 완성될 '팝 다운 스퀘어(Pop Down Square)' 프로젝트를 설명하기 위해 열렸다. 프로젝트 이름은 '당신의 아이디어를 이곳에서 실현하는 경쟁(Make your idea happen here competition)'이다. 공간 활용 방안 아이디어가 채택되면 웸블리 지역이 속해 있는 브렌트 구청에서 초기 비용 2만 5000파운드(약 4250만 원)를 지원받아 '팝 다운 스퀘어'를 운영할 수 있다. 아이디어는 3월까지 접수받는데, 한 사람이 낼 수도 있고 여러 사람이 팀을 꾸려서 낼 수도 있다. 이날 워크숍에 참가한 네팔 출신의 산토시는 웸블리 지역이 축구로 유명하다는 점에 착안해 아이디어를 내놓았다.

■ "웸블리는 '축구의 고장'이잖아요. 웸블리의 문화와 예술을 접목한다는 점에서 루니(맨체스터 유나이티드 소속의 잉글랜드

국가대표 선수) 그리기 대회를 열고 싶어요. 축구를 좋아하고 그림 그리기에 관심 있는 청소년들이 참여하는 대회 말이에요."

1996년부터 웸블리 지역에 살았다는 그레이스는 교육 관련 일을 하고 있다. 그레이스는 "교육 공간을 만들고, 사람들에게 도움 되는 일을 하고 싶다"고 말했다. 워크숍은 단순히 프로젝트의 아이디어를 공유하는 데에만 그치지 않는다. 워크숍 참가자들은 아이디어 제안에 앞서 자신을 소개하면서 무슨 일을 하는지, 이 프로젝트에 관심을 두게 된 이유는 무엇인지 등을 서로 이야기한다. 또한 프로젝트를 진행하면서 겪게 될 어려움을 함께 생각해보고 이를 어떻게 해결해나갈지 고민하기도 한다. 브레인스토밍은 이러한 과정의 일부다.

'팝 다운 스퀘어'가 들어설 웸블리 스타디움 역 입구의 1230제곱미터(약 372평) 부지는 철제 울타리로 둘러싸인 황량한 벌판이다. 울타리 너머로는 이름 모를 풀들과 버려진 쓰레기가 보일 정도로 사람의 손길이 닿지 않은 지 오래다. 5년 후 재개발이 진행될 이 땅은 런던 시청과 '퀸틴(Quintain)'이라는 부동산개발회사 소유지만 재개발이 시작되기 전까지 브렌트 구청이 공짜로 빌리기로 했다.

민간 기업인 '퀸틴'이 임대에 찬성한 이유는 두 가지다. 웸블리 곳곳에 재개발 예정부지를 가진 입장에서 봤을 때, 당장은 쓸모없는 땅을 누군가 사용해 이 지역이 활성화된다면 그들에게도 이익이고, 한시적인 기간이지만 지역 사회를 위해 땅을 빌려줌으로써 기업 이미지가 좋아지는 효과도 누릴 수 있다. 퀸틴 외에도 한 건축회사가 시공을 하고, 한 목재회사가 자재를 기부하기로 했다. 알렉스는 이러한 일이 가능한 또 하나의 이유로 "구청이 기업들과 관계를 잘 유지해왔기 때문"이라고 덧붙였다.

'팝 다운 스퀘어'를 디자인한 사람은 24세의 대학생이다. 브렌트 구청은 영국 왕립 예술학교(RCA, Royal College of Art)와 제휴를 맺고 디자인 공모전을 열었고 그 결과 마이크의 디자인이 1등을 차지했다. '팝 다운'은 접었다 펼 수 있는 스크린을 뜻한다. 스크린은 영화 보는 데 사용될 뿐만 아니라 공동체 활동을 알리는 광고판으로도 쓰일 수 있고, 스크린을 접으면 그 위로 사람들이 지나다닐 수 있다. 스크린 아래에는 115제곱미터(약 35평) 규모의 실내 공간이 마련돼 주민들이 공동체 활동을 벌일 수 있다.

브렌트 구청 도시재생팀 직원 알렉스는 워크숍을 시작하기 전에 참가자들과 함께 스퀘어가 들어설 부지를 돌아보았다. 청바지 차림으로 주민과 이야기를 나누는 그는 공무원이라기보다는 시민단체 활동가처럼 보였다. 행정 능력과 재정 권한을 가진 공무원이 직접 나서서 마을만들기 사업의 중심축 중 하나로 활동하는 모습이 인상적이었다.

■ 민와일 스페이스

■ "너무 상업적인 아이디어는 채택하지 않을 거예요. 예를 들어 카페나 레스토랑은 주변 가게와 경쟁해야 하는 부담이 생기죠. 그런 점들을 고려해서 아이디어를 내주세요. 우리는 단지 공간을 제공할 뿐이지만 과소평가하지는 마세요. 빈 공간을 통해서 많은 것을 이뤄낼 수 있잖아요."

참가자들은 알렉스에게 임시로 짓는 건물이 안전한지, 스크린이 어떻게 작동하는지, 주차는 어디에 하는지, 화장실도 만드는지, 방음은 되는지 등 구체적이고 현실적인 질문들을 던졌다.

웸블리 스타디움(9만 명 수용)은 잉글랜드 축구 국가대표팀의 전용 경기장이다. 1년 365일 가운데 경기가 열리는 60일 동안에는 인파가 물밀 듯 밀려오지만, 경기가 끝나면 썰물처럼 빠져나간다. "경기가 있는 날뿐만 아니라 나머지 300일도 일상적으로 이용할 수 있는 공간이 되었으면 좋겠다"는 것이 알렉스의 바람이다. 재개발 예정 지역인 이곳 웸블리에는 빈 공간이 많지만 영국에서는 재개발이 진행되는 데 10~15년이 걸린다. 브렌트 구청은 그 기간 동안 지역에 활력을 불어넣을 무언가가 필요하다고 판단했다.

2012년 4월, 이 지역에 '커밍순 클럽'이 들어선 것은 이러한 이유 때문이다. 이날 워크숍이 열린 '커밍순 클럽' 공간은 전면이 넓은 유리창으로 탁 트여 있었다. 안에서 무슨 일이 벌어지는지 밖에서 볼 수 있는 열린 공간이다. 클럽 외벽에는 다음과 같은 문장이

■
'민와일 스페이스'는 정부, 지자체, 민간으로부터 비어 있는 공간을 빌려서
공동체를 위해 활용한다.
주민들은 이 공간에서 자신의 가게를 열 수도 있고
다른 주민들과 소통할 수 있는 커뮤니티 공간으로 가꿀 수도 있다.

적혀 있다.

- "위험부담이 적은 공간이 필요하지 않나요?(Do you need access to low risk space?)"
"아이디어나 프로젝트, 사업 계획을 가지고 있나요?(Do you have an idea/project/business?)"
"들어와서 말해줄래요?(Come in speak to us?)"

'커밍순 클럽'은 공동체 이익회사(CIC)인 '민와일 스페이스(Meanwhile Space)'가 웸블리 지역에서 진행하고 있는 프로젝트다. 2009년 설립된 '민와일 스페이스'는 정부나 지자체, 민간으로부터 비어 있는 공간을 빌려서 공동체를 위한 공간으로 활용한다. 일종의 애셋 매니지먼트(Asset Management, 자산 관리)다. 영국에서는 주민 중심의 마을만들기 사업체가 이런 방식으로 자산을 이전받아서 대신 운영하는 경우가 많다. 다만 '민와일 스페이스'는 'Meanwhile(그동안)'이란 단어에서 엿볼 수 있듯이 운영 기간이 한시적이다. 빈 공간이 주인 또는 세입자를 찾기 전까지의 '그동안'을 뜻하는 것이다. '민와일 스페이스'는 빈 공간이 왜 사용되지 않는지, 어떻게 하면 사용될 수 있을지 소유주와 주민들을 만나 함께 고민한다.

브렌트 구청 관할 지역에서는 사무실을 빌려 청소년을 대상으로 음악, 사진, 건축 등의 수업을 진행하는 '사우스 킬번 스튜디오(South Kilburn Studio)', 비어 있는 펍(pub, 영국식 맥주집)이나 사회복지센터를 이용해 춤이나 연극 연습 공간으로 만든 '알버트(Albert)', 비어 있는 가게를 주민들의 공동작업소로 꾸민 '뉴 윈도우스 온 윌스든 그린(New Windows On Willesden Green)' 등 다양한 '민와일 스페이스' 프로젝트가 진행되고 있다.

'커밍순 클럽'은 세입자를 찾지 못해 10년 가까이 비어 있던 공간을 공짜로 임대했다. 전기요금, 난방비 등 관리에 들어가는 비용만 부담하면 된다. '커밍순 클럽' 매니저인 앨리슨은 무료 임대가 가능한 이유를 설명했다.

■ "건물 주인은 빈 공간을 빌려주는 대신 세금 감면 혜택을 받을 수 있어요. 클럽의 200제곱미터(약 60평) 공간에 대한 1년 세금만 2만 파운드(약 3400만 원)인데, 공동체 이익회사와 같은 단체가 빌리면 최대 80퍼센트까지 세금을 깎을 수 있거든요. 또 3, 4년씩 비어 있으면 건물 가치가 떨어지지만 사람이 드나들어 활기가 생기면 땅값 하락을 막을 수 있는 효과도 생기죠."

정치적이거나 종교적이지 않고 지역공동체에 공헌할 수 있다면, 주민의 아이디어는 '커밍순 클럽'에서 실현될 수 있다. 지난 1년간 이곳에서는 축구 클럽과 수공예 모임, 사진 전시, 영화 상영, 뮤직

■ 민와일 스페이스

비디오 촬영 등이 이루어졌다. 주민은 짧게는 하루, 길게는 한 달 동안 이 공간을 전기요금이나 난방비 같은 소정의 관리비만 내고 빌릴 수 있다.

이 프로젝트를 통해 가게를 얻은 주민도 있다. '커밍순 클럽' 옆에 있는 모자 가게 주인 도린다가 그 주인공이다. 도린다는 '커밍순 클럽'에 자신이 만든 모자를 전시했고, 주민들의 좋은 반응을 얻어 가게를 열게 됐다. 예식용 모자를 파는 도린다의 가게에는 손으로 직접 만든 다양한 모자들이 진열돼 있다. 이 모자 가게는 클럽의 도움을 받아 2012년 12월 문을 열었다. 이곳 역시 빈 공간을 임시로 임대했는데 월세는 없다. '커밍순 클럽'은 가게 홍보는 물론이고 사업 컨설팅까지 해준다.

- "이 프로젝트를 들었을 때 기회라고 생각했어요. 내가 만든 모자를 사람들에게 보여주고 싶었죠. 다른 사람들에게도 프로젝트 참가를 꼭 추천해주고 싶어요."

우리를 안내한 앨리슨은 '커밍순 클럽' 맞은 편 가게 중 몇 군데를 가리키며 프로젝트를 통해 문을 연 가게들이라고 설명했다.

- "다양한 프로젝트로 지역이 활성화돼서 '커밍순 클럽' 건물에도 세입자가 들어온다면 우리 역할은 끝나게 되겠죠."

오후에 시작된 워크숍은 밖이 어둑어둑해진 후에 끝이 났다. 창밖에는 눈이 흩날리기 시작했고, 사람들도 흩어져 사라졌지만 이들은 곧 '팝 다운 스퀘어'의 아이디어를 찾아 다시 모임을 갖게 될 것이다. 이들의 아이디어로 '팝 다운 스퀘어'에서 어떤 일이 벌어질지 궁금하다. 세계적인 축구 선수 루니 그리기 대회가 국가대표팀 축구 경기만큼 웸블리의 대표 행사가 될지도 모를 일이다.

■ 민와일 스페이스

⋯ 애셋 매니지먼트
헐의 굿윈 개발신탁

버려진 공간에서
시작된 빈곤의 극복

헐(Hull)로 가는 길은 험난했다. 우리는 런던 킹스크로스(King's Cross) 역에서 오전 7시 20분에 출발하는 열차를 타기 위해 기다리고 있었다. 그런데 갑자기 전광판에 '7시 20분 열차 취소'라는 문구가 떴다. 깜짝 놀라 안내센터에 가보니 지반침식으로 선로에 이상이 생겨 당분간 열차를 운행할 수 없다는 답이 돌아왔다. 그럼 어떻게 해야 하냐고 묻자 안내원은 "셰필드(Sheffield) 지역까지 열차를 타고 가서 갈아타는 방법이 있다"고 설명해준다. 문제는 이렇게 가게 될 경우 2시간이 더 걸린다는 점이다. 서울에서 대전을 가는데 대구를 거쳐 빙 돌아가는 경우와 마찬가지다. 그래도 어쩔 수 없다는 생각에 셰필드까지 가서 열차를 갈아탔는데, 도착 시간 15분을 남기고 열차가 또 멈췄다. 선로에 또 다시 문제가 생긴 것이다. 결국 셀비(Selby) 역에서 1시간여를 기다린 끝에 긴급 투입된 버스를 탈 수 있었다.

오전 10시부터 우리를 기다린 헐 지역 마을만들기 사업체인 '굿윈 개발신탁(Goodwin Development Trust)'의 매니저 JJ 테이튼(JJ Tatten)을 만난 건 오후 1시 30분이 다 되어서다. JJ는 "영국 철도 시스템 때문에 끔찍한 여행을 하게 만들어서 미안하다"며 빠르게 발걸음을 옮겼다. 부인이 헐 지역 출신이라는 JJ는 아일랜드 사람이다.

'굿윈 DT'는 마을만들기 사업체가 정부나 지자체, 민간으로부터 땅이나 건물을 이전받아 공동체를 위해 활용하는 애셋 매니지먼트(자산 관리)를 성공적으로 구현하고 있는 대표 사례다. 2013년 2월 기준 소유 건물 22개, 연매출 850만 파운드(약 146억 5000만 원). 20여 년 전 "더 이상 나빠질 게 없기 때문에 도전할 수 있었다"는 '굿윈 DT'가 이룬 성과다.

'굿윈 DT'는 '보증책임 자선단체(Charity limited by guarantee)'의 형태를 띤다. '보증책임 유한회사(Company limited by guarantee)'는 투자자들이 일정 금액을 출자해 만든 비영리기업으로, 주식을 발행하지 않고 투자자들의 보증 한도 내에서 경영에 대한 책임을 진다. 투자자들이 곧 '보증책임자(Guarantor)'가 되는 셈이다. 이를 자선단체에 대입시킨 '보증책임 자선단체'는 공동체 이익

■ 굿윈 개발신탁

회사(CIC)와 마찬가지로 공동체를 위한 수익활동을 할 수 있으며, 이 수익은 투자자들과 나누지 않고 회사에 재투자하거나 공공의 이익을 위해 사용한다.

JJ가 취재진을 처음 데려간 곳은 '옥타곤(Octagon)' 건물이었다. 지붕이 팔각형 모양으로 되어 있어 '옥타곤'이라는 이름을 얻은 이 건물은 팔각형 지붕이 있는 3층 중앙 건물을 중심으로 양쪽에 2층 건물이 날개처럼 펼쳐진 모양새를 하고 있다. 한눈에 보기에도 깔끔하고 세련된 이 건물 역시 '굿윈 DT'가 소유하고 있다. 이 건물에는 헐 구청(Council), 국가 의료서비스 기관인 NHS(National Healthcare Service) 등이 입주되어 있다. 3층으로 올라간 JJ는 창밖으로 보이는 파란색 작은 가게를 손으로 가리키며 '굿윈 DT'가 어떻게 출발했는지 설명했다.

1900년대에 고래잡이가 성행했던 헐 지역은 1930년대 경제대공황으로 침체를 맞았다. 그리고 2차 세계대전이 연달아 일어나면서 이 지역은 JJ의 표현에 따르면 "영국에서 가장 많은 폭탄을 맞은 도시"가 되었다.

■ "1950~60년대에 도시재개발이 시작됐어요. 재개발은 히틀러가 시작한 지역 파괴를 끝내버리는 효과를 거뒀죠.(웃음) 하지만 잘못된 도시재개발로 헐은 더욱더 못사는 지역이 돼버렸어요. 1970년대에는 이 지역 사람들의 생계수단이었던 어업이

■
'굿윈 DT'는 애셋 매니지먼트(자산 관리)를
성공적으로 구현하고 있는 대표 사례다.
길거리에 버려진 위험한 물건들을 수거하고 주민의 불편함을 해결해주는
'커뮤니티 워든'은 '굿윈 DT'가 고용한 지역 주민들이다.

죽기 시작했고 1980년대에는 헤로인이 들어왔어요. 마약 문제가 심해지면서 범죄도 심각하게 늘어났고, 사창가까지 생겼죠. 실업률은 높고, 교육열은 낮고, 의료시설은 열악하고…… 이 지역에 의사가 한 명도 없었어요."

JJ가 말을 이어갔다.

- "1994년, 평범한 주민 14명이 모였어요. 이들은 지금까지 일어난 일들이 너무 지겨웠어요. 더 이상 정부나 구청에 의존할 수도 없었고, 그들을 믿어서도 안 된다고 생각했죠. 그래서 저 앞에 보이는 파란색 가게를 주민들을 위해 쓰게 해달라고 구청에 요구했고, 허가를 받았죠."

주민 14명은 이 공간에서 고용, 교육과 관련된 정보를 제공하면서 주민들이 원하는 서비스를 구청과 직접 연결시켜주는 역할을 했다. JJ는 "구청은 커뮤니티 안에 있는 것이 아니기 때문에 주민들이 겪는 자세한 상황을 모르는데, 14명의 주민들은 커뮤니티에 무엇이 필요한지 잘 알기 때문에 구청 입장에서도 도움이 됐다"고 말했다. 무료로 서비스를 제공하던 주민들은 구청에서 지원금을 받게 되었고 이렇게 얻은 수익금으로 투자를 시작했다.

'굿윈 DT'가 소유하고 있는 건물 대부분은 '자산 이전(Asset

Transfer)'을 통해 탄생했다. 본부(Headquarter) 건물은 요양원, 커뮤니티 칼리지(Community College, 소속 학생뿐 아니라 지역 주민도 수강할 수 있는 교육기관)는 슈퍼마켓, 청소년센터는 펍을 이전받아 개조한 것이다. '굿윈 DT'가 공짜, 혹은 싼 값으로 건물을 얻을 수 있었던 이유는 단 하나였다. 모두 버려진 건물이었기 때문이다.

- "질 낮고 값싼 물건을 파는 큰 슈퍼마켓이 있었어요. '네토(Netto)'라는 체인이었는데, 이런 곳에서는 장사를 못하겠다고 떠나버렸어요. 그렇다고 가게를 팔 상황도 아니었고, 유지하는 데도 비용이 드니까 우리가 관리를 해주면 그쪽에서도 손해 볼 일이 아니었죠."

이렇게 마련한 공간은 지역 주민을 위한 서비스를 제공하는 동시에 수익 창출 모델로 사용된다. 옥타곤 건물에 입주해 있는 구청과 NHS가 그 예인데, 이 두 곳과 헐 대학은 '굿윈 DT'에서 가장 많은 사무실을 임내하고 있는 기관이다. NHS가 들어오면서 의사 한 명 없던 이 지역에 수술 공간이 생겼다. 옥타곤 건물 1층에 있는 보육원 역시 '굿윈 DT'의 자랑이다.

- "정부에서 감사를 했는데 17개 평가 항목에서 모두 우수한 성적을 받았어요. 가장 빈곤하고 가장 사회적 문제가 많던

지역이 이제는 영국에서 가장 좋은 보육 시설을 갖추게 됐죠."

보육원은 주민들에게 일정한 비용을 받고 있지만 형편이 어려운 가정은 전체 비용의 70퍼센트를 보조금으로 지원받을 수 있다. 구직 중인 한부모 가정 자녀를 위한 할인 혜택도 있다. 옥타곤 건물에는 250석 규모의 컨퍼런스 룸과 6개의 회의실도 있는데, 주로 헐 지역의 대학, 경찰, 법정 의료 담당관 등이 회의실을 대관한다. 회의나 행사에 필요한 음식과 음료 제공은 '굿윈 DT'에서 담당한다. '굿윈 DT'는 이런 케이터링(catering) 서비스를 통해 수익을 내면서 '페어 셰어(Fare share, 끼니 나눔)'라는 이름의 음식 나눔을 실천한다.

- "끼니를 못 잇는 사람들에게 음식을 제공하는 '페어 셰어' 프로그램을 운영하려면 자금이 있어야 해요. 공간도 필요하고, 냉장도 해야 하고, 인건비도 들죠. 이 비용은 우리가 진행하고 있는 케이터링 사업에서 나오는 이윤으로 충당해요. '페어 셰어'를 지속할 수 있는 비결이죠."

헐 지역에서는 빨간 점퍼 차림에 청소 통을 들고 돌아다니는 사람들을 쉽게 발견할 수 있다. 이들은 '커뮤니티 위든(Community Warden)'으로 불리는데, 우리말로 하면 '마을지킴이' 정도가 된다. 커뮤니티 워든은 길거리에 있는 위험한 물건들을 줍고, 거동이 불편한 어르신을 도와주며, 마을에 무슨 일이 생길 경우 경찰을 부르기도 한다. 헐 지역에서는 '굿윈 DT'에 고용된 워든 40명이 활동하고 있는데, 구청에서 일정 부분의 활동 비용을 지원한다.

마침 길거리를 청소 중인 워든이 보이자 JJ가 이들을 취재팀에게 소개시켰다. 그런데 순간 눈을 의심했다. 재키와 케리의 노란색 청소 통에는 주택가 길거리에서 주운 콘돔과 마약 주삿바늘이 가득했다. "어떻게 이런 것들이 길에 있을 수 있냐"고 묻자 JJ는 "예전에는 하루에 1000개씩 나왔다. 지금은 많이 나아진 편"이라고 말했다. 지역 주민 재키는 7년 전부터 워든으로 일하고 있다.

- "사람 만나는 것을 좋아하기도 하고, 지역을 위해 의미 있는 일을 하고 싶어서 워든을 시작했어요. 워든들이 활동하면서 길거리의 콘돔과 주삿바늘도 줄었고, 전반적으로 안전해졌죠. 워든은 이 지역 커뮤니티의 눈과 귀가 되고 있어요. 주민들도 경찰보다 우리를 더 먼저 찾는다니까요."

JJ가 이번에는 취재진을 커뮤니티 칼리지 건물로 안내했다. 영국에서 '칼리지(college)'란 16세까지 고등학교 의무교육을 마친 후 대학 입시 준비나 전문적인 직업 훈련을 받는 2년제 교육기관을 뜻한다. 슈퍼마켓이 떠나고 휑했던 이곳은 옥타곤 건물과 마찬가지로 번듯한 건물이 되어 있었다.

- "이곳 위층은 민간 기업에게 임대하고, 그 임대료로 커뮤니티 칼리지를 운영하고 있어요. 우리의 모든 활동이 지속가능해지려면 외부 자금조달에 의존하기보다는 임대료를 받으면서 비즈니스 모델을 고민해야 해요."

커뮤니티 칼리지의 문을 열고 들어가자 컴퓨터실이 보였다. 커뮤니티 칼리지에서 3년째 강사로 일하고 있는 지역 주민 어니는 니트족(NEET, Not in Education, Employment or Training, 교육이나 직업 훈련을 받는 중이 아니고 일할 의지도 없는 청년 무직자)을 위한 훈련 프로그램을 진행하고 있다.

- "펀딩이 줄어들면서 대부분의 자선단체, 사회적 기업이 어려움을 겪고 있는데 굿윈은 잘하고 있는 것 같아요. 굿윈은 이 지역 주민들을 가장 많이 고용하고 있는 곳 가운데 하나예요."

어니의 말처럼 '굿윈 DT'는 헐 지역에서 '스미스 앤드 네퓨(Smith & Nephew)'라는 민간 기업과 구청 다음으로 가장 큰 고용주다. 2010년만 하더라도 300명의 직원을 고용하고 있던 '굿윈 DT'는 영국 경기침체로 자금 지원이 줄면서 현재는 230명의 직원이 일하고 있다. 이 가운데 170~180명이 헐 지역에서 나고 자란 사람들이다. JJ처럼 다른 지역에서 이주해 온 뒤 헐에 사는 사람을 합하면 그 수는 더 많다. JJ는 고용 창출이 왜 중요한지 설명했다.

■ "굿윈은 빈곤을 해결하는 가장 좋은 방법이 일자리 만들기라는 생각을 갖고 있어요. 이 지역에서 일하면서 자부심과 자긍심을 쌓을 수 있죠. 그래서 운영 상황이 어려울 때 인원을 감축하는 일이 우리에게는 쉽지 않아요. 사정이 좋아지거나 빈자리가 생기면 감축 대상이었던 사람을 고용할 수 있도록 노력합니다."

다음으로 방문한 곳은 청소년센터. 오래된 펍이 있던 이곳은 헐 지역 대학의 건축 학도들이 무보수로 공사를 해줬다. 학교 방과 후인 오후 3시 30분부터 운영되는 이곳은 30여 명의 아이들로 북적북적했다. 여러 대의 컴퓨터, 탁구대, 비디오 게임기가 여기저기 놓여 있는 이곳은 아이들의 놀이터다. '굿윈 DT'에는 100명의 자원활동가들이 있는데, 헐 지역에서 나고 자란 제이스 역시 고등학교를 졸업한 이후 이곳에서 자원활동가로 일하고 있다. '굿윈 DT'의 서비스를 제공받던 입장에서 동생들에게 서비스를 제공하는 입장으로 바뀐 것이다.

■ 굿윈 개발신탁

- "아이들이 길거리가 아니라 안전한 곳에서 놀 수 있다는 점이 좋아요. 저도 여기에서 아이들, 스태프들과 함께 보내는 시간이 좋고요. 청소년센터에서 자원활동가로 경험을 쌓으면서 일자리를 구하고 싶어요."

제이스와 마찬가지로 헐 출신인 스콧은 '굿윈 DT'에서 8년 정도 일했다. 처음 3년은 커뮤니티 워든으로 일하다가 지금은 청소년 팀을 맡고 있다. 스콧은 "커뮤니티 칼리지에서 취업을 위한 자격증 공부를 한다면, 청소년센터에서는 재미와 정보 제공 위주의 청소년 활동을 한다"고 말했다. 헐 지역 대학생들이 이곳에서 견습생 프로그램으로 자원활동을 하기도 한다.

청소년센터 2층에는 지역 청년들로 구성된 극단 '미들 에이지드 차일드(Middle Aged Child)'의 연습실이 있다. 이들은 세계적인 문화·예술 축제인 에든버러 페스티벌에서도 공연한 실력파다. '굿윈 DT'는 이들에게 연습실을 무료로 임대해주는 것은 물론 전기요금과 난방비도 받지 않는다. 대신 단원들이 청소년센터의 아이들을 대상으로 공연을 하거나 연극 수업을 해준다.

헐 지역은 보면 볼수록 놀라웠다. 중노년 여성들이 젊은 주부들의 육아를 도와주는 '듈라(Doula, '마을의 나이 많은 여성'을 뜻하는 그리스어) 프로그램', 혼자 사는 노인들에게 약 먹을 시간을 알려주고 의사와의 화상채팅을 연결해주는 '이-헬스(E-Health) 프로그램' 등 아이디어가 돋보이는 서비스들이 '굿윈 DT'를 통해 제공되고 있다.

초범들을 위해 법률 상담을 제공하는 '법정 코디네이터(Court Coordinator)' 제도 역시 이러한 서비스 중 하나다. 헐 지역의 범죄자 212명을 대상으로 한 '재범 예방 프로그램'은 이 지역 재범률을 23퍼센트로 낮추기도 했다. 영국 평균 재범률이 60퍼센트인 것과 비교해보면 놀라운 성과다. 7~8년 전부터 급증한 해외 이민자들을 대상으로 한 프로그램도 다양하다. 영어 교육을 대부분 무료로 제공하고 2010년부터는 이주민들과 함께 '굿윈 헐 월드컵'을 열고 있다. 2011년 월드컵에서는 32개 국가에서 온 3000명의 이주민들이 경기를 벌였다.

'굿윈 DT'의 지속가능한 사업의 바탕에는 '파트너십'이 깔려 있다. NHS와 함께 금연 프로그램을 진행하는가 하면, 전쟁 참여 군인들의 모임인 '영국재향군인회(The Royal British Legion)'와 협력을 맺어 전후 트라우마를 겪고 있는 군인들의 재활을 돕고 있다. 장애인 아이들을 키우는 부모 그룹과 함께 장애아들이 자신의 꿈을 키울 수 있도록 하는 '대니스 드림(Danny's Dream) 프로젝트', 혼잡한 도심지를 피해 도시 외곽으로 주차를 안내하고 도심까지 버스로 데려다 주는 '파크 앤드 라이드(Park and Ride)' 서비스도 눈에 띈다.

'굿윈 DT'의 활동을 알아가는 내내 "마을공동체 청년들이 할 수 있는 먹을거리 사업을 고민하고 있다"는 송파구 마을공동체 '즐거운가'의 이윤복 씨가 계속 떠올랐다. 마을에서 자라난 청소년들이 마을의 일꾼으로 성장해 마을 안에서 생계를 해결하며 살아가는 것. 꿈만 같았던 이야기가 헐 지역에서는 현실이 되고 있었다. 영국 경제위기로 어려움을 겪고 있기는 하지만 '굿윈 DT'는 새로운 비즈니스 모델을 계속해서 고민하고 있다.

- "어려운 커뮤니티에서 좋은 성과를 냈다고 사람들이 말하곤 해요. 그런데 사실 그 반대예요. 우리가 성공할 수밖에 없었던 이유는 바로 이곳이었기 때문이에요. '그럼에도 불구하고'가 아니라 '그들 때문'이었어요. 이곳에 살고 있는 지역 주민들이 있었기에 '굿윈 DT'의 성공이 가능했죠."

지역 주민들이 변화의 원동력이라고 강조하는 JJ에게 한국의 마을공동체에 대한 조언을 부탁했다.

- "기다려주는 것, 그리고 자신감이 중요해요. 오랫동안 누적된 문제에 모든 사람들이 빠른 해결을 원해요. 하지만 빠른 해결책은 없어요. 문제가 복잡하면 해결책도 복잡할 수밖에 없죠. 이해심을 갖고 문제 해결을 위해 오랜 시간 기다려야 해요. 또 하나는 자신감. 지역 주민들이 자괴감에 빠져서 '할아버지 때도,

아버지 때도 우리는 못살았다'고 생각하면 더 힘들어져요. 자신감을 가지면 무엇이든 바꿀 수 있어요."

런던으로 돌아가는 열차는 제 시간에 출발했다. 이동 시간만 10시간이 걸린 취재. 하지만 그 시간이 전혀 아깝지 않았다. 한국의 마을공동체에 헐 지역과 '굿윈 DT'의 이야기를 빨리 전하고 싶어 마음이 바빴을 뿐이다.

■ 굿윈 개발신탁

···▶ 애셋 매니지먼트
달스턴의 해크니 협동조합 개발회사

전쟁의 폐해를 이겨낸
연대의 문화

런던 동북부 해크니(Hackney) 자치구의 달스턴(Dalston) 지역. 이곳은 영국 지상파 방송사 〈채널 4〉 조사 결과 2006년 영국 전체에서 가장 살기 나쁜 곳 1위, 런던 내 강도사건 발생률 1위를 기록한 지역이다. 브릭스턴 지역만큼이나 달스턴 역 인근에서도 다양한 인종의 이민자들이 눈에 띄었다.

역에서 5분쯤 걷자 널찍한 광장이 펼쳐졌다. 2012년 런던올림픽 폐막 행사가 진행됐던 '질레트 스퀘어(Gillett Square)'다. 광장 한쪽에는 환전소, 컴퓨터 수리점, 아프리카·카리브해식 음식점, 음반 가게 등 10여 개의 작은 상점이 늘어서 있다.

그중 '시카코 바버(Chicago Barber)'라고 적힌 이발소에 흑인 2명이 보였다. 3평 남짓한 공간에 높낮이를 조절할 수 있는 의자와 거울이 놓인 평범한 이발소 풍경이다. '시카고 이발소'라는 가게 이름만 보고는 미국 시카고 출신의 이발사가 운영하는 곳이라고 생각할 수 있지만, 이곳은 나이지리아 출신의 샘이 운영하는 이발소다. 왜 이발소 이름에 시카고를 넣었냐고 묻자 "시카고라는 이름은 아무 데나 붙여도 잘 어울린다"며 샘이 익살스럽게 답했다. 그는 영국에 온 지 18년 됐고, 이곳에서 이발소를 운영한 지는 10년째다. 그는 "10년간 이 지역에 참 많은 변화가 있었다"고 말했다.

■ "개발이 진행되면서 여름에 카니발도 하고, 페스티벌도 하고. 이 지역을 찾는 사람들이 많아졌어요."

샘이 머리를 잘라주고 있는 사람은 옆 가게 카페 주인 마르코스다. 그가 운영하는 카페의 이름은 '카파 카페(Kaffa Cafe)'인데 'Kaffa'는 아프리카 에티오피아의 지역 이름이다. 커피 원두 생산지로 유명한 곳인데, '커피'라는 말도 이 'Kaffa'라는 지명에서 나왔다. 마르코스는 '카파 카페'의 모든 원두를 고향 에티오피아에서 직수입하면서 그야말로 '공정무역'을 실천하고 있다. 그는 취재진에게 원두를 보여주며 "영국에서 가장 맛있는 커피"라고 자신감을 나타냈다.

마르코스의 카페는 원래 런던 남부의 캠든 시장(Camden Market)

에 있었다. 그런데 5년 전 시장에 큰 불이 나면서 그는 가게를 잃게 됐다. 그런 그에게 달스턴 노점은 새로운 기회였다.

- "비슷한 크기의 공간인데, 캠던 시장 월세는 1200파운드였지만 이곳은 500파운드에요. 창문이 3개에서 1개로 줄어들기는 했지만 비용은 절반도 안 되죠."

드라마틱한 재기에 성공한 마르코스의 삶은 다큐멘터리로도 제작된다. 달스턴 지역의 영상단체인 '아이 오우 유스(I OWE YOUTH)'가 이주민 마르코스의 달스턴 정착 과정을 기록하고 있다. 영상 제작에 필요한 자금은 지역 사람들에게 크라우드 펀딩(Crowd Funding, 소셜미디어나 인터넷 등을 통해 대중으로부터 자금을 모으는 투자 방식)을 받아서 마련할 예정이다.

두 이민자가 시장 가격의 절반도 안 되는 월세로 가게를 열 수 있었던 비결은 무엇일까? 답은 바로 이 두 가게의 옆에 자리 잡은 '해크니 협동조합 개발회사(HCD, Hackney Co-operative Developments)'에 있다. HCD는 두 사람에게 노점을 빌려준 임대업자다. 임대업자라고 하면 월세를 올려가며 수익을 내는 사람을 떠올릴 수 있지만 HCD는 다르다. 임대 시세의 절반만 받고 공간을 내주며 사업 컨설팅과 홍보까지 해준다. 이 착한 임대업자 HCD의 정체가 궁금했다. 노점 인근에 있는 HCD의 사무실에서 캠페인

디렉터 도미닉 엘리슨을 만났다.

- "2차 세계대전이 끝나고 대부분의 건물이 붕괴돼 폐허로 변한 이 지역에 불법 점거자들이 들어와서 소유권이 불분명한 땅들을 점유했어요. 그러고는 1979년 주거협동조합을 만들어서 하나의 세력을 형성했죠. 주거협동조합들의 연합체가 바로 HCD의 시작이에요."

하지만 폐허가 된 건물이 무너질 위험이 생기자 점거자들은 달스턴을 빠져나갔다. 그 후 구청이 빈 공간들을 소유했지만 쓸데가 마땅치 않자 건물 하나를 HCD에 임대했다. 임대료는 통후추 한 알, 임대기간은 100년이었다. 이러한 방식의 계약은 '통후추 임대(Peppercorn rent)'라고 불리는데 '매우 작은 지불', '값싼 임대료'를 뜻한다.

- "영국에서는 옛날부터 땅을 그냥 두지 않았어요. 그래서 대지주들이 소작인에게 통후추 한 알만 받고 농사지을 땅을 내줬죠. 구청과 우리도 그런 방식을 적용한 거예요."

통후추 한 알로 사업을 시작한 HCD는 현재 달스턴 지역 내 80여 개의 사무실, 상점, 바(Bar), 클럽, 작업실 등을 임대하는 사회적 기

런던 남부의 캠던 시장에서 장사를 했던
마르코스는 5년 전 시장에 큰 불이 나면서 가게를 잃었다.
그러나 '해크니 협동조합 개발회사' 의 도움으로 기회를 얻어
달스턴에서 재기에 성공했다.
그의 드라마틱한 이야기는 지역 영상 단체에서
다큐멘터리로 기록할 예정이다.

업으로 성장했다. 일부 건물은 구청으로부터 자산 이전을 받거나 싸게 사들였고, 임대료로 얻은 수익금으로 매입한 건물도 있다. 2013년 2월 기준 HCD의 자산은 650만 파운드(약 112억 2000만 원)에 이른다.

 HCD는 공동체 이익회사(CIC)로 등록되어 있는데, 영국의 또 다른 CIC인 웸블리의 '민와일 스페이스'처럼 공동체의 이익을 위해 애셋 매니지먼트(자산 관리) 사업을 벌이고 있다. 공동체의 이익을 위한 사회적 기업인 만큼 HCD는 일반 임대회사와는 다른 원칙을 갖고 임대 대상을 정한다. 협동조합 혹은 사회적 기업, 자선단체, 달스턴에 문화를 제공하는 단체, 소수민족이 참여하는 기업, 여성 사업가, 장애인 사업가, 글로벌 기업이 아닌 해크니 사람들이 소유한 기업에 HCD 소유의 공간을 임대한다. 사회적 가치 혹은 커뮤니티 정신을 실현하는 회사에 더 많은 점수를 주는 것이다.

 주거협동조합에 기원을 두고 있는 HCD는 협동조합의 7대 원칙을 충실히 따른다. 국제협동조합연맹(ICA)이 1995년에 발표한 협동조합 7대 원칙은 '자발적이고 개방적인 조합원제도', '조합원에 의한 민주적 관리', '조합원의 경제적 참여', '자율과 독립', '교육·훈련 및 정보제공', '협동조합 간의 협동', '지역사회에 대한 기여'다. 이 중 HCD가 가장 중시하는 원칙은 '협동조합 간의 협동'이다.

> ■ "HCD가 쓰는 전화선, 전기의 공급, 책자 인쇄 등도 협동

조합 회사의 서비스를 이용하려고 해요. 또 HCD 세입자에게 협동조합의 장점, 정신을 지속적으로 교육하고 있죠."

HCD는 달스턴 지역을 문화·예술의 중심지로 만드는 데도 기여했다. 대표적인 공간이 '질레트 스퀘어'와 '보텍스 재즈클럽(The Vortex Jazz Club)'이다. '질레트 스퀘어'는 샘과 마르코스의 상점 앞에 펼쳐진 광장이다. 주차장이었던 이곳은 한때 마약거래 장소로 사용되는 등 범죄의 온상이었지만, HCD가 2003년 런던 시와 함께 추진한 공공 공간 개발 프로젝트를 통해 런던 동북부 문화·예술의 중심지가 됐다. 매년 영국의 유명 드러머를 초청해 단체공연을 벌이고, 춤과 노래가 어우러지는 '댄스 네이션스 달스턴(Dance Nations Dalston)' 축제도 열린다. 런던올림픽이 열렸던 2012년 7월에는 브라질 리우데자네이루에서 다음 올림픽이 열린다는 것을 알리는 공식 행사도 이 광장에서 열렸다. 도미닉은 "당시 광장에 행사를 구경하러 나온 인파가 1만 명이 넘었다"고 전했다.

'질레트 스퀘어' 한쪽에는 4층으로 지어진 '달스턴 문화의 집(The Dalston Culture House)'이 자리 잡고 있다. 이 건물 1층의 '보텍스 재즈클럽'은 재즈에 관심이 있던 한 택시운전사가 지역 주민을 위한 재즈 공연 공간을 만들면서 시작됐다. 이곳에서 유명 뮤지션들이 무료로 연주를 했고, 이후에는 정기 연주를 하면서 달스턴의 명소로 자리 잡았다. 보텍스 재즈클럽은 유명 재즈 매거진 〈다

■ HCD가 가장 중시하는 원칙은 '협동조합 간의 협동'이다.
HCD의 공동체 활동에 필요한 물건이나 서비스도 협동조합을 이용하려고 한다.
사회적 가치와 커뮤니티 정신의 실현을 중요하게 생각하기 때문이다.

운비트(Down Beat)〉가 2011년 선정한 '세계 최고의 재즈클럽 150개' 중 하나로 꼽혔고, 2012년에는 전 세계 문화·여행 매거진 〈타임아웃(Time Out)〉 독자들이 선정한 '런던의 10개 명소'에 포함되기도 했다.

문화·예술의 중심지 역할을 하는 '질레트 스퀘어'이지만 흐리고 쌀쌀한 영국의 겨울 날씨 앞에서는 황량한 분위기를 풍기고 있었다. 봄과 여름에는 온갖 인종의 사람들이 모이는 다양한 문화 축제가 떠들썩하게 벌어지지만 겨울에는 광장에서의 활동이 뜸하다. 이 때문에 HCD는 겨울 동안 이곳에 일시적으로 아이스링크를 설치하는 방안도 고민하고 있다.

이러한 노력을 통해 HCD가 꿈꾸는 것은 해크니를 위한 사회적 경제다. HCD 팸플릿에 적힌 소개란에는 그 목표가 잘 나타나 있다. "우리는 해크니에서 지역사회가 주도하는 경제적 부흥에 앞장서고 있다(We are leading the way in community-led economic regeneration in Hackney)."

취재진이 영국에 머무는 동안, 쇠고기 가공식품에 말고기를 섞어 제조한 '말고기 파동'이 일어났다. 쇠고기 함량을 줄이려고 값싼 말고기를 몰래 섞어 만든 햄버거 고기, 미트볼 등이 적발됐다. 영국의 방송과 신문에서는 연일 생산 업체를 질타하는 보도가 이어졌다. 이번 파동은 생산·유통 과정이 복잡해지면서 생긴 부작용이었다. 도미닉은 말고기 파동을 예로 들며 다시 한번 사회적 경제의 중요성을 강조했다.

- "주주의 이익에만 봉사하는 기업이 만들어낸 현상이죠. 지역경제와 소비자가 가까운 협동조합이나 사회적 기업에서는 있을 수 없는 일이에요. 글로벌 기업인 테스코 슈퍼마켓에서 1파운드를 쓰면 12펜스만 지역경제에 돌아가지만 지역의 슈퍼마켓에서 쓰면 60펜스가 돌아가요. 지역에 풀린 돈은 일자리를 만드는 데 쓰이고, 이렇게 되면 지역경제가 순탄하게 돌아가기 때문에 전 지구적인 경제위기가 발생해도 지역에 미치는 영향력이 줄어들 수밖에 없어요. 결국 지역경제에 큰 투자가 되죠."

그가 거듭 강조하는 '협동'에서 '함께 살자'는 구호가 느껴졌다. 글로벌 기업에 밀려서 망하지 말고, 작은 기업들이 서로 연대해서 함께 살자는 정신이 의미 있게 다가왔다.

이날 이발사 샘은 마르코스의 머리를 공짜로 잘라줬다. 마르코스는 머리를 자르는 내내 공짜라 대충 자르는 것 아니냐고 의심의 눈길을 보냈고, 샘은 보답으로 무엇을 해줄 것인지 따져 물으면서 서로 키득거렸다.

특별할 것 없는 보통 사람, '시카고 바버'들이 서로 어울려 웃고 호혜를 베풀며 지내는 삶. 이것이 결국 사회적 경제가 지향하는 일상의 풍경이 아닐까.

- 해크니 협동조합 개발회사

···▶ 마을만들기 사업체 연합
로컬리티 워크숍

개인의 관심이
사회적 욕구가 되기까지

영국에서의 마지막 아침이 밝았다. 취재팀 마지막 일정은 마을만들기 사업체 연합(Development Trust Association)인 '로컬리티(Locality)'의 워크숍 참가였다. 총 750여 개 단체로 구성된 '로컬리티'는 마을공동체 조직의 관제탑 역할을 하는 곳으로서 정부·지자체·기업의 빈 공간을 장기적으로 빌려 공동체 활동에 이용하는 애셋 매니지먼트(자산 관리)를 실현하고 있다.

'로컬리티'는 이날 런던 중심가의 '성누가 커뮤니티 센터(St. Luke's Community Centre)'에서 워크숍을 열었다. 영국 남동부 지역의 마을공동체들이 참여해 서로 정보를 공유하고 고민을 나눌 수 있는 자리다. '로컬리티'의 혁신 디렉터(Director of Innovation)

제스 스틸은 워크숍을 시작하면서 참가자들에게 다음과 같은 화두를 던졌다.

- "오늘은 '지역(Local)'이 도대체 무엇인지 함께 생각해보려고 합니다. 사람들은 런던, 해크니, 에든버러 등을 지역이라고 말하죠. 하지만 이것보다 더 작은 단위가 필요해요. 관리체계, 행정구역이 아니라 주민들이 주체적으로 정한 개념을 뜻합니다. 지도상에 나타나지 않아도 지역이 될 수 있어요. 지역의 경계선을 바로 주민들이 정하는 거죠."

이날 워크숍은 '마을을 어떻게 혁신할 것인가(Self-Renovating Neighbourhood)'라는 주제로 진행됐다. 마을공동체를 만들 때 마을의 인적 자원과 물적 자원을 어떻게 활용할지 논의하는 것이다. 각 마을공동체의 대표자 15명이 둥근 테이블 4개에 서너 명씩 둘러앉아 제스의 말에 귀를 쫑긋 세우고, 중요한 내용은 수첩에 적으며 워크숍에 집중했다.

제스는 국가 주도의 대규모 도시 재생 사업과 주민이 주체가 된 마을 사업을 비교하면서 작은 공동체에 필요한 덕목 세 가지인 절약정신, 조급함, 사교성을 강조했다.

- "큰 사업에서는 절약이 필요하다는 생각을 못 해요. 쓸 수

■ 로컬리티 워크숍

있는 돈이 많을수록 쓸데없이 보도블록을 바꾸는 일이 일어나는 식이죠. 조급함은 미덕이 될 수 있어요. 국가사업이 5, 6년씩 걸리면 '과연 우리에게 도움이 될까' 라는 생각이 점점 커지죠. 남들이 해주기를 기다리는 게 아니라 조급함을 통해 우리가 직접 실현할 수 있어요. 마지막으로 사교성. 공동체는 재미가 있어야 하는 거죠. 함께 모여서 차 마시고, 샌드위치 만들어 먹는 것도 좋아요. 거창하지 않아도 재미가 있으면 실행할 만한 가치가 있어요."

제스의 말이 끝나자 참가자들은 자신이 하는 일과 워크숍 참가 이유를 자유롭게 소개하는 시간을 가졌다. 참가자 중 영국 남동부 해안지역인 램스게이트(Ramsgate)에서 온 재닛은 '모터하우스(Motor House)'라는 프로젝트를 진행하고 있다. 정원 가꾸기 모임으로 시작한 이 프로젝트는 현재 항구 지역의 사용하지 않는 빈 공간을 공동체가 어떻게 활용할지 고민하고 있다.

소개를 마친 참가자들은 한쪽에 마련된 원형 테이블로 이동했다. 테이블에는 공사 중인 빌딩, 잔디가 깔려 있는 공원, 아이들이 놀고 있는 놀이터 등 도시의 일상 풍경이 담긴 30여 장의 사진이 놓여 있었다. 사람들은 이 중에서 가장 의미 있다고 생각하는 사진 한 장을 고르고 그 이유를 공유했다. 50대라고 밝힌 탈랄은 회색 건물에 '공사 중' 안내가 붙어 있는 사진을 골랐다. '펀 퓨처 개발신탁(Fin Future Development Trust)'에서 일하는 그에게 이 사진은 현재 구상하고 있는 마을공동체 사업과 연관이 있다.

'핀 퓨처 DT' 사무실 앞 건물은 예전에는 유명한 펍이었지만 지금은 버려진 공간이다. 탈랄은 이 건물을 마을만들기 사업체가 이전받아서 건물 옆 기숙사 학생들에게 작업실로 빌려줄지, 아니면 친분이 있는 한 여성단체에 수공예 작업실로 빌려줄지 고민하고 있다. 시중보다 저렴한 값에 임대될 이 버려진 펍은 주민들을 위한 공간이자 마을만들기 사업체의 수익창출 모델이 될 예정이다.

'매너 하우스 개발신탁(Manor House Development Trust)'의 케이트는 주변에 녹지가 있는 낡은 건물 사진을 골랐다. 탈랄과 같은 해크니 지역에서 온 케이트는 핀스베리 공원 인근의 빈 공간과 녹지들을 어떻게 공동체 공간으로 만들지 구상하고 있다.

20여 년간 구청 공무원으로 일한 키스는 고풍스러운 건물이 있는 사진을 골라 팀원들에게 보여줬다. 발달장애 자녀를 둔 키스는 퇴직 후 메드웨이(Medway) 지역의 자폐아 자선단체인 '매직(MAGIC, Medway Autism Group and Information Center)'에서 일하고 있다.

■   "어느 땅 부자가 자폐아 아들이 죽자 아들을 기리는 마구간을 지었어요. 마구간 옆에는 장애인들이 와서 말을 타고 놀 수 있도록 시설도 만들었죠. 그런데 구청 허가를 받지 않아서 현재

는 사용하지 못하고 비어 있어요. 주인과 이야기해서 장애인들을 위한 공간으로 활용하고 싶은데 어떻게 실현할 수 있을지 고민이에요."

참가자들은 사진 고르기에 이어 흰 종이에 자신의 마을지도를 그렸다. 마을의 대표적인 건물이 무엇인지, 빈 건물이나 버려진 공터가 있는지 고민하기 시작했다. 키스는 메드웨이 강(Medway River), 인근 대학, 장애인 단체들을 쓱쓱 그려 넣었다. 어찌나 상세한지 감탄이 절로 나올 정도였다. 탈랄과 케이트가 그린 마을은 뜻밖에도 취재팀의 숙소 주변이었다. 두 사람은 핀스베리 공원을 중심으로 마을만들기 사업을 벌이고 있다. 이들이 그린 마을 지도를 보니 지난 9일간 바쁜 일정 때문에 찬찬히 둘러볼 여유가 없던 주변 풍경이 한눈에 들어왔다.

취재진도 펜을 들고 서울의 전형적인 동네 지도를 그렸다. 다닥다닥 붙은 아파트, 단지에 딸린 상가, 그 사이에 끼어 있는 작은 놀이터, 어린이집…… 더 떠오르는 게 없었다. 다른 참가자들이 그린 지도에 비해 초라했다. 초라한 지도를 앞에 두고 실제 살고 있는 동네의 지도를 머릿속에 그려봤다. 마을버스 정류장, 빵집, 편의점, 슈퍼마켓, 호프집…… 집에서 지하철역으로 가는 길에 체력 단련 기구와 미끄럼틀이 있는 공원이 있는데 이름이 기억나지 않았다. 6개월간 마을을 취재했지만 정작 살고 있는 마을은 들여다보지 못했다. 이렇게 자책하는 사이에 마을지도 그리기 시간이 끝났다. 제스는 키스가 그린 마을지도를 더 큰 종이에 붙인 다음 사람들에게 여러 가지 질문을 던졌다.

- "누가 할 수 있을까요? 무엇이 그들의 동기가 될까요? 그들이 어떤 도움이 될까요? 어떻게 혁신을 만들어낼 수 있을까요?"

질문에 대한 답을 하나하나 찾아가면서 키스는 실마리를 잡았다.

- "지도를 그려보니까 생각하지 못했던 인적 자산이 떠올랐어요. 바로 대학생들이에요. 학생들과 파트너십을 이룬다면 이 공간을 활용하는 데 큰 도움이 될 거예요."

나머지 그룹의 발표가 끝나고 점심시간이 됐다. 이들에게는 식사도 중요한 관계 맺기의 과정이다. 참가자들이 이야기꽃을 피우며 점심을 먹는 사이 제스와 인터뷰를 했다. 회원들이 어려워하는 점은 무엇인지, 그들에게 해주고 싶은 조언은 무엇인지 물었다.
제스는 먼저 커뮤니티 활동에 제약이 되는 세 가지 장애물을 꼽았다. 책임감 없는 소유권, 관료제, 그리고 기부자들이다. 먼저 '책임감 없는 소유권'이란 토지, 건물에 대한 명목상의 소유권을 주장

하는 사람이 많다는 뜻이다. 재산상의 소유뿐만 아니라 주인 의식을 갖는 소유권이 필요하다고 그가 강조했다.

■ "제가 살고 있는 지역의 부둣가는 파나마 국적의 한 회사가 소유하고 있는 부지였어요. 그들은 영국법을 따르지 않고 부지에 대한 보험을 들지 않았죠. 부둣가에 불이 나서 그 지역 사람들의 삶과 터전이 위험에 처했는데, 주인은 어떤 벌금도 물지 않았고 부지를 빼앗기지도 않았어요. 부지를 지역 소유로 전환하는 데 6년이라는 시간이 걸렸죠.
많은 사람들이 자기가 소유하고 있는 빌딩, 토지 등에 대해 관심 없는 경우가 많아요. 예를 들어 연기금('연금'과 '기금'이 합쳐진 말로, 연금제도에 의해 모여진 자금이라는 뜻)의 대주주들은 빌딩 150개를 소유하고 있지만 그 빌딩들이 어디 있는지도 모르죠. 그 빌딩 안에 세입자가 살고 있는지 관심도 없고요. 상점이 많이 비어 있는 빌딩을 보면 대부분 은행, 연기금, 기업이 소유주인 경우가 많아요. '책임감 있는 소유권'에 대한 의무가 있다면 이렇게 관리를 전혀 안 할 수 없죠."

두 번째 장애물은 건축 허가를 받거나 건물 용도를 전환하는 과정이 복잡한 '관료제'다. 지자체 관료들은 전문가만이 일을 제대로 할 수 있다는 편견이 있어서 주민이 하는 일을 쉽게 못 믿는다고 제

■
'로컬리티'의 혁신 디렉터 제스는 지속가능한 마을공동체 활동을 위해
주민들이 '자신의 관심(self-interest)'이 무엇인지
살펴볼 필요가 있다고 강조했다.
자기 스스로 관심이 가고 중요하다고 여기는 일을 직접 해봐야
마을 활동이 풍요로워질 수 있다는 뜻이다.

스는 지적했다.

- "작은 상점 하나를 청소년센터로 6개월 동안 사용하려고 했는데, 구청에서 5000파운드(약 814만 원)가 드는 '침수 위험도 시험'을 하라는 거예요. 상점을 청소년센터로 바꾼다고 해서 침수 위험이 커질 일은 없을 텐데 말이죠. 이런 바보 같은 규정들이 많아요."

세 번째는 장애물은 사업 자금을 대는 '기부자들'이다. 영국에서는 마을 사업에 서너 개의 기부자들이 결합되기도 하는데, 이 기부자들의 목적이 서로 다를 수 있다. 그렇기 때문에 지원금을 받는 입장에서는 기부자들의 복잡한 입맛을 맞추기가 쉽지 않다. 자금을 받는 것에서부터 사업 보고서와 관련한 복잡한 과정까지 커뮤니티 단체는 오히려 기부자 때문에 어려움을 겪기도 한다.

- "자신이 뭘 하는지 알고, 변화를 이끌어가는 데 능숙한 영웅들이 많죠. 하지만 이 영웅들은 좀 더 큰 그룹과 네트워크를 만들어가는 능력이 부족해요. 협력하는 능력이 필요하죠."

제스는 마을 활동을 할 때 '이타심'을 버리고 대신 '자신의 관심'을 어떻게 실현할지 고민해야 한다고 조언했다.

■ "차에 치일 위기에 처한 아이를 위해 내 한 몸 던지는 일은 분명 자애로운 행동이지만 지속가능하지는 않잖아요. '이타심(Selflessness)'이 한쪽에 있다면 그 반대편에는 '이기심(Selfishness)'이 있어요. 그리고 그 중간에 '자신의 관심(Self-interest)'이 있고요. 자기 스스로 관심이 가고 중요하다고 여기는 일을 직접 해보는 거예요. 마을 활동에서 가장 중요한 점은 '어떻게 개인의 욕구를 사회적 욕구로 만들 것인가'라고 생각해요."

개인의 욕구를 움직여 사회적 욕구로 만들라는 제스의 말을 들으면서 워크숍 내내 불편했던 마음에 반짝 불이 들어왔다. 마을 활동은 착한 마음, 이타심 있는 이들이 할 수 있는 일이라고 은연중에 생각해왔던 것은 아닐까. 그러나 제스의 말처럼 오히려 자기 관심을 실현한 이들이 지속가능한 방식으로 마을을 풍요롭게 만들고 있다.

[인터뷰] **로컬리티의 스티브 클레어**

사람이 가장 큰
자원이다

'마을과 사회적 경제의 결합'은 영국 취재 내내 가장 관심을 가졌던 주제다. 한국에서는 아직 걸음마 단계지만, 주민 중심의 마을 공동체가 사회적 기업의 형태를 띠면서 수익을 내고, 지속가능성을 갖는 경우를 영국에서는 드물지 않게 볼 수 있었다.

런던 올드 스트리트(Old Street)에 위치한 '로컬리티'는 헐의 '굿윈 DT'처럼 주민이 중심이 된 마을만들기 사업체(개발신탁)들의 연합이다. 2013년 2월 기준, 영국 전역에 회원단체가 750여 개, 상근 직원은 50여 명, 자산 가치는 8억 5000만 파운드(약 1조 4538억 원)에 달한다.

한국의 마을만들기 사업이 전국으로 확산되면서 '로컬리티'는 영국에서 가장 바쁜 단체 중 하나가 됐다. 수많은 한국 지자체와 단체에서 '로컬리티'를 방문했고, 서울시 직원 한 명은 2013년 한 해 동안 '로컬리티'에서 파견근무를 할 예정이다. '로컬리티'의 캠페인 디렉터인 스티브 클레어를 만나 마을만들기와 사회적 경제에 관한 이야기를 나눴다.

: : 주민 중심의 조직이 사회적 기업 모델을 갖는다는 점이 인상적입니다.
'로컬리티'의 첫 번째 가치는 '자조(Self-help)'입니다. 남이 해주기를 바라는 게 아니라 스스로 애쓰는 정신을 뜻합니다. 두 번째는 공동체 자체의 역량을 강화하는 것이죠. 더 이상 지원금에 의존하지 않고, 비즈니스를 통해서 이윤을 재투자하는 방식을 추구합니다. '로컬리티' 회원 가운데 하나인 헐의 '굿윈 DT'는 자산이 600~800만 파운드(약 102억~136억 원)에 이르는 주민조직이고 헐에서 가장 많은 주민을 고용하는 단체 중 하나예요. 자산이 가장 큰 회원인 '코인스트리트 커뮤니티 빌더스(Coin Street Community Builders)'는 자산 규모가 3000만 파운드(약 513억 원) 정도 됩니다. 코인스트리트에는 주거공간도 있고 상점과 보육원도 있어요. 1983년에 이 지역 재개발이 시작됐을 때 주민들이 '이 지역을 사무실 공간으로 만드는 것은 싫다. 우리가 원하는 모델을 만들고 싶다'고 하면서 '코인스트리트 커뮤니티 빌더스'가 시작됐죠.

: : 마을공동체가 어떤 과정을 거쳐 자산을 갖게 되는지 궁금합니다.

■ 인터뷰: 로컬리티의 스티브 클레어

마을공동체가 이윤을 창출하고 관리할 수 있다면, 구청의 땅이나 빌딩 중 비어 있는 공간을 구청에서 공짜로 주기도 합니다. 대출을 받거나 지원금을 받아서 직접 매입하는 경우도 있고요. 여러 가지 요소들이 유기적으로 작용합니다. 예를 들어 홀리 아일랜드라는 곳이 있는데, 외지인들의 별장이 많은 전원적인 분위기의 농촌 지역입니다. 이곳에 있는 아주 오래된 호텔을 한 지역공동체 조직이 매입해서 여행객 센터와 주거공간을 만들고 주변에 집도 여러 채 지어서 지역에 활기를 불어넣었죠. 또 어느 부둣가 지역을 소유하고 있는 부자(Rich man)는 사용하지 않는 부두를 마을공동체 조직이 사용할 수 있도록 해주기도 했어요.

가장 중요한 것은 마을공동체가 기회를 잡아서 자조적으로 뭔가를 만들어 나간다는 점입니다. 대개는 작게 시작해서 점점 커지는 구조로 진행되는데, 스코틀랜드에서는 한 DT가 섬 전체를 소유하는 등 흥미로운 일이 일어나고 있어요. 마을공동체가 자산을 갖게 되면 커뮤니티 사업도 생기고, 재생에너지 프로젝트도 시작되고, 청소년을 위한 프로그램도 만들어지면서 주민들이 살기 좋은 지역으로 변해갑니다.

:: **주민들이 섬 전체를 소유하는 일이 어떻게 가능한가요?**

토지를 소유한 부자가 마을공동체에 토지 일부를 공짜로 내어주면서 시작됐어요. 그러다가 공동체가 싼값에 다른 토지를 사들였고요. 그렇게 섬 전체를 소유하게 된 대표적인 사례가 에이그(Eigg) 섬과 기가(Gigha) 섬입니다. 스코틀랜드에서는 2003년 지역공동체에 이익이 되는 토지나 건물이 매물로 나올 경우 지역공동체가 가장 먼저 매입할 수 있도록 하는 법률이 생기기도 했어요. 마을공동체 조직이 자금을 만들 수 있도록 기다렸다가 우선권을 주는 거죠.

잉글랜드에서도 2011년 로컬리즘 액트(Localism Act, 지역주권법)라는 법률이 제정됐어요. 지역공동체에 가치가 있는 자산을 매각할 때, 토지 소유자는 6개월 동안 이를 개인 소유자에게 팔 수 없고 공동체가 돈을 모을 때까지 기다려야 합니다.

:: **로컬리즘 액트와 빅소사이어티(Big Society)는 어떤 관련이 있을까요? 일부에서는 중앙정부의 재정지출 축소를 위해 지역사회에 책임을 떠넘기는 빅소사이어티를 뒷받침하는 법안이 로컬리즘 액트라는 지적이 나오기도 하는데요.**

빅소사이어티는 시민이 더 큰 책임을 지게 하자는 정치적 슬로건입니다. 연합정부가 공공서비스에 대한 지원금을 없애는 과정에서 나온 말이기 때문에 신뢰성을 잃었죠. 지금은 아무도 빅소사이어티를 말하지 않아요. 로컬리즘 액트는 정부와 시민의 관계를 재정립하는 법안입니다. 지역(로컬)에서 해결책을 생각하면서, 지역공동체가 서비스 제공이나 토지 소유 과정에 더 많은 의견을 낼 수 있도록 하는 거죠.

:: **보수당 정부가 들어선 이후 경기침체가 맞물리면서 정부 자금이 많이 줄어들어 마을공동체 운영에 어려움이 있다는 이야기가 들리더군요.**

■ 인터뷰: 로컬리티의 스티브 클레어

정말 막대한 어려움이 생겼습니다. 푸드뱅크를 이용하는 사람들이 음식을 못 먹는 경우도 생기고, 노숙자 문제도 심각하고, 일자리도 부족해져서 많은 공동체들이 어려움을 겪고 있어요. 하지만 힘든 상황에서 혁신이 나오기도 합니다. 옛날 방식은 작동하지 않기 때문에 새로운 아이디어와 새로운 방법을 찾아야 해요. 특히 젊은 세대들이 사회적인 가치를 실현할 수 있는 새로운 아이디어를 많이 가지고 있죠.

남부 유럽도 경제상황이 안 좋은데 한국과 마찬가지로 사람들이 산업시대 이전의 관계로 돌아가려고 합니다. 돈을 바탕으로 한 경제관계가 아니라 노동시간이나 물건을 공유하는 공유경제를 실현하고 있어요. 물론 산업시대 이전의 관계로 돌아가려고 하면서도 기술은 21세기 기술을 이용한다는 점이 또 하나의 특징이죠.

:: 우리의 특별취재 제목도 '마을의 귀환(Return of the village)'입니다.(웃음)

런던은 마을 도시예요. 길에서 누군가에게 '어디 사람이냐'고 물어보면 런던 사람이라고 안 하고 '브릭스턴 사람이다', '해크니 사람이다' 이렇게 말하죠. 우리의 목적은 이러한 마을 속에서 관계를 회복하는 것입니다.

21세기 기술을 이용해 산업시대 이전 관계를 어떻게 구현하는지 알아보고 싶다면 이코모도 공유경제 사이트(Ecomodo.com)를 둘러보세요. 사람들은 이 사이트에서 1년에 몇 번 쓸까 말까 하는 드릴, 잔디 깎는 기계 등을 공유합니다. 이런 물건들은 집집마다 꼭 있어야 하는 게 아니잖아요. 물건

뿐만 아니라 재능이나 공간도 서로 빌려줄 수 있어요. 이처럼 사람들이 뭔가를 주고받으면서 관계가 형성되고 커뮤니티가 형성됩니다. 산업시대 이전에 농사를 같이 지으면서 관계를 맺던 것처럼 말이죠.

:: '로컬리티' 회원이 되면 어떤 혜택이 있습니까?

정부 정책에 영향을 줄 수 있습니다. 우리는 회원의 의견을 수렴해서 정책을 제안해요. 그리고 회원들의 투자와 사업을 지원합니다. 회원들의 다양한 지식과 능력은 우리의 큰 자산이죠. 이러한 자산이 공유될 수 있는 컨퍼런스나 워크숍 같은 기회도 마련해요. 하지만 가장 중요한 것은 다른 지역공동체의 사례들을 보여주면서 '우리도 할 수 있다'는 생각이 들게끔 기운을 북돋는 일입니다.

:: 한국의 마을만들기는 주로 커뮤니티 중심으로 활동을 시작하는 단계인데, 사회적 기업 형태는 많지 않습니다. 지속가능성을 위해서는 마을공동체가 비즈니스 모델을 갖는 것이 필요해 보입니다.

무엇보다 포부가 중요해요. 공동체 자체의 비전이 커야 합니다. 정부나 누구한테 의존하지 않겠다는, 스스로 하겠다는 마음가짐도 필요하고요. 사회적 가치와도 맞아야 하죠. '지역에서의 고용 창출이나 청소년 교육을 이끌어가겠다' 같은 혁신적인 마인드가 항상 필요합니다.

'굿윈 DT'에 가서 똑같은 질문을 해보세요. 주거공간에 대한 조언을 해주는 일로 아주 작게 시작했다가 지금은 엄청 커졌잖아요. 작은 씨앗에서 아주 큰 나무가 됐죠. '굿윈 DT'는 '우리는 하위 계층이 아니다. 서비스의 질도 더 좋아야 한다' 같은 포부를 지니고 프로젝트 아이디어를 계속 내고 있어요.

:: 한국 마을기업들은 아직 정부나 지자체 의존도가 높은 편입니다. 독립적인 사업체가 되는 길이 쉽지 않죠.

한국은 뭐든 빨리할 것 같은데요.(웃음) 다시 한번 말하지만 마음가짐이 중요해요. 우리도 당연히 정부로부터 돈을 지원받습니다. 문제는 정부의 돈이 없을 때는 어떻게 할 것이냐는 점이에요. 원칙이 중요합니다. 독립을 추구한다는 것은 다른 데 의존하지 않겠다는 노력을 뜻합니다.

물론 독립성을 갖게 되면 구청과 '갑을 관계'가 되지 않을 수 있는 힘이 생기겠죠. 하지만 지역 구청과 계속 좋은 관계를 유지하면서 자금을 받을 수 있는 파트너십도 중요합니다. 마을만들기는 누가 이기면 누가 지는 제로섬 게임이 아니라는 걸 명심해야 해요. 한쪽이 힘을 뺏기면 다른 쪽이 힘을 얻는 게 아니라 협력 구조 안에서 모두가 잘될 수 있는 게임입니다.

:: 에필로그

마을은 이미
우리 곁에 있다

- **김낙준** 서울시 마을공동체 담당관
- **김소영** 성대골 어린이 도서관 관장
- **유창복** 서울시 마을공동체 종합지원센터장
- **정석** 가천대학교 도시계획학과 교수
- **홍현진·강민수** 오마이뉴스 기자

홍현진 2012년 3월, 서울시 마을공동체 만들기 지원조례가 공포됐습니다. 서울시 마을공동체 사업 1년, 어떻게 평가할 수 있을까요?

유창복 박원순 서울시장이 당선되고 나서 '마을' 정책을 추진한 지 벌써 1년 반이 됐네요. 처음에는 기쁜 마음이었어요. 하지만 풀뿌리들 사이에서는 고민이 있었죠. 관 주도에 대한 우려 때문이었어요. 관 주도가 돼버리면 동네 주민보다 기관이나 단체들이 중심이 되고, 그러면 실질적으로 마을만들기가 망할 게 뻔하니까요. 아래에서 위(bottom-up)로 가려면 시간이 필요한데, 위에서 아래로(top-down) 하는 방식에 길들여진 행정일수록 오랜 시간 기다리기가 부담이겠죠. 그래서 우려와 부작용을 최소화하기 위해 중간 조직을 통한 주민 주도형 사업을 대도시에서 유례없이 통 크게 해보자고 마음먹게 됐어요.

마을 주민이 공동체 조직을 만만하게 보고 쉽게 뛰어들도록 하는 일이 제일 중요했어요. 걱정을 많이 했는데 사업을 실행해보니까 생각보다는 일반 주민들의 참여가 많아서 고무적입니다.

정석 제가 서울시정을 가까이에서 지켜본 지 20년 정도 됐어요. 큰 흐름을 보면 먼 길을 돌아서 온 느낌이에요. 마을만들기 흐름이 시작된 때가 1990년대 초중반부터인데, 전국적인 움직임이 있었죠. 서울 시정에서도 1990년 중후반에 사부작사부작 움직임이 있었고요. 서울시 도시계획과에서 마을 단위 도시계획을 준비했고, 시정의 인프라를 개혁했어요. 그런데 2002년 취임한 이명박 시장이 뉴타운을 시작했고 오세훈 시장까지 이어졌다가 박원순 시장

취임하면서 다시 마을에 대한 관심이 생겨났어요. 그래서 멀리 돌아온 느낌이 듭니다.

김낙준 제가 2012년 5월 23일, 마을공동체 담당관으로 서울시에 첫 출근을 한 뒤 이제 10개월 됐어요. 행정적 입장에서는 아직도 갈 길이 멀어요. 예산 만들고 조례 제정하는 것뿐만 아니라 사람을 변화시키고 성장시키는 게 마을 사업에서 가장 중요한 지점이죠. 그만큼 공무원들도 변화가 필요해요. 물론 공무원들도 달라지긴 했지만, 막상 무언가에 부딪히면 기존의 관행이 앞서게 되는 것 같아요. 시간이 조금 더 필요합니다.

김소영 저는 2009년 10월부터 마을살이를 했어요. 도서관에서 책 빌려 보다가 독서모임에 참여하게 됐고, 음식물 쓰레기 줄이기 운동을 하다가 '성대골 어린이 도서관' 관장까지 맡게 됐죠.
요즘 제가 겪는 어려움은 '관'과의 소통 문제예요. 대화가 잘 안 통하는 느낌이 들어요. 오늘 아침에도 구청 환경과와 이야기를 했는데 30분 대화하면 틀어져버려요. 어떻게 해야 하나 고민입니다. 마을공동체에 대한 답은 마을 안에 있기 때문에 마을 사업은 절대 관이 주도해서는 안 돼요. 기다리고 지켜보다가 마을이 손 내밀면, 최소한의 눈높이만 맞춰주면 좋겠는데…….

김낙준   구청과 협업해야 한다는 필요성은 느끼세요?

김소영   마을이 지속되려면 일자리를 창출하고 경제 활동을 해야 하는데, 그러기 위해서는 회계와 같은 행정력이 있어야 해요. 풀뿌리의 근성만이 아니라 체계적이고 현실적인 도움이 필요하죠. 제 생각에는 부서를 섞으면 좋을 것 같아요. 마을 일이 이리 돌고 저리 도는 사이 담당 직원이 바뀌어요. 주민자치센터 담당자가 1년에 세 번 바뀌었어요. 건축, 자치행정, 도시개발과가 통합되면 좋겠어요.

정석   지금의 행정 조직은 예전의 공급 시대에 맞는 행정 조직이에요. 수도 만들고 건설 허가하고 도시계획하는 식의 기능 위주로 조직을 만들었죠. 담당하는 사람도 기능 전문가예요. 그런데 마을 일은 기능 전문가한테 안 맞아요. 마을의 여러 가지 일을 아는 장소 전문가가 필요해요. 성대골에서 일어나는 일을 잘 알고, 그 일을 꿰고 있는 성대골 전문 공무원이 필요하다는 거죠.

홍현진   공무원과 마을 주민들 사이에서 중간 지원 역할을 하기 위해 마을센터가 있는 것 아닌가요?

유창복   센터는 관 조직의 내부에 있지 않고 바깥에 있죠. 냉정하게 말하면 공무원의 입장에서 센터는 '을'이 됩니다. 공무원을 대신해서 센터가 일을 잘하나 못하나 관리하는 입장이니까요. 센터가 주민의 욕구와 업무 프로세스를 잘 안다고 하니까 존중해야 한다는 분위기가 있지만, 실제로 영향력을 행사할 수 있는지 생각해 보면 아직은 미미한 수준인 것 같아요. '자원 배분'의 관점에서는 특히 그렇죠.

그럼 센터는 왜 존재할까요? 다른 관점에서의 역할이 있기 때문입니다. 주체의 관점이죠. 마을 사업에서 중요한 것은 주체의식의 성장입니다. 그래서 센터는 사업 목표를 세 가지로 잡았어요. 첫째는 '주민의 등장'을 위해 다양한 씨앗을 넓게 뿌리는 것이고, 둘째는 씨앗들이 컸을 때 활용할 수 있는 인프라를 구축하는 것입니다. 셋째는 움터 오르는 씨앗을 지원하는 방식에 마을 지향적 감수성을 적용하는 것입니다.

관과 민은 통역이 필요한 사이예요. 그래서 센터가 생각했던 방식이 '찾아가는 서비스'입니다. 현장조사활동가, 컨설턴트, 상담가 등 다양한 방식의 인력을 뽑아서 교육을 했고, 자원을 배급하는 게 아니라 주민이 필요할 때 갖다 쓰는, 배식이 아닌 뷔페식 지원 시스템을 갖추기 위해 노력하고 있어요.

홍현진 마을공동체 만들기를 한다고 했을 때 일반적으로 '나 하나 먹고살기 힘든데 무슨 마을공동체냐', '중산층을 위한 것 아니냐'라는 지적이 있었죠.

유창복 마을은 사회경제적으로 어려운 곳에 가장 필요해요. 애를 잘 키우고 싶은데 돈이 없어서 끼리끼리 걱정하다가 우리끼리 해보자면서 시작한 게 마을이죠. 물론 농촌부락을 만들겠다는 뜻이 아니에요. 마을의 필요성을 공감하는 사람들끼리 새롭게 관계를 형성하자는 전제를 갖고 있어요. 이 필요는 저소득층, 장애인, 결손가정에서 가장 절실합니다. 하지만 이 사람들이 마을만들기를 하기는 힘들죠. 그나마 여유가 있어야 의논도 하잖아요. 사회적 약자일수록 협동적 관계를 맺기가 힘들어요. 모순이 있죠.

마을 사업을 신청할 때 저소득층은 단체나 기관과 연계해서 해요. 중산층은 만만하게 생각하고 주민 모임으로 시작하는 경향이 있고요. 저소득층에게는 철저하게 아래로부터 위로 올라가는 전략으로 대응해야 해요. 마중물을 부어야 하죠.

김소영 '성대골마을'은 자발적인 필요를 느끼면서 확대해갔어요. 이번에 마을학교에 다섯 가정이 더 들어왔는데, 세 가정은 '성대골마을' 때문에 이사를 왔어요. 물론 여기까지 오면서 진통이 있었죠. '우리끼리만 잘하자'고 하면 자멸할 수 있어요. 연대와 인적 자원의 교류가 중요합니다. 에너지 자립 마을을 만들기 위해 적정기술자들을 쫓아다닌 것도 그런 이유에서죠.

성대골을 폐쇄적이라고 생각하고, 성대골 때문에 소외감을 느끼는 주민들도 있는 게 사실이에요. 마을 활동의 고단함을 지지할 다른 공동체가 필요한데, 관은 아닌 것 같아요. 구청하고 이야기해 보면 마찰이 있죠. 외부 단체는 마을에 대한 이해도가 다르고요.

홍현진 성과가 있는 만큼 고민도 따르는군요.

김소영 서울시에서 '성대골마을'을 에너지 자립 마을 관광특구로 발표했어요. 우리와 상의도 없이 말이죠. 정작 우리는 보여줄 게 없어요. 성대골은 5년 안에 가시적인 뭔가를 보여줄 계획이 없습니다.

김낙준 행정적 변호를 한다면, 성대골은 특수한 경우예요. 성과주의 때문에 특구로 지정했다기보다는 일반 시민들에게 에너지 자립 마을을 알릴 수 있는 좋은 예가 되니까요.

홍현진 성과에만 너무 매몰돼서도 안 되겠지만, 시 예산을 투입하는 사업인데 성과에 대한 평가 기준이 있어야 하지 않을까요?

김낙준 마을공동체의 성과는 주민의 활동이 그들의 삶을 변화시키는 것, 특히 지속성이 중요합니다. 물론 예산이 투여됐기 때문에 성과를 따질 수밖에 없지만 어려운 부분이 있죠. 예전에 유창복 센터장이 '100만 원 프로젝트'를 하면 좋겠다고 했어요. 회계 따지지

■ 에필로그

말고. 100만 원 투자해서 성공하면 성공한 대로 실패하면 실패한 대로 결과물만 제출하는 식으로요. 그런데 영수증 제출 등 회계 처리가 어려우니까 실행이 힘들죠.

김소영 그래도 2013년 사업계획서는 많이 말랑말랑해졌더라고요. 인건비를 지원하려는 것도 그렇고, 현장의 고충을 반영한 듯 보였어요.

홍현진 마을 현장을 다녀보면 '공간' 이야기를 많이 해요. 수시로 모일 수 있는 공간이 필요하다는 목소리가 많습니다.

김낙준 구의 유휴공간을 더 개방해야 해요. 시에서 25개, 구당 한 곳씩은 공간을 지원하려고 했는데 시의회에서 줄여서 15개를 지원하게 됐어요. 한 곳당 5000만 원 씩 지원하고요. 물론 공간 확보는 주민의 몫입니다. 우리의 목표는 '10분 동네 프로젝트'예요. 걸어서 10분이면 동네에 커뮤니티 공간이 있는 거죠.

정석 시나 구가 사회적으로 공급하는 방법도 있지만 빈집을 기증받아서 문패를 달아줄 수도 있어요. 병원의 한 공간, 어르신들이 사는 아파트의 방 하나, 외국에 나가 있는 사람이 비운 공간을 사용할 수 있도록 하는 거예요. 기업체로부터 공간을 무상으로 기부

받아서 서울시는 세금을 내주고 주민에게 공간을 제공할 수도 있고요.

홍현진 영국에서 취재했던 '민와일 스페이스'나 '굿윈 개발신탁'의 애셋 매니지먼트(자산 관리) 사례가 그런 방식이었어요. 공동체 자체의 수익 창출에도 도움이 되니까 한국의 마을 사업에 도입하면 좋은 결과가 있을 것 같아요.

강민수 기존 동 단위의 자치위원장, 부녀회장들이 있잖아요. 이분들이 몇 십 년 동안 이 동네에서 가졌던 기득권이 있기 때문에 새로운 마을 사업에 반감이 있는 것 같아요. 신구 세력의 조화가 필요하지 않을까요?

정석 실제로 구로구 온수동에서 그런 문제가 불거졌죠. 주거환경 개선을 위해 열댓 분이 새롭게 주민협의회를 구성했는데, 기존 통장들과 새로운 주민 모임의 갈등이 계속됐어요. 딴죽을 걸고 음해를 하기도 하고. 이런 갈등은 충분히 있을 수 있는 일이에요.

김낙준 주민자치위원장이나 통장들과 미리 상의를 안 하면 문제가 생겨요. 마을 사업과 동은 밀접하게 같이 가야 합니다. 주민자치위와 연결된 사업이 많기 때문에 사전에 이야기하는 노력이 가장 필요해요.

홍현진 현장을 다니다 보면 주부들과 청년들이 마을만들기에 가장 열심인 것 같습니다. 이유가 무엇일까요?

유창복 실질적으로 마을을 지키고 이끌어가는 사람들은 백수들입니다. 마을에서 어슬렁거릴 수 있는 사람들이죠. 취직 안 되는 청년 백수들, 전업으로 아이를 키우는 어머니들이 대표적이에요. 마을센터에서는 청년과 은퇴자, 여성들이 마을의 중요한 연결고리 역할을 할 수 있지 않을까 생각해요. 30대 후반 싱글들도 많죠. 고액 연봉도 받아봤고, 세상의 어처구니없음도 맛봤고, 뭘 해도 멋이 있어야 하고, 어떻게 늙어갈지 고민하는 사람들. 이런 사람들이 마을에 들어오면 세대를 연결하는 아교 역할을 할 수 있지 않을까요?

홍현진 지속가능한 마을을 위해서는 어떤 노력이 필요할까요?

김낙준 마을만들기는 서울시가 계속 유지할 수 있는 사업이 아닙니다. 구 단위로 진행해야 하고, 실제로 그렇게 될 것 같아요. 이미 정부의 재정문제가 심각한 수준이에요. 문화센터, 여성센터, 청소년센터, 어르신복지센터 등이 우후죽순으로 생기면서 경상경비가 너무 많이 들어가요. 결국 마을 단위에서 '마을복지센터'로 통합해야 합니다. 서울시가 장기적으로 이런 계획에 따라 권한과 책임을 자연스럽게 구 행정으로 이전한다면, 마을에서 활동가와 구가 협업할 수 있는 시스템을 만들 수 있지 않을까요.

유창복 2012년에는 마을의 '등장'이 화두였다면 2013년에는 '연결'이 화두예요. 잘되는 마을끼리, 시작하는 마을끼리 연결될 수 있도록 '마을넷(자치구별 민간네트워크)'이 거점 역할을 해야 하죠. 마을은 박원순 시장이 어느 날 갑자기 내놓은 것이 아니고, 박 시장이 시작을 안 했어도 진행됐을 거예요. 지금 상황은 서울시가 마을공동체 만들기를 위해 자원을 쓰겠다는 데 의미가 있어요. 자원을 잘 쓰게 하는 것이 마을만들기의 핵심이에요. 물론 자원이 뱃살로 가지 않고 근육으로 가게 해야죠. 민간끼리 서로 하소연하고 도와주고 관계망이 넓어지면 모두 다 근육이 될 거예요.

정석 마을만들기는 수원, 강릉, 완주 등 전국적인 흐름이 됐습니다. 이런 흐름은 누구도 막을 수 없습니다.

유창복 그런 흐름을 이어주기 위해 자치구별 마을네트워크를 만드는 데 가장 애를 썼습니다. 민간끼리 모여서 정보를 주고받고 의견을 나눌 수 있는 둥지를 만든 것이죠.

정석 '마을살이가 참 좋다'는 문화가 대중에게 얼마만큼 다가가느냐도 중요하죠. 그리고 새 정부의 재개발과 재건축 정책도 관건이에요. 정책은 늘 정치죠. 재개발, 재건축으로 불이 붙어버리면 마을공동체는 상대적으로 존재감이 작아지겠죠. 그러한 흐름을 눌러주면서 공동체 관계를 잘 이어가야 합니다.

마을의 귀환

1판 1쇄 펴낸날 | 2013년 9월 5일
1판 8쇄 펴낸날 | 2021년 5월 3일

지은이 오마이뉴스특별취재팀
펴낸이 오연호
편집장 서정은 편집 김초희 관리 문미정

펴낸곳 오마이북
등록 제2010-000094호 2010년 3월 29일
주소 서울시 마포구 월드컵로14길 42-5 (04003)
전화 02-733-5505(내선 271) 팩스 02-3142-5078
홈페이지 book.ohmynews.com 이메일 book@ohmynews.com
페이스북 www.facebook.com/Omybook

책임편집 차경희
디자인 박진범
인쇄 천일문화사

ⓒ 오마이뉴스, 2013

ISBN 978-89-97780-07-5 03330

이 책은 저작권법에 의해 보호받는 저작물이므로 내용의 전부 또는 일부를 재사용하려면
반드시 지은이와 출판사의 동의를 받아야 합니다.

오마이북은 오마이뉴스에서 만드는 책입니다.